JN014644

スポーツビジネス叢書

スポーツビジネスロー
Sports Business Law

松本泰介［著］

Matsumoto Taisuke

大修館書店

まえがき

本書は、スポーツビジネスに携わる方々のための概説書として、スポーツビジネスに関する法やルールを体系的に整理した書籍です。これまでこの分野には、一部テーマに限られた原稿や、法律や法的論点をベースとした書籍はあったものの、スポーツビジネス実務の目線から全体が整理された書籍がありませんでした。筆者自身、弁護士として長らくスポーツビジネスの世界で仕事をしてきた中で、ビジネスの分野ごとに、スポーツビジネスに携わる方々の手引きとして使える法務書籍ができないものかと考えてきましたが、本書はそれを具体化したものです。

スポーツビジネスも現在大きくさま変わりしてきています。社会のＤＸ（デジタルトランスフォーメーション）化の影響を受け、映像配信やデジタルマーケティング・電子チケットなど従前と異なるサービスが提供されるようになり、また、ブロックチェーンなど新しいデジタル技術も登場しています。ただ、スポーツビジネスの価値の根源が、スポーツビジネスのプロダクトとしてのアスリートのプレー・ファンコミュニティなどにある以上、そのプロダクトを生み出すコンテンツホルダー自身がスポーツビジネスのルールメイキングを行うこと自体は変わりません。むしろコンテンツホルダーが、自分たちがスポーツを通じて達成したい価値実現のために、時代に合ったルールメイキングを行えるかがスポーツビジネスの発展には不可欠でしょう。本書では、このような視点から、コンテンツホルダーの目線で、スポーツビジネスに関する法やルールを整理しています。

スポーツビジネスに携わる方々の中で、むしろ法曹関係者は少数派です。本書では、一般的な法務書籍と異なり、法曹関係者以外の読者を想定して執筆しており、条文や裁判例・仲裁判断例・参考資料などはすべて各章末に注記しています。法曹関係者以外がとりあえずの概要・論点を理解できることで、スポーツビジネスを円滑に進められ、また大きなトラブルを予防することができるでしょう。もちろん法曹関係者やロースクール生など法学初学者は、注記された内容にリサーチを深めることにより、スポーツビジネスローの理解をさらに深められると思います。

最後になりましたが、「スポーツビジネス叢書シリーズ」というこれまでの日本のスポーツビジネスをリードする書籍の1テーマとして「スポーツビジネスロー」を選択していただいた原田宗彦先生（現・大阪体育大学学長）、編集をご担当くださった大修館書店の丸山真司さんに厚く御礼申し上げます。

東京オリンピック・パラリンピック後の自宅にて

松本泰介

【略語】

一般法人法　一般社団法人及び一般財団法人に関する法律
EU法　EU条約及びEU機能条約
NPO法　特定非営利活動促進法
公益法人法　公益社団法人及び公益財団法人の認定等に関する法律
Jリーグ　公益社団法人日本プロサッカーリーグおよびその関連法人
独占禁止法　私的独占の禁止及び公正取引の確保に関する法律
日本オリンピック委員会（JOC）　公益財団法人日本オリンピック委員会
日本サッカー協会（JFA）　公益財団法人日本サッカー協会
日本スポーツ協会（JSPO）　公益財団法人日本スポーツ協会
日本パラスポーツ協会（JPSA）　公益財団法人日本パラスポーツ協会
日本プロ野球選手会　労働組合日本プロ野球選手会または一般社団法人日本プロ野球選手会
反トラスト法　アメリカのシャーマン法（1890年）、クレイトン法（1914年）などの独占禁止法に関する法分野
Bリーグ　公益社団法人日本プロフェッショナルバスケットボールリーグおよびその関連法人
Vリーグ　一般社団法人日本バレーボールリーグ機構
プロ野球（NPB）　一般社団法人日本野球機構およびその関連法人
ローマ条約　欧州経済共同体設立条約及び欧州原子力共同体設立条約

IeSF　International Esports Federation
IF　International Federation
MLB　Major League Baseball　およびその関連法人
MLBPA　Major League Baseball Players Association　およびその関連法人
MLS　Major League Soccer　およびその関連法人
MLSPU　Major League Soccer Players Association　およびその関連法人
NBA　National Basketball Association　およびその関連法人
NBPA　National Basketball Players Association　およびその関連法人
NCAA　National Collegiate Athletic Association
NF　National Federation
NFL　National Football League　およびその関連法人
NFLPA　National Football League Players Association　およびその関連法人
NHL　National Hockey League　およびその関連法人
NHLPA　National Hockey League Players Association　およびその関連法人

目次

第2章 各論1 興行（ビジネス）に関するルールメイキング……18

第5章

スポーツビジネスロー

はじめに
～スポーツビジネスローとは何か

業界内ルールのルールメイキング[1]

スポーツビジネスの法実務を検討する場合、もっとも重要なのは、適用される法律の理解ではない。確かにスポーツビジネスに適用される法律として、民法や商法・知的財産法・独占禁止法などの法令を遵守することが前提ではあるものの、実際スポーツビジネスを行っていくうえでまず先に必要となるのは、スポーツビジネスの業界内ルール（スポーツ固有法などといわれる）の理解である。

スポーツビジネスとして、スポンサーシップや放映権の取引に入る場合、このスポンサーシップや放映権の具体的内容について、該当する業界でどのような業界内ルールがあるのかを知らなければ仕事にならない。これは、取引対象となるスポンサーシップや放映権の内容決定に関して、スポーツ団体が、団体自治の観点から、大きなバーゲニングパワーを握っているためである。スポンサーシップや放映権の取引を行うスポーツ団体がコンテンツホルダー・ルールメーカーなどと呼ばれるゆえんである。

この業界内ルールも、スポーツ界全体として一様ではない。具体的によくいわれる例が、プロ野球（NPB）とサッカーJリーグの放映権の帰属である。スポーツ映像配信サービスのDAZN（ダゾーン）についていえば、2019年シーズン、JリーグはJ1・J2・J3を問わず、リーグ戦全試合が視聴できるが、NPBでは、読売巨人軍の主催試合が視聴できるようになったものの、ヤクルトスワローズと広島カープの主催試合は視聴できなかった。

これは、NPBの場合、日本プロフェッショナル野球協約第44条で、放映権はまず各球団が有することが明記され、どの配信事業者と契約するかは各球団にゆだねられているからである。また、Jリーグの場合は、Jリーグ規約第119条で、放映権がJリーグに帰属することが明記され、どの配信事業者と契約するかはJリーグが一括で判断していることにもとづくためである。

これはきわめて顕著な違いであるが、NPBやJリーグといった異なるスポーツ業界と取引する場合、その前提となっているスポーツの業界内ルールの違いを十分に把握することが、スポーツビジネスの法実務として重要になる。プロゴルフなど違った業界になれば、また違った業界内ルールがある。

したがって、スポーツビジネスの法実務を理解するうえでは、まず、該当するスポーツの業界内ルールを把握することがもっとも重要である。

業界内ルールのルールメーカー

スポーツビジネスでは、この業界内ルールのルールメーカーの整理を比較的簡単に行うことができる。というのも、**図1**のとおり、国際スポーツ団体（IF）を頂点としたピラミッド型になっているスポーツは、業界内ルールを策定するコンテンツホルダーが比較的わかりやすいためである（注1）。スポーツ界では、国際オリンピック委員会（IOC）や世界サッカー連盟（FIFA）などのIFを頂点として、そのメンバー団体として国内オリンピック委員会（NOC）や中央競技団体（NF）があり、国内リーグその他加盟団体やクラブ・選手がある。このようなコンテンツホルダー間で業界内ルールによる権限集中と分配が行われ、

図1　スポーツビジネスにおけるコンテンツホルダーの整理

業界内ルールの整備が進んでいるため、基本的には、一つのスポーツごとに一つの業界内ルールを前提に検討することが可能である。

■補足説明

（注1）プロ野球・プロゴルフ・プロ格闘技などはこのようなピラミッド型になっていない。

■条文・引用文献

（1）eスポーツビジネスの法実務については、拙稿「スポーツ法の新潮流⑪eスポーツの法律実務（その1）eスポーツビジネスにどう対応するか?」（日本スポーツ産業学会『Sports Business & Management Review』#12、同学会ウェブサイト）参照。

第1章

総論　スポーツビジネスのルールメイキング全体像

スポーツビジネスのステークホルダー(1)

スポーツビジネスの法実務の全体像を検討するうえで、まず大事になるのが、スポーツビジネスの業界内ルールのルールメーカー・ステークホルダーと主要な業界内ルールの整理である。

その理由は、重要な業界内ルールが、法律ではなく、当事者間の契約によって形成されているためである。つまり、誰と誰とのあいだの契約によって業界内ルールが形成されているのか、ということを明確にする必要がある。スポーツビジネスのルールメーカー・ステークホルダーは、**図1－1**のとおり、スポーツビジネスの収入と支出に分け、それぞれの取引対象者を整理していくとわかりやすい。

①主催者となるスポーツ団体・リーグ

主催者は、スポーツ興行を行う主体として、またそのスポーツの業界内ルールを形成するルールメーカーとして、スポーツビジネスの法実務でもっとも重要な存在である。スポーツビジネスの場合、多くは国際スポーツ団体（ＩＦ）・国内スポーツ団体やリーグなどがスポーツ興行の主催者となるが、一部代理店が

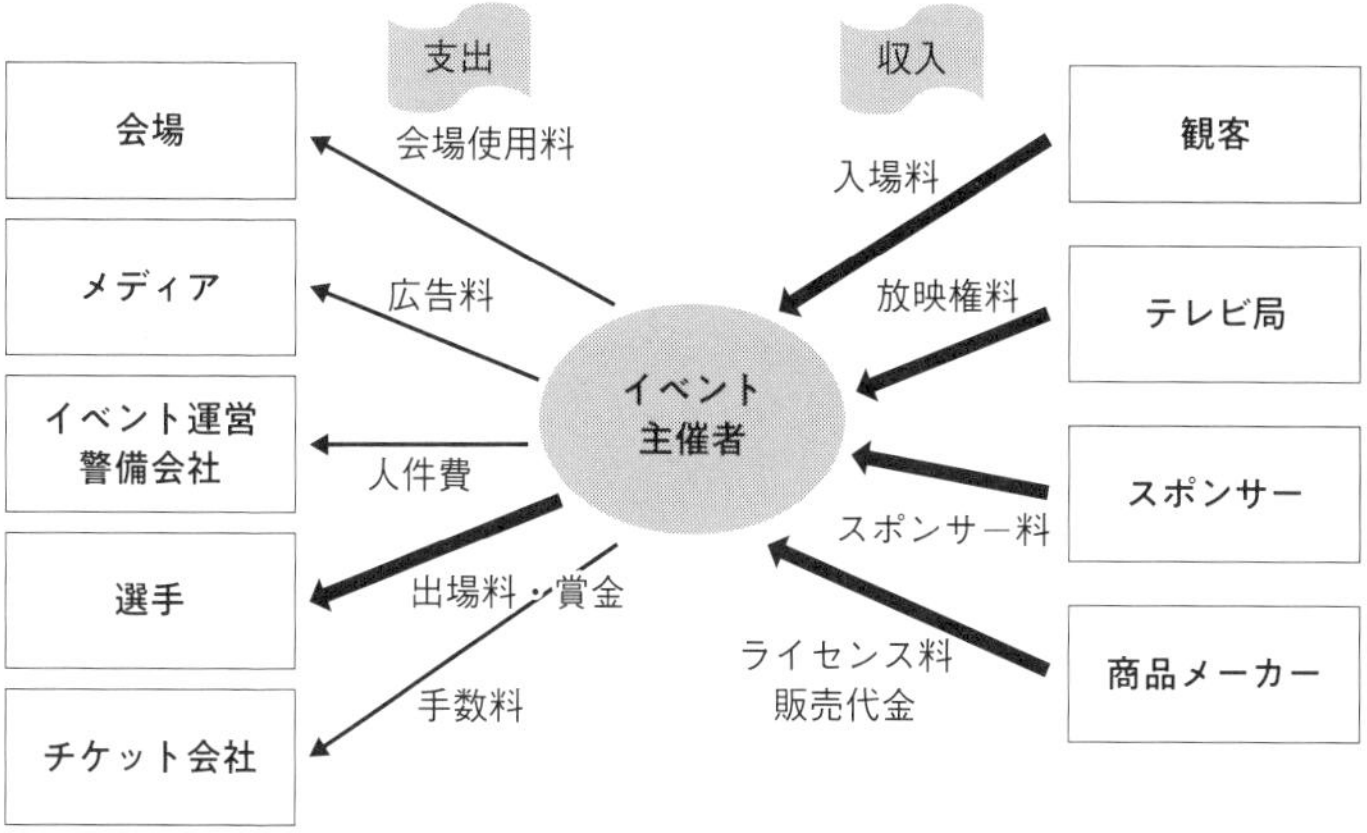

図1-1　ステークホルダーとその構造（従来型）

主催する場合もある。日本のプロゴルフなどスポンサーがスポーツ興行を主催する場合もある。業界によって、主催者のあり方はさまざまで、それぞれのスポーツビジネスの特徴を見きわめながら主催者をとらえる必要がある。

②上部団体の存在・不存在

主催者との関連で、その存在・不存在が重要なのは、主催者の上部団体の存在である。スポーツビジネスであれば、中央競技団体（NF）やリーグなど主催する団体が加盟する統括団体（国内オリンピック委員会などの競技横断的な団体）、あるいはその上部の国際スポーツ団体（IF）などがある。スポーツビジネスは、これら統括団体あるいはIFが定める業界内ルールの影響も受けるため、ルールメーカーとして重要な存在である。

③クラブ・選手

選手は、肖像権ビジネスとしてスポーツビジネスの主催者になる場合もあるが、実際、そのスポーツをプレーする存在として重要な主体である。クラブや選手がいなければ競技は成り立たず、スポーツビジネスのプロダクトを生み出す存在として、もっとも重要なステークホルダーである。

スポーツビジネスの主催者が選手に支払う報酬や賞金は、一般のビジネスの人件費率と異なり、支出の大きな割合を占めることになるため、その意味でもスポーツビジネスにとって重要な存在である。

④取引事業者その1（スポンサー・映像事業者・マーチャン事業者・その他ベッティング事業者など）

スポーツビジネスの大きな収入源として、スポンサー料・放映権料・グッズ収入などがあるが、これらの収入に関する取引事業者が、スポンサー・映像事業者・マーチャン事業者になる。

これらの事業者は、スポーツビジネスの収入源として、重要なステークホルダーである。スポンサーは、国内外のスポーツ団体だけでなく、リーグやクラブ・選手と取引することもある。映像事業者は、中央競技団体（NF）やリーグ・クラブと契約して、試合の映像を放送したり、配信したりする。従来はテレビ放送が中心であったが、インターネット配信が充実した現在では、スポーツの試合の映像配信事業が中心になってきている。マーチャン事業者は、スポーツグッズを製造または販売する事業者である。

今後、日本のスポーツビジネスでも大きな取引先として期待されているのが、ベッティング（賭博）事業者である。すでにヨーロッパでは、このようなベッティング事業者がスポーツビジネスの重要な取引事業者として存在し、アメリカ合衆国でも2018年にスポーツベッティングが解禁されてから、ベッティング事業者とスポーツビジネスの関係が強化されてきている。注目すべきは、ベッティング事業者といっても一様ではなく、カジノなどのリアル店舗を含む総合型リゾートを展開する事業者から、オンラインベッティングを提供する事業者も存在し、それぞれ得意分野が存在する。また、みずからベッティングを運営する事業者だけでなく、ベンダーやスポーツデータ提供者などの関連事業者も大きな市場になってきている。

スポーツ界にとっては、ベッティング事業者は、みずからスポーツベッティング事業を展開するほか、スポーツビジネスの主催者に対する資金源としても重要な存在である。

⑤ファン

ファンは、スポーツビジネスにとって重要なステークホルダーである。スポーツイベントの観客として、主催者にとってはチケッティングの取引対象者になる。映像配信やグッズ販売では重要なユーザーになる。また、ファンは、スポーツイベントの観客・グッズ販売の対象者というだけではない。そのスポーツを行う愛好家であるため、たとえば、プロ野球（NPB）の観客が、野球をみずからプレーすることで野球用品の販売などのスポーツビジネスも展開されることになる。

⑥取引事業者その2（会場・メディア・イベント運営・警備会社・チケット事業者など）

一方、スポーツビジネスの支出の取引事業者も重要な存在である。たとえば、スタジアムやアリーナ事業者も、エンターテインメント性の高いスポーツビジネスを実施するうえで非常に重要なステークホルダーになっている。

また、会場に多人数の観客を入れる場合、イベント運営・警備のために、数多くの事業者と取引することになる。新型コロナウイルスの感染が拡大してからは、感染拡大防止のための新たな取引も発生している。

チケット事業者も重要な存在である。日本では、全国のプレイガイドやコンビニエンスストアでのチケット販売網が充実しており、紙のチケット販売はチケット事業者に大きくゆだねられてきた。一方、電子チケットが主流になる中では、スポーツビジネスの主催者みずからがチケットの販売主体になることもあり、新たな電子チケット事業者との取引も発生している。

スポーツビジネスに関する業界内ルールの全体像

ルールメーカー・ステークホルダー間で形成されるスポーツビジネスに関する業界内ルールには多種多様なものがあるが、本書では、このような業界内ルールを、スポーツビジネスの主催者である中央競技団体（NF）やリーグ側に立って整理する。全体像は以下のとおりである。

（各論1）興行（ビジネス）に関するルールメイキング
（各論2）加盟団体・クラブや選手など構成員に関するルールメイキング
（各論3）スポーツ団体の組織運営に関するルールメイキング
（各論4）スポーツの本質的価値に関するルールメイキング

1. 興行（ビジネス）に関するルールメイキング（第2章）

中央競技団体（NF）やリーグは、興行を行ってスポーツビジネスの収益を最大化するために、主催・放送や配信・スポンサーシップ・商品化・チケッティングから得られる収益を業界内で最大化するためのルールメイキングを行っている。また、スポーツベッティングなど新たなビジネスに関するルールメイキングも検討されている。そこで、このようなそれぞれの収益源に沿って、興行（ビジネス）に関するルールメイキングを解説する。

2. 加盟団体・クラブや選手など構成員に関するルールメイキング（第3章）

スポーツビジネスは、中央競技団体（NF）やリーグが単体で実施できるものではなく、加盟団体・クラブ・選手などの構成員の存在が不可欠である。そして、新規加盟・施設・フランチャイズ・登録や出場資格・選手獲得や移籍・契約・肖像権その他商業活動・エージェントなど、このような構成員とのあいだでどのようなルールメイキングを行うかで、一つの業界のスポーツビジネスの成否が決まる。そこで、このような構成員とテーマに沿って、構成員に関するルールメイキングを解説する。

3. スポーツ団体の組織運営に関するルールメイキング（第4章）

中央競技団体（NF）やリーグの組織運営はスポーツビジネスのエンジンそのものであり、このガバナンスをどれだけ強化できるかが現代のスポーツビジネスの成否を決するといっても過言ではない。NFやリーグの組織運営は、その機能を立法機能・行政機能・司法機能に分化することができるため、それぞれの機能ごとにルールメイキングを解説する。

4. スポーツの本質的価値に関するルールメイキング（第5章）

汚職や不正行為・ドーピング・八百長その他の不正操作、危険なスポーツ・暴力やハラスメント・差別など、スポーツの本質的価値（インテグリティ）を脅かす問題が発生した場合、中央競技団体（NF）やリーグが実施するスポーツビジネスの成功にとって大きな障害となる。そこで、これらの問題点に沿って、スポーツの本質的価値に関するルールメイキングを解説する。

スポーツビジネスのルールメイキングの法的限界

スポーツビジネスのルールメイキングは、中央競技団体（NF）やリーグが、その団体自治にもとづいて行っていくが、団体自治だからといって、完全に自由な裁量によって行うことができるわけではない。とくにNFやリーグ、また主催する競技大会が唯一無二の存在であるため、これまでは、NFやリーグへの加盟、主催する競技大会への参加を条件に、加盟団体やクラブ・選手・指導者・審判などにルールを一括して合意させてきた（契約アプローチ。Contractual Approach）。国際スポーツ団体（IF）とそのメンバー団体であるNFの関係・ルールメイキングも同様であった（事例1）。

しかしながら、近年、このようなスポーツ団体の半強制的なルールメイキングに対しては、以下のような多様な法的限界が指摘されてきている。スポーツビジネスの主催者は、団体自治とこのような法的限界のバランスを見きわめながら、法的正統性をもったルールメイキングが求められる時代になっている（法的正統性アプローチ。Legitimacy Approach）。

1．契約の法的性質

スポーツビジネスのルールメイキングは、団体自治にもとづき、中央競技団体（NF）やリーグなどが策定するルールを加盟団体やクラブ・選手・指導者・審判などに合意してもらうことで形成されている。法的にはあくまで契約によるルールメイキングであって、国家の法律によるルールメイキングではない。

したがって、NFやリーグが加盟団体やクラブ・選手らと合意が得られない場合、意図するルールメイキングはできない。また、加盟団体やクラブ・選手らとの合意は、法的にはあくまで債権関係にすぎないため、債権関係に入らない第三者に対して主張することはできない。これは契約があくまで当事者の合意された範囲でのみ法的効力を発生するにすぎず、第三者に対して何らの法的効力を発生するものではない（債権的効力）という契約の法的性質からの限界である(2)。

2. 法令

スポーツビジネスのルールメイキングは、中央競技団体（NF）やリーグと、加盟団体やクラブ・選手・指導者・審判などの合意によって形成されていくが、もちろんスポーツ界といっても治外法権ではなく、適用される法律を遵守しなければならない。スポーツ界の特殊性が主張されることも多々あるものの、裁判例やスポーツ仲裁例では、そのようなスポーツ界の特殊性が認められることはまれであり、スポーツ界としては適用される法律やその趣旨を十分にふまえたルールメイキングを実施する必要がある。

スポーツビジネスとして遵守すべき日本の法律としては、契約に一般的に適用される民法・商法・コンテンツビジネスに適用される著作権法・商標法・不正競争防止法など知的財産法のほか、独占禁止法・労働法（労働基準法、労働組合法など）(事例2)・税法などである(事例3)。スポーツビジネスの主催者としての組織運営に関しては、一般法人法や公益法人法・NPO法・株式会社法などの法人法のほか、個人情報保護法・その他の業法なども ある。また、刑罰法規（賭博関連法も含む）などももちろん適用対象になる。

3. スポーツ仲裁判断

スポーツビジネスのルールメイキングの法令上の限界は、欧米の裁判例も含め、国家裁判所の判決によって明確にされてきているが、それに加えて近年きわめて大きな重要性をもってきているのが、スポーツ仲裁の仲裁判断である(注1)。

スポーツ仲裁は、国際スポーツ団体（IF）・中央競技団体（NF）やリーグが加盟団体やクラブ・選手・指導者などと合意しているスポーツ界の紛争解決方法である。スポーツ界の紛争は国家裁判所で取り扱うことができないものも多く(3)、むしろスポーツビジネスに関するルールはスポーツ仲裁で判断されることも多い。そのような場合、スポーツ仲裁は少なくとも当事者間は法的に拘束するため、NFやリーグとしてはスポーツ仲裁判断の内容にしたがわなければならない(注2)。

4. ステークホルダーとの協議（民主制）(4)

スポーツビジネスのルールメイキングは、中央競技団体（NF）やリーグなどのスポーツ団体にとっては、多くの加盟団体やクラブ・選手・指導者・審判など構成員との集団的な取り扱いが必要である。そこで、スポーツビジネスの意思決定は、スポーツ団体でルールメイキングを行い、構成員にその合意を求める契約アプローチで進められてきた経緯がある。もっとも、スポーツビジネスの意思決定に多様なステークホルダーの関与が求められる時代になってきている中で、法的正統性アプローチとして、スポーツビジネスのルールメイキングでも、対象者である加盟団体やクラブ・選手・指導者・審判を十分に関与させる必要が出てきている（ステークホルダーエンゲージメント）(事例4)。

具体的には、スポーツ団体の意思決定として、加盟団体やクラブが集まる会議体や、選手・指導者・審判の集まりである民主的な組織とのあいだで十分な協議・議論を行うことが必要であろう(事例5)。

5. グッドガバナンス（インテグリティ・サステナビリティ）などの要請

スポーツビジネスのルールメイキングで、法令ではないものの、近年重視されるようになったのが、グッドガバナンスあるいはインテグリティ・サステナビリティの要請である(5)。法令上遵守が義務づけられる事項ではないものの、現代のビジネスに対する要請として、スポーツビジネスにも求められている。

このようなグッドガバナンス・インテグリティやサステナビリティの要請は、すでにスポーツビジネスのルールメイキングの多様な場面で尊重され、ルール化されつつある。むしろこのような要請を積極的に反映するルールメイキングを実施しなければ、中央競技団体(NF)やリーグが統轄するスポーツの価値を十分に社会に示すことが難しくなってきている(事例6)。もはや法令だけを遵守していれば足りるというバランス感では間に合わないという意識が重要になっている。

6. 上部団体の規則

昨今、スポーツ界のグッドガバナンスの実現に向けて、国際スポーツ団体(IF)や上部団体がさまざまなメンバーシップレギュレーションや加盟団体規定を定めている。加盟団体である中央競技団体(NF)やリーグ・都道府県協会はこのような規定の遵守を求められた場合、これに反するルールメイキングはできない(事例7)。

たとえば、日本サッカー協会(JFA)は、国際サッカー連盟(FIFA)の加盟団体であり、FIFA憲章その他の規則を遵守することが求められている(6)。これによりJFAは、基本規定から諸規則まで大きな変更をともなうことになっている。

ただし、上部団体の規則などによる限界は、形式的にはNFやリーグのルールメイキングの限界ではあるものの、上部団体の規則自体にこれまで述べてきたような法的限界があった場合は、そもそも法的正統

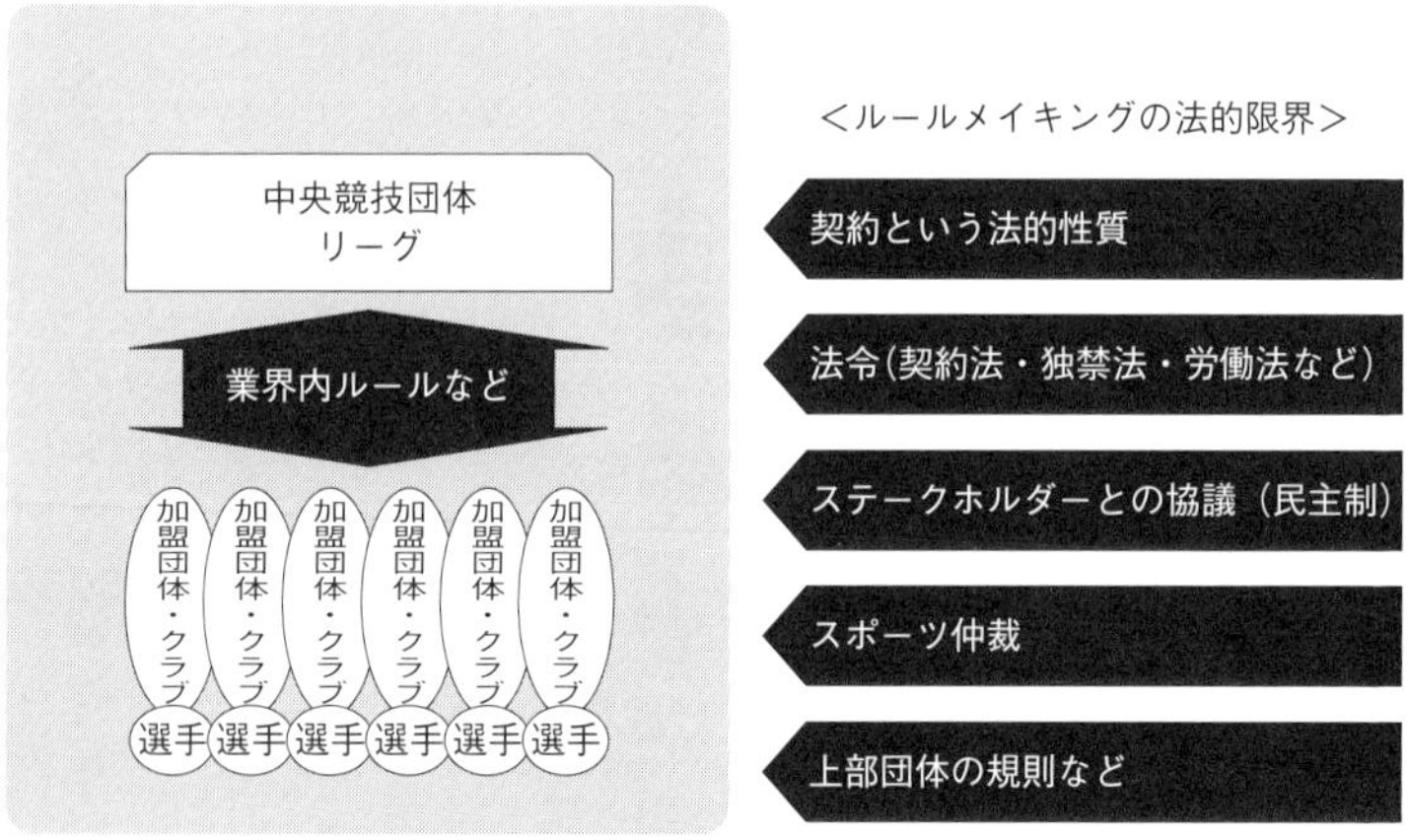

図1-2　スポーツビジネスの業界内ルール全体像

性を維持しがたい場合もある。

■補足説明

（注1）世界的にはスポーツ仲裁裁判所（CAS）、日本では日本スポーツ仲裁機構（JSAA）の仲裁判断がある。

（注2）スポーツ仲裁は私的紛争解決制度のため当事者間のみを拘束し、また裁判のような先例拘束性はないとされるが、実務としてスポーツ界における事実上の業界拘束力があるため、スポーツ仲裁判断は、非常に大きな影響力がある。

■判例・事例

（事例1）2020年オリンピック・パラリンピック東京大会の開催の是非をめぐり、国際オリンピック委員会（IOC）と締結した開催都市契約の規定内容の合理性が問題になったものの、このような契約アプローチの観点から、IOCが提案した契約内容を飲まざるをえなかった問題がクローズアップされた。拙稿「スポーツ法の新潮流⑱東京オリパラは中止できるのか～開催都市契約2020」（日本スポーツ産業学会『Sports Business & Management Review』#19、同学会ウェブサイト）参照。

（事例2）すでにアメリカ4大プロリーグではリーグと選手会の労使協定（Collective Bargaining Agreement）が締結され、その内容による業界内ルールが形成されている。日本でも労働組合法第7条第2項参照。

（事例3）独占禁止法・労働法・税法などの適用をめぐっては、選手が独占禁止法上の「事業者」に該当するのか、労働基準法上の「労働者」に該当するのか、労働組合法上の「労働者」に該当するのか、税法上の「事業者」に該当するのかなど、それぞれの法律に関して個別に判断しなければならない。選手もプロ選手・アマチュア選手の二者択一ではなく、さまざまな契約形態の選手が出てきているため、個別に判断せざるをえなくなっている。詳細は川井圭司『プロスポーツ選手の法的地位』、日本スポーツ法学会監修『標準テキストスポーツ法学』第4編第6章参照。

（事例4）このようなステークホルダーの中で、直接的な法的関係がなかったとしても、ファンの存在を忘れてはならない。プロ野球球界再編問題（2004年）や統一球問題（2013年）、東京オリンピック・パラリンピック組織委員会会長後継指名問題（2021年）、欧州サッカースーパーリーグ問題（2021年）でも、中央競技団体（NF）やクラブのファン不在の意思決定が大きな反発を生んでいる。

（事例5）サッカー界も、国際サッカー連盟（FIFA）と国際プロサッカー選手会（FIFPRO）間の労使協議にもとづいてFIFAの移籍ルールなどが改正されている。

（事例6）欧米のプロスポーツを中心とした人種差別に対する抗議活動などは、このような意識の一環だろう。また、2021年に発生した中国人プロテニスプレーヤーの彭帥（ポン・シュアイ）の問題に関しては、国際オリンピック委員会（IOC）・国際テニス連盟（ITF）・女子プロテニス協会（WTA）などのスポーツ団体がこの問題にどのように積極的に対応するのかが求められていた。

（事例7）日本のスポーツ団体ガバナンスコード〈中央競技団体向け〉も、日本オリンピック委員会（JOC）・日本スポーツ協会（JSPO）・日本パラスポーツ協会（JSPA。旧・日本障がい者スポーツ協会）がそれぞれの加盟団体に遵守を求めている規則の一つである。

■条文・引用文献

（1）eスポーツビジネスのステークホルダーについては、拙稿「スポーツ法の新潮流⑭eスポーツの法律実務（その3）～eスポーツビジネスのステークホルダー」（日本スポーツ産業学会『Sports Business & Management Review』#15、同学会ウェブサイト）参照。

（2）契約の法的性質については、日本スポーツ法学会監修『標準テキストスポーツ法学』第4編第1章第2章を参照。

（3）裁判所法第3条により、日本の国家裁判所はいわゆる「法律上の争訟」に該当するものしか取り扱わない。その他、本書スポーツ団体の司法機能に関するルールメイキング参照。

（4）川井圭司「スポーツ界におけるこれからの意思決定：国際的動向にみる「民主的」決定とグッドガバナンスの本質」（同志社政策科学研究第22巻第2号27頁、2021年）参照。

（5）スポーツ団体のガバナンスに関する文献として、出雲輝彦「競技団体のガバナンス―カナダを事例として」（菊幸一ほか編『スポーツ政策論』199頁）、上柳敏郎・松本泰介「スポーツ団体」（日本スポーツ法学会編『詳解スポーツ基本法』143頁）、奥島孝康「スポーツ団体の自立・自律とガバナンスをめぐる法的諸問題」（日本スポーツ法学会年報18号6頁、2012年）、小幡純子「スポーツにおける競技団体の組織法と公的資金」（道垣内正人・早川吉尚編著『スポーツ法への招待』、39頁）、菅原哲朗「スポーツ界における法と弁護士の役割」（道垣内・早川前掲、1頁）、早川吉尚「スポーツ団体のガバナンス」（道垣内・早川前掲、79頁）、望月浩一郎・松本泰介「スポーツ団体におけるコンプライアンス」（『自由と正義』60巻8号68頁、2009年）、拙稿「スポーツ団体のガバナンス」（『法学教室』2016年9月号75頁、有斐閣）その他参考文献など参照。

（6）国際サッカー連盟FIFA Statutes第14条。

第2章

各論1 興行（ビジネス）に関するルールメイキング

本章では、スポーツの試合を中心とした興行（ビジネス）に関するルールメイキングを解説する。スポーツビジネスの成功は、それぞれの業界の中で、この興行に関するルールをどのように形成するかに尽きるといってよい。国際スポーツ団体（ＩＦ）・中央競技団体（ＮＦ）・リーグ・クラブ・選手など、さまざまなスポーツビジネスの主体が存在する中で、スポーツビジネスに関係する権益をどのように権限分配するのか、そのガバナンスこそがビジネスの成功のコツとなる。

スポーツビジネスは、主催・チケッティング・放送や配信・スポンサーシップ・商品化が大きな収入となっており、そして近年、ベッティング（賭博）からの収入が大きな注目を浴びているが、どのようなヴィジョンで権限分配を行い、このような収入を最大化させるのか、そのための業界内ルールメイキングについて解説する。

なお、本章では、民法・商標・著作権法・商標権法・不正競争防止法などの法律の理解も必要になるが、それぞれの法律の解説はほかにゆだね(1)、スポーツビジネスを実施するうえで必要となる業界内ルールの解説に主眼をおく。

主催

1. 業界内ルールの内容

主催とは、スポーツの試合興行をみずからの名義で行い、収益を得ることであり、ここでは、試合興行に関する金銭的責任を負う概念として整理する(注1)。スポーツイベントを主催する権利(以下「主催権」という)の帰属については、中央競技団体(NF)の基本規程やリーグの規約などに明記されていることが多い。サッカー日本代表のように、主催権がNFやリーグに帰属することは当たり前のように思うかもしれないが、Jリーグの各試合はクラブに「主管」という金銭的責任があり(2)、プロ野球(NPB)では主催権は各球団にあり、日本シリーズを除いてリーグには何の主催権もない(3)。また、NFに加盟する企業スポーツリーグは、クラブに主催権が認められている場合もあるが、リーグもクラブも主催権を保有せず、それぞれの試合が行われる場所を管轄する都道府県協会に主催権がある場合もある。日本のプロゴルフトーナメントのように、企業が主催権を保有する場合もある(事例1)。

スポーツによって、試合興行を実施する主体がNFなのか、その加盟団体なのか、リーグなのか、クラブなのかは一様ではない(事例2)。主催権は法律上知的財産権(4)で保護される権利ではないため、金銭的責任を負うなら誰でも実施が可能になってしまう。そこで、NFやリーグの基本規程などで団体自治にもとづき主催権の帰属が明確に定められ、それを加盟団体やクラブなどの構成員と合意することにより業界内ルールが形成されている。構成員との合意により特定のスポーツ団体(NFやリーグなど)に主催権を帰属させることもあれば、構成員全体で形成する実行委員会に主催権を帰属させていることもある(実行委員会方式）。

なお、主催権といわれる場合に、その内容がどこまで含まれるのかは、よく確認しなければならない。チケッティングを含む試合興行を行う権利だけなのか、映像放送や配信・スポンサーシップ・商品化まで含まれるものなのか、それぞれのスポーツで取り扱いが異なる(5)。

2．収益集中のためのルールメイキング

主催者は、スポーツビジネスの収益を最大化するため、主催権から得られる収益を集中させることを検討する。

前述のとおり、主催権は法律上保護される知的財産権ではないため、それだけで第三者を排除することができない（事例3）。

知的財産権として法律上保護される場合は、第三者に対してビジネスを中止するよう要求できるため、一つの方法は、主催権をできるだけ保護するかたちで、法律上の知的財産を生み出すことである。主催者が大会名や大会ロゴを登録商標として独占する方法や、不正競争防止法によって第三者によるフリーライドを防止する方法がある。

また、主催権が一つの業界でさまざまな主体に分属してしまっている場合、それぞれのビジネス規模が小さいままになってしまう。それを避けるために、スポーツビジネスでは、団体自治にもとづき、主催権などを中央競技団体（NF）やリーグで集合的に一括管理し、業界内の構成員に認めないことが行われることがある。これにより、より大規模なビジネスを統一的に展開することが可能となり、ビジネスの収益を集中させることが可能になる。

3．ルールメイキングとその法的限界

（1）契約の法的性質

主催権の帰属に関しては、前述のとおり、加盟団体やクラブとの合意にすぎない。したがって、加盟団体やクラブと合意が得られない場合、意図するルールメイキングはできない。プロ野球（NPB）のプレーオフであるクライマックスシリーズなどでリーグが主催権を持てず、各球団主催になるのは、リーグに所属する球団間で合意ができないためである。

また、加盟団体やクラブとの合意は、法的にはあくまで債権関係にすぎないため、債権関係に入らない第三者に対して主張することはできない。したがって、どれだけ中央競技団体（NF）と加盟団体が、国内におけるスポーツの試合興行を主催すると定めていたとしても、海外のスポーツ団体や選手が行う興行など、NFの加盟団体・登録者ではない第三者が、当該スポーツの試合興行を行う場合は、NFが保有する知的財産権の利用などがない限り、それを排除することはできない。

オリンピック・パラリンピック大会期間中に法的合意下にある選手や指導者・役員によるSNS投稿は禁止することができたとしても、第三者が行うSNS投稿は、オリンピック・パラリンピックの知的財産権を無断利用した場合を除き、排除することができないのも同様である。

（2）法令

また、もう一つの限界は、主催権の一括管理にともなう独占禁止法上の問題である（事例4）。独占禁止法は、公正かつ自由な競争を促進し、事業者が自主的な判断で自由に活動できるようにするため、一定の市場の

独占を禁止している法律である。主催権を一括管理することでほかの事業者が行う試合興行が排除される場合、独占禁止法違反になることが考えられるため、その検討が必要である。その他、主催者として複数の組織が製作委員会を形成する場合は、民法上の組合として民法の適用が考えられるほか(6)、金融商品取引法が適用されないようにするため、適用除外要件を満たす必要がある(7)。

(3) ステークホルダーとの協議（民主制）

主催に関するルールは、加盟団体やクラブなどの経済活動の範囲を明確にし、スポーツビジネス全体のブランディングに直結する。主催者であるスポーツ団体のみで意思決定するのではなく、ステークホルダーである加盟団体やクラブを民主的に関与させる必要が出てきている。具体的には、スポーツ団体の意思決定において、加盟団体やクラブの民主的に組織された社員総会や実行委員会などの会議体で、十分な協議が必要だろう。

(4) 上部団体の規則

主催に関するルールも、上部団体の規則などにより修正される可能性がある。日本で開催される国際大会や予選の主催に関するルールは、国際スポーツ団体（ＩＦ）が定める規則に従う必要がある。また、サッカーの国際親善試合などは、国際サッカー連盟（ＦＩＦＡ）の国際マッチカレンダーに合わせて開催する必要がある。

4. 主催をめぐるステークホルダーとの契約

このような中央競技団体（NF）・リーグが形成する業界内ルールとしての主催権の帰属を前提として、NF・リーグ・加盟団体・クラブ・選手と代理店・プロモーターなどのステークホルダーとのあいだで、主催権の売買に関する契約が締結される。

主催者は、自主興行として、チケッティング・映像放送や配信・スポンサーシップなどを個別に行うことも可能であるが、安定的な資金獲得のために、一つの大会のこれら複数の権利を一括して代理店などに販売したり、複数の大会に関する権利を一括して代理店などに販売したりする（事例5）。いわゆる売り興行である。

このような主催権の販売に関する契約では、主催者の義務として、販売の対象となる主催権の対象大会、販売される主催権の内容、対象地域、対象期間、主催者が保有する知的財産権のライセンス、主催権を有することの表明保証、対象大会に関する最終的な責任分配などが定められる。一方、代理店などのステークホルダー側の義務としては、主催者に対する対価の支払、興行実施におけるクオリティコントロールなどが定められる（事例6）。

放送・配信

1. 業界内ルールの内容

スポーツビジネスで、映像放送や配信はビッグビジネスである。その中で、スポーツの試合興行の映像を撮影放送し、インターネット配信を行うことで収益を得ることが放映権などと呼ばれている。放映権といっても、昨今は放送権なのか、配信権なのか、あるいは両方含まれた意味なのか、さまざまな違いがあるため注意が必要である。放映権の帰属は、中央競技団体（ＮＦ）の基本規程やリーグの規約などに明記されている。

Ｊリーグのように放映権をＮＦやリーグが保有することは当たり前のように思うかもしれないが(8)、プロ野球（ＮＰＢ）のように各球団が保有するスポーツもある(9)。スポーツによって、放映権を保有する主体として、ＮＦなのか、その加盟団体なのか、リーグなのか、クラブなのかは一様ではない。

そこで、ＮＦやリーグは、団体自治にもとづいて基本規程などで放映権の帰属が明確に定められ、それを加盟団体やクラブなどの構成員と合意することにより業界内ルールが形成されている。

また、放映に関するルールも一様ではない(事例7)。近年はいかに放映の視聴率や視聴者数を増やすかが入念に検討されており、ニュース映像やハイライト映像の放映条件・ＳＮＳでの配信条件についても主催者が明確に定めている場合もある。また、放映の価値を上げるために、試合結果のニュース報道・ＳＮＳでのニュース配信を遅らせることをメディアに要望している主催者もある。報道機関やＳＮＳ広報といっても、自由に映像利用できないルールになっていることもあるので、確認しなければならない。

2. 収益集中のためのルールメイキング

主催者は、スポーツビジネスの収益を最大化するため、放映権から得られる収益を集中させることを検討する。

日本では放映権が法律上知的財産権で保護される権利ではないため、第三者を排除することができない(10)。スポーツそのものも著作権の保護対象ではなく、選手のプレーが著作隣接権としての「実演」にも該当しないと考えられているため、知的財産権としての排他性はない(11)。映像を撮影・放送・配信する場合に、選手の肖像権（パブリシティ権）を理由に第三者を排除することも考えられなくはないが、スポーツのプレーを撮影し、放送・配信することは単なる事実記録の使用にすぎないため、肖像権侵害として第三者を排除する権利はないだろう(注2)。

スタジアムやアリーナで実施されるスポーツの場合、その施設の所有者あるいは管理者として入場を物理的に規制すること、あるいは入場者にスポーツの撮影や利用を制限することによって、第三者がスポーツの映像を撮影することを制限し、放映権を主催者が事実上独占することができる。一方、たとえば、箱根駅伝のような公道で行われるスポーツイベントの場合、第三者による映像撮影や、撮影された映像の放送や配信なども制限することはできないため、放映権を主催者が事実上独占することはできない。

また、撮影された映像が媒体に記録されるなど固定される場合は、著作権法上の著作物に該当し、著作者にその排他的な利用権が認められるが、それはあくまで撮影された映像に限られるものであり、著作権が主催者による放映権全般の独占を担保するものではない。

そこで、このような放映権ビジネスを最大化する方法として、スポーツビジネスでは放映権の一括管理が行われている(事例8)。放映権が一つの業界でさまざまな主体に分属してしまっている場合、それぞれのビジネス規模が小さいままになってしまう。それを避けるために、団体自治にもとづき、中央競技団体（NF）やリーグが放映権などを集合的に一括管理し、業界内の構成員に認めないことがよく行われる。Jリーグのように、それぞれのクラブの試合の放映権などを一括してリーグが管理することなどである。これにより、より大規模な放映権を活用することが可能となり、ビジネスの収益を集中させることが可能になる。

3. ルールメイキングとその法的限界

（1）契約の法的性質

放映権の帰属に関しては、前述のとおり、加盟団体やクラブとの合意にすぎない。したがって、加盟団体やクラブと合意が得られない場合、意図するルールメイキングはできない。プロ野球（NPB）で、パ・リーグはリーグ所属球団で合意ができているため「パ・リーグTV」でインターネット配信権の一括管理ができているが、セ・リーグではそのような合意はないため、いまだにリーグ管理はできていない。

また、加盟団体やクラブとの合意は、あくまで法的には債権関係にすぎないため、債権関係に入らない第三者に対して主張することはできない。公道で第三者が撮影した映像に関しては、主催者も放映権保有者も、その撮影を法的に禁止することもできず、また放送・配信・ソーシャルメディアへの投稿なども禁止できない。

（2）法令

もう一つの限界は、放映権の一括管理にともなう独占禁止法上の問題である。放映権を一括管理することでほかの事業者が行う放映が排除される場合、独占禁止法違反になることが考えられるため、その検討が必要である。日本の現状は、放映権といっても、地上波放送・衛星放送（BS・CS）・ケーブルテレビ放送（CATV）・インターネット配信などさまざまな放映方法があり、主催者がすべてを独占しているわけではないので、独占禁止法違反の指摘がなされているわけではない（事例9）。

また、もう一つの法令上の限界が、ユニバーサル・アクセス権を保証する法制度である。たとえば、イギリスでは、1954年のTelevision Act、1996年のBroadcasting Actで、オリンピックやワールドカップなどの一定の特別指定試合の生放送の独占契約を禁止しているため、主催者は完全に自由に放映事業者と契約するわけにはいかない(12)。

(3) ステークホルダーとの協議(民主制)

放送や配信に関するルールは、加盟団体やクラブなどの経済活動の範囲を明確にし、スポーツビジネス全体のブランディングに直結する。主催者であるスポーツ団体のみで意思決定するのではなく、ステークホルダーである加盟団体やクラブを民主的に関与させる必要が出てきている。具体的には、スポーツ団体の意思決定において、加盟団体やクラブの集まりとして民主的に組織される社員総会や実行委員会などの会議体での十分な協議が必要だろう。

4. 映像放送や配信をめぐるステークホルダーとの契約

このような中央競技団体(NF)・リーグが形成する業界内ルールとしての放映権の帰属・放映に関するルールを前提として、NF・リーグ・加盟団体・クラブ・選手と、テレビ局・インターネット配信事業者などのステークホルダーとのあいだで、放映権に関する契約が締結される。

一般的なテレビ局との放送権契約では、主催者の義務として、放送権の対象大会、放送の種類(地上波かBS・CSか、生放送か中継放送か)、放送地域、放送期間・回数(二次利用の方法なども含む)、テレビ局による会場内での撮影許可、独占放送の有無、放映権を有することの表明保証などが定められる。

一方、テレビ局の義務としては、主催者に対する対価の支払、放送実施におけるクオリティコントロール・ハイライト映像の制作・他局への提供などが定められる。とくに重要だったのが試合映像の著作権の帰属であるが、従前の契約ではテレビ局への帰属が定められていることがほとんどであった。これにより、テレビ局が著作権を保有する過去の試合映像などを、主催者が円滑に利用できない問題はいまだに発生している（事例10）。

近年普及がめざましい配信事業者との配信契約（事例11）では、主催者が制作する映像のライセンスが契約され、主催者の義務として、配信メディアの種類、配信地域、配信期間、独占配信の有無、サブライセンスの可否、映像に関する知的財産権を有することの表明保証などが定められる。

一方、配信事業者の義務としては、主催者に対する対価の支払、配信におけるクオリティコントロールなどが定められる。この場合の映像の著作権の帰属は、主催者が試合映像の制作を行うため、主催者に帰属することになっている（もちろん実際は委託を受けた制作会社が制作し、その著作権を主催者に移転させる契約を締結している）。これにより主催者は、試合映像の権利をみずからに帰属させ、管理することができるようになった。そのため、配信事業者に映像利用のライセンスを行うことができるようになっただけでなく、みずからハイライト映像をソーシャルメディア上で配信するなど、映像制作をゆだねていたテレビ局の了解を得ることなく、映像を総合的に活用することが可能になっている。

スポンサーシップ

1．業界内ルールの内容

スポンサーシップとは、スポーツの試合興行や選手の活動に関して、スポンサーに対してメリットを提供し、収益を得ることとである。とくにスポンサーシップに関する業界内ルールとして重要なのは、

・スポンサーシップを実施する権利（以下「スポンサー権」という）の帰属、すなわち中央競技団体（NF）やリーグに帰属するのか、その構成員である加盟団体・クラブ・選手に帰属するのか

・どこまでのスポンサー権がNFやリーグに帰属し、どこからのスポンサー権が構成員である加盟団体やクラブ・選手に開放されているか

・特定のスポンサー権に付随する業種独占条件（競合制限）の有無

・スポンサーになれない業種リスト

である。このスポンサー権の帰属・分配は、スポーツの試合興行で露出できる広告スポット・配置を決めるなど、当該興行のブランディングにも大きくかかわるルールメイキングである。

スポンサー権の帰属に関するルールは、スポーツによって一様ではない。団体自治にもとづき、Bリーグのようにリーグが強いリーダーシップのもと、リーグスポンサーのメリットをクラブスポンサーより優先している場合もあれば、プロ野球（NPB）のように球団スポンサーのメリットがリーグスポンサーのメリットより優先しているため、リーグスポンサーのメリットは実際ほとんどないというケースもある。

このようなスポンサー権には、通常、契約するスポンサーの競合制限が契約条件とされるため、リーグスポンサーのメリット独占・業種独占がクラブスポンサーにもおよぶ場合、かなりの制約になる。

主催者であるスポーツ団体によっては、団体自治にもとづき、スポンサーになれない業種リストをルール化している場合もある。Jリーグでは、アルコール飲料・たばこ・消費者金融・風俗営業（公営ギャンブル、パチンコ製造・販売・ホール含む）・美容整形・宿泊施設（ラブホテル）・葬儀社・政治団体・宗教団体など

の項目に分けて検討がなされている。

また、具体的に提供されるスポンサーメリットの内容も、スポーツによって千差万別である。スタジアムやアリーナに設置される看板広告の内容もスポーツによってさまざまであれば、オリンピック競技大会に至っては競技会場内の看板広告は認められていない（事例12）。また、選手の着用物に関するスポンサーメリットの内容も、スポーツによってさまざまである（事例13）。企業名をリーグやクラブのネーミングライツとしてマネタイズすることも検討されている（事例14）。

近年の傾向としては、競技会場の看板広告のようなアナログな旧来のスポンサーメリットから、ウェブやSNS上でのデジタルマーケティングを行うスポンサーメリットが増えてきている。そのため、主催者としても、競技会場の看板広告などのアナログな媒体から、ウェブサイト（テキスト媒体だけでなく、動画媒体も必要）・SNSなどのデジタル媒体を構築する必要が出てきている。またデジタルマーケティングで、主催者が構築する顧客データベースが重要なスポンサーメリットとなっている。スポンサー権に関するルールメイキングで、このようなスポンサー権の具体的内容・法的性質に応じたルールメイキングもなされるため、今の時代に求められるスポンサー権の具体的内容の把握も非常に重要である。

2. 収益集中のためのルールメイキング

主催者は、スポーツビジネスの収益を最大化するため、スポンサー権から得られる収益を集中させることを検討する。

スポンサー権は法律上保護される知的財産権ではないため、第三者を排除することができない。ただし、知的財産権として法律上保護される場合は、第三者に対してビジネスを中止するよう要求できるため、一つの方法は、スポンサー権をできるだけ保護するかたちで知的財産権とすることである。方法としては、主催者が、スポンサーメリットとして使用される大会名や大会ロゴを商標登録して独占する方法（事例15）や、大会ロゴ・大会キャラクターなどを著作権として独占する方法、不正競争防止法によって第三者によるフリーライドを防止する方法がある。第三者が試合興行のスポンサーであることを虚偽表示することは、不正競争防止法違反となる。

また、スポンサー権が一つの業界でさまざまな主体に分属している場合、それぞれのビジネス規模が小さいままになってしまう。それを避けるために、スポーツビジネスでは、団体自治にもとづき、中央競技団体（NF）やリーグが一定範囲のスポンサー権を集合的に一括管理し、加盟団体やクラブなど業界内の構成員のスポンサーシップを制限することが行われる。これにより、より大規模なスポンサー権を活用することが可能となり、ビジネスの収益を集中させることが可能になる。

3. ルールメイキングとその法的限界（事例16）

（1）契約の法的性質

スポンサー権の帰属に関しては、前述のとおり、加盟団体やクラブとの合意にすぎない。したがって、加盟団体やクラブと合意が得られない場合、意図するルールメイキングはできない。プロ野球（NPB）では、各球団にスポンサー権が帰属しており、リーグでスポンサー権を管理するなどの合意はできていない。

また、加盟団体やクラブとの合意は、あくまで法的には債権関係にすぎないため、債権関係に入らない第三者に対して主張することはできない。したがって、後述するアンブッシュマーケティングルールに関しても、いくら業界内ルールとして禁止するルールを定めたとしても、スポーツイベントの話題性を活用した業界外の第三者のマーケティングを完全に禁止することはできない。

(2) 法令

日本のスポーツビジネスにおけるスポンサーシップにおいて重要なのが、スポンサーシップの対価の税務上の取り扱いである。スポンサーシップ契約で合意された対価だけでなく、主催者の赤字を補てんするために支出される金銭の取り扱いが問題となる。とくに後者は主催者の安定かつ継続的な経営や、新型コロナウイルス感染拡大などの経営危機が発生した場合の赤字補てんのための資金調達に有効である。そこで、日本のスポーツビジネスにおいては、主催者であるスポーツ団体やリーグがこのような税務上の取り扱いを確保できるかが非常に重要であった。

有名なものとして、プロ野球(NPB)は、昭和29年(1954年)の国税庁通達にて、子会社の球団が「当該事業年度において生じた欠損金」を補てんするために親会社が支出した金銭は、親会社が支出した事業年度の損金に算入することが可能である(13)。また、Jリーグでも従前から同じ取り扱いがされてきた(事例17)が、令和2年(2020年)の照会に対する回答で同様の取り扱いが可能であることが明確にされた(14)。

(3) ステークホルダーとの協議(民主制)

スポンサーシップに関するルールは、単に加盟団体やクラブ・選手が保有する商標やロゴ・氏名・肖像などの権利許諾のみならず、加盟団体やクラブ・選手などの経済活動の範囲を明確にし、スポーツビジネスのブランディングに直結する。主催者であるスポーツ団体のみで意思決定するのではなく、ステークホルダーである加盟団体やクラブを民主的に関与させる必要が出てきている。具体的には、主催者であるスポーツ団体として、加盟団体やクラブの集まりとして民主的に組織される社員総会や実行委員会などの会議体や、選手の集まりとして民主的に組織される選手会や選手委員会との十分な協議が必要だろう。

（4）上部団体の規則

スポーツ界のグッドガバナンスの実現に向けて、国際スポーツ団体（IF）や上部団体がさまざまなメンバーシップレギュレーション規定や加盟団体規定を定めており、中央競技団体（NF）やリーグはこのような規定の遵守を求められた場合、これに反するルールメイキングはできない。

たとえば、世界大会への出場を前提にしているスポーツについては、IFが定めるユニフォームその他の着用物に関する規程を前提に、日本代表のスポンサーメリットの設計がなされている。

4．アンブッシュマーケティングに関するルールメイキング

スポンサーシップに関する業界内ルールとしては、これまで述べてきたスポンサーシップを活用するルールメイキングだけでなく、第三者がスポンサー権を利用することなく、スポンサーメリットと同様の効果を得ようとするアンブッシュマーケティングを防止するためのルールメイキングもある。

（1）アンブッシュマーケティングとは何か？

アンブッシュマーケティングとは、アンブッシュは「待ち伏せ」の意として、日本では、従来から、以

下の類型が説明されている。

①スポンサーである旨の虚偽表示

例）オリンピック公式スポンサーと虚偽の表示を行うマーケティング

②イベント関連の標章と同一・類似のマークの使用

例）オリンピックロゴに似たマークを使用するマーケティング

③イベント関連の標章と同一・類似のマークを使用しない以下の類型

ⅰ．イベントで行われる競技種目をテーマとした広告など

例）広告で駅伝やマラソンをテーマにするマーケティング

ⅱ．イベントの出場選手や出場チームと契約し、当該選手やチームに言及する広告

例）広告で出場選手や出場チームを起用するマーケティング

ⅲ．イベント開催会場・競技場その他の付近で行う、広告物の掲出や販売活動

例）マラソンコースのテレビ映像に映る場所に屋外広告を掲出するマーケティング

近年の傾向としては、①、②、③ⅲなどの従来の典型的なアンブッシュマーケティングは、知的財産法にもとづく権利行使や、公式メディア規制・競技会場に限られない行政によるクリーン・ベニュー規制を活用することで下火になっている。むしろ、イベント開催時期に同じ競技種目をテーマとしたマーケティングを行ったり、さらには、競技種目名・開催国名・「世界大会」「スポーツ大会」などの用語・対戦表・トーナメント表・競技結果・競技会場などのスポーツイベントが想定されるシーンなど、法的に自由に利用が認められるコンテンツを利用したマーケティングが行われている。

また、このようなワードは、インターネット上で、イベント開催時に話題となる検索ワードなどとリンクし、ユーザーへのマーケティングに活用できるほか、現在のパーソナライズされた検索サービスやSNSを通じて、興味のあるユーザーにダイレクトに表示されるなど、どんどん進化している。

中には、イベントの公式スポンサーであったとしても、主催者に対する事前アプルーバルの時門的・費用的コストを懸念して、みずからこのようなマーケティングを行っているケースも散見される。

(2) アンブッシュマーケティング規制に関するルールメイキング

オリンピック・パラリンピックなどのメガスポーツイベントでは、その公式スポンサーに対して、スポンサー契約にもとづいて知的財産の利用を許諾し、そのスポンサー料も莫大なものになる。そこで、国際オリンピック委員会（IOC）などの主催者は、公式スポンサーでないものが、スポーツイベントに便乗した広告宣伝活動を行わないように、アンブッシュマーケティングを規制しようとする[15]。

①主催者が定めるアンブッシュマーケティングルールによる規制

i．開催都市・公式スポンサー・公式メディアなどに対する契約条件としての規制

まず、一つ目の方法として、主催者は、みずからが直接契約を締結する組織委員会・開催都市・公式スポンサー・公式メディアなどの契約相手に対して、主催者の保有する知的財産に限られないイベントコンテンツの利用条件・クリーン・ベニューの実施など、みずから定めるアンブッシュマーケティング規制ルールを契約内容に盛り込み、遵守させる。主催者が業界内ルールとして定め、契約相手と合意する方法によるルールメイキングである。

ⅱ．選手・観客やボランティアなど、参加関係者に対する参加条件としての規制

二つ目の方法としては、イベントに参加する選手などに対して、アンブッシュマーケティングに関与しないよう禁止する方法である。このような参加関係者は、参加にあたり主催者とのあいだで参加契約を締結するため、この参加契約の中で、みずから定めるアンブッシュマーケティング規制ルールを盛り込み、遵守させる。これも主催者が業界内ルールとして定め、契約相手と合意する方法によるルールメイキングである。

この方法としてもっとも有名なルールは、オリンピック憲章第40条（いわゆる〈Rule40〉ルール）である。〈Rule40〉ルールについては後述するが、この規定に加え、さらに詳細なガイドラインで、肖像権などのコンテンツの利用は一定条件でしか認められていないため、公式スポンサーや公式メディアなど以外の第三者による、参加関係者の肖像権などのコンテンツの利用が制限されている。

その他、競技会場に入る観客に対して、企業の広告活動を禁止したり、ＳＮＳでの投稿を制限するなどの観戦約款を定める例もある。

ⅲ．直接契約下にない第三者に対する規制

三つ目の方法としては、主催者が、アンブッシュマーケティング規制ガイドラインなどを制定し、直接契約下にはない（開催都市・公式スポンサーや公式メディア・選手・観客などの参加関係者などではない）第三者に、その遵守を求めるものである。

具体的な例でいえば、東京オリンピック・パラリンピック競技大会組織委員会が「大会ブランド保護基準」との名称の、アンブッシュマーケティング規制ガイドラインを定め、オリンピック・パラリンピックマークなどの保護とアンブッシュマーケティングの防止を求めている。

このようなガイドラインにより、直接契約下にない第三者が自主的にアンブッシュマーケティングを控えることになれば、アンブッシュマーケティングは規制されることになる。

もっとも、主催者が定めるアンブッシュマーケティングガイドラインに第三者が同意しないのであれば、法的に遵守する義務はないため、このような規制をおよぼすことはできない。

②法律による規制

i．知的財産法による規制

アンブッシュマーケティングで主催者が保有する知的財産法上保護される知的財産を無断利用する場合、主催者以外の者は、法律上その無断利用が禁止されるため、このような知的財産を利用するアンブッシュマーケティングは規制されることになる。

とくに、スポーツイベントに関連した、知的財産法上保護される知的財産は、著作権法・商標権法・不正競争防止法・判例上のパブリシティ権などが考えられるため、著作物となるようロゴを工夫したり、商標登録を行うことで、アンブッシュマーケティングを規制できる。

もっとも、知的財産法にもとづく知的財産にならない場合は、第三者の表現活動・経済活動の自由が認められるので、このような規制をおよぼすことはできない。

ii．アンブッシュマーケティング規制法による規制

また、前述のとおり、アンブッシュマーケティングの規制には法的な限界があるため、近年のメガスポーツイベント開催にあたって、アンブッシュマーケティング行為そのものを規制する法律を定める方法もある。

2012年に開催されたオリンピック・パラリンピックロンドン大会に関しては、イギリスで、「London

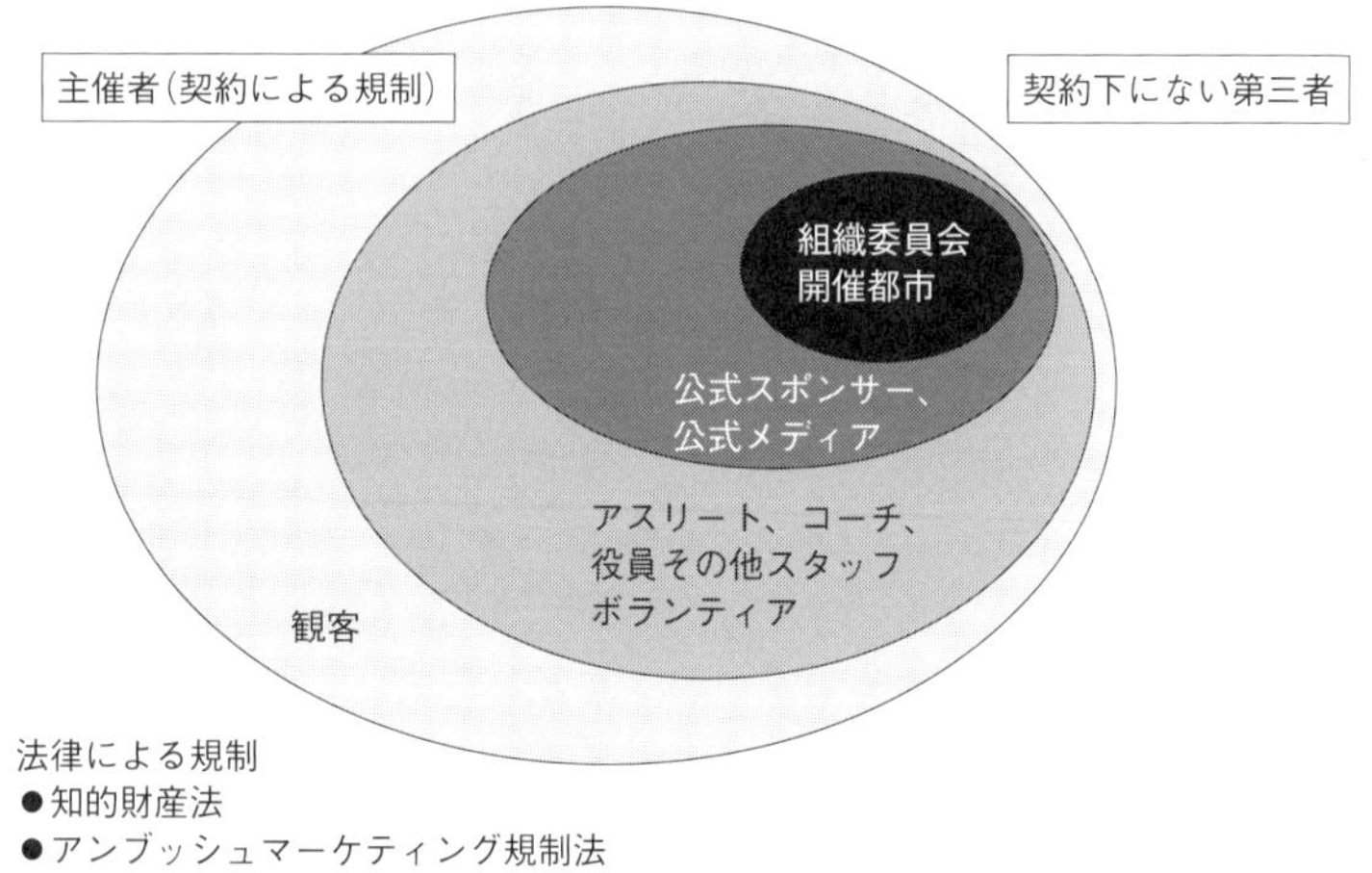

図2-1　法的に有効なアンブッシュマーケティング規制方法のまとめ（松本、2018）

Olympic Games and Palalympic Games Act」（いわゆる「ロンドン特別法」）が定められていた。ロンドンオリパラ組織委員会に、ロンドンオリンピック・パラリンピックとのあいだに何らかの関係を示唆することについての権利を認め、組織委員会に何らの許諾なく、このような示唆を行うことが禁止されていた。

（3）〈Rule40〉によるルールメイキング

本書出版時現在の〈Rule40〉付属細則3項では、「オリンピック競技大会に参加する競技者とチーム役員、チームスタッフは国際オリンピック委員会（IOC）理事会が定める原則にしたがい、自身の身体、名前、写真、あるいは競技パフォーマンスが宣伝の目的で大会期間中に使用されることを許可することができる」と定められている。この大会期間とは、競技が行われる期間の前後の期間を含む。

IOCが2019年6月にこのような改正を行った経緯は（事例18）、2019年2月に、ドイツのカルテル庁（独占禁止法などを管轄している官庁）から、IOCの従前の〈Rule40〉の規定内容やドイツオリンピック委員会（DOSB）のガイドラインに対して指摘された内容による影響が大きい。ドイツ国内における〈Rule40〉の運用は、支配的地位の濫用の観点で2017年から調査が行われていた。この指摘を受けたDOSBのガイドラインは、以下の内容に修正されている。

・DOSBに対する事前申請および事前許可が不要。
・オリンピック期間中でも、以前からの継続的な広告のみならず、新規の広告も可。SNS上での、選手から個人スポンサーへの感謝投稿、個人スポンサーから選手への祝福投稿も可。
・使用が禁止されるオリンピック用語リストから一部削除。金メダル・銀メダル・銅メダル・夏季大会、冬季大会などの用語が使用可。ただし、オリンピック保護法には要注意。
・競技中または競技外で撮影された写真が使用可。ただし、競技中の写真はオリンピックシンボルが写っていないことが条件。
・〈Rule40〉違反は金銭的制裁に限られ、資格停止・メダルはく奪などスポーツ関連制裁の対象にはならない。こちらに関する紛争は通常裁判所のみで取り扱い、仲裁では取り扱わない。

以前から、〈Rule40〉は、日常的に選手を支えるスポンサーシップで、もっとも広告効果が高まるオリンピック開催時に選手の肖像などをまったく活用できず、選手やそのスポンサー企業から大きな非難にさらされていたため（いわゆる#WeDemandChange運動）、IOCは、2015年に、それまでの全面禁止ルールから一部緩和することを発表していた。

緩和ルールでは(16)、概要、

・事前申請制度（国際利用の場合はＩＯＣに、国内利用の場合は選手の国内オリンピック委員会（ＮＯＣ）と、利用地域のＮＯＣに申請する）

・オリンピックやオリンピックの知的財産・その他オリンピックへの言及・関連用語の使用は禁止

・緩和ルールの導入の有無は、管轄するＮＯＣの権限とされ、アメリカオリンピック委員会（当時ＵＳＯＣ）やイギリスオリンピック委員会（ＢＯＣ）は、２０１６年リオデジャネイロオリンピックから緩和ルールを導入していた（事例19）。しかしながら、ＵＳＯＣの緩和ルールは、６カ月前の事前申請や4カ月前からの広告開始を定めたことや、選手が代表になるかわからない中での広告出演が控えられたことから、課題が残ったとも指摘されていた。

そこで、２０１９年10月には、アメリカオリンピック・パラリンピック委員会（ＵＳＯＰＣ）も、オリンピック・パラリンピック東京大会に向けた「ルール40ガイドライン」を発表した。このガイドラインは、６カ月前の事前申請や４カ月前からの広告開始などの条件を廃止し、２０１６年オリンピックリオ大会時に策定した「ルール40ガイドライン」を緩和するものである。

・選手が広告開始以前に申請し、個人スポンサーが誓約書に合意することが条件（申請の期限はなし）。〈Rule40〉違反は、選手の出場資格に影響する。
・個人スポンサーの広告は、オリンピック期間中からみて継続的な広告であり、通年の同時期に比べて頻度が上がったり、大きな変化がないことが条件。
・ジェネリックマーケティング（商品やサービスに言及する広告）は、オリンピックコンテンツ（選手のオリンピックへの出場への言及を含む）を使用しない限り可。
・選手マーケティング（SNS上での企業や選手への言及）は、選手単独で行い（複数は禁止）、オリンピックコンテンツを使用せず（会場写真の使用や、オリンピックSNSの再投稿も禁止）、商品やサービスに言及しない限り可。選手は感謝投稿などを7回まで可。個人スポンサーは祝福投稿などを1回まで可。

以上のとおり、各国のガイドラインは、主催者が自由にルールメイキングしたものではなく、知的財産の保護とコンテンツの自由利用とのバランス、独占禁止法などの経済法の遵守などをふまえたバランスのある内容になっている。

（4）日本における〈Rule40〉によるルールメイキングとその法的限界

①法令

このようなオリンピック憲章の改正や海外のガイドラインの変更を受けて、日本オリンピック委員会（JOC）も2020年にマーケティングガイドラインの修正を行っている。

ただし、このような日本における〈Rule40〉の問題について、日本の公正取引委員会競争政策研究センターが設置した「人材と競争政策に関する検討会」報告書では、「第6　単独行為に対する独占禁止法の適用　4　役務提供に伴う成果物の利用等の制限」で、〈Rule40〉の運用についてドイツのカルテル庁が「競争を制限しており、ドイツオリンピック連盟および国際オリンピック委員会は市場支配的地位を濫用している疑いがあるとして、両団体について調査を進めている」ことを指摘している。また、役務提供者の肖像などの独占的な利用を許諾させる行為（肖像などの独占的許諾義務）について、自由競争減殺の観点・

競争手段の不公正さの観点・優越的地位の濫用の観点から問題となりうることが指摘されている。

当該報告書にはこれ以上の指摘はないものの、選手の肖像などに関し、独占的な利用を許諾させる行為（肖像などの独占的許諾義務）が独占禁止法上の問題になった日本のケースとしては、プロ野球選手肖像権訴訟事件（事例20）がある。統一契約書にもとづき選手の肖像権を球団に移転させる条項は、球団による「優越的地位の濫用」（独占禁止法第19条、旧一般指定第14項）に該当すると主張されていた。裁判所は、プロ野球（NPB）のドラフト制度・球団の保留制度・統一選手契約書による締結により、選手の契約相手方選択の可能性が制限されていることから、球団の優越的地位を認めている。ただ、選手が主体的に商品広告などへ関与する途があることや、使用料の分配があり、分配率の交渉余地があることから、公正競争阻害性を否定したため、結果として「優越的地位の濫用」は認められていない。

本件から〈Rule40〉による日本の規制ルールを考えるに、オリンピックは出場する選手にとって唯一無二の大会であり、ほかの大会を選択する余地がないうえ、オリンピック憲章を変更の余地なく遵守しなければならないことからすれば、オリンピックの主催者の「優越的地位」を否定することは難しいだろう。また、他国のような全面的な緩和ルールが導入されていない日本では、事前申請などのJOCマーケティングガイドラインを満たさない選手の肖像の利用までもが一切禁止されてしまっているため、公正競争阻害性が認められる可能性もきわめて高いと考えられる。

したがって、日本の〈Rule40〉によるルールメイキングでも、知的財産の保護とコンテンツの自由利用とのバランス・独占禁止法などの経済法の遵守などをふまえる必要があるだろう。

②契約の法的性質

〈Rule40〉によるアンブッシュマーケティング規制に関しては、前述のとおり、IOC・組織委員会・

ＪＯＣと、選手との合意にすぎない。したがって、選手と合意が得られない場合、意図するルールメイキングはできない。

また、選手との合意は、あくまで法的には債権関係にすぎないため、債権関係に入らない第三者に対して主張することはできない。したがって、いくら業界内ルールとして禁止するルールを定めたとしても、スポーツイベントの話題性を活用した業界外の第三者のマーケティングを完全に禁止することはできない。

③ステークホルダーとの協議（民主制）

〈Rule40〉によるアンブッシュマーケティング規制は、選手などの経済活動の範囲を明確にし、スポーツビジネス全体のブランディングに直結する。主催者であるスポーツ団体のみで意思決定をするのではなく、ステークホルダーである選手を民主的に関与させる必要が出てきている。具体的には、スポーツ団体の意思決定において、選手の集まりとして民主的に組織される選手会や選手委員会との十分な協議が必要だろう。

5．スポンサー権をめぐるステークホルダーとの契約

このような中央競技団体（ＮＦ）・リーグが形成する業界内ルールとしてのスポンサー権の帰属を前提として、ＮＦ・リーグ・加盟団体・クラブ・選手と、スポンサー・代理店などのステークホルダーとのあいだで、スポンサー権に関する契約が締結される。

スポンサーとの契約では、主催者が創出するスポンサーメリットのライセンスが契約され、主催者の義務として、スポンサーメリットの具体的内容、許諾地域、許諾期間、独占許諾の有無、サブライセンスの可否、スポンサーメリットに関する知的財産権を有することの表明保証などが定められる。一方、スポン

サーの義務としては、主催者に対する対価の支払い、スポンサーメリットにおけるクオリティコントロールなどが定められる。

とくにこのスポンサーメリットにおけるクオリティコントロールの条件がどのくらい厳しいかは、スポンサーメリットの満足度に大きく影響する(事例21)。

商品化

1．業界内ルールの内容

商品化とは、スポーツの試合興行や選手の活動に関するコンテンツを活用したグッズやサービスを制作・販売し、収益を得ることをいい、これらを実施する権利は商品化権などと呼ばれている(事例22)。とくに商品化に関する業界内ルールとして重要なのは、

・商品化権の帰属、すなわち中央競技団体（ＮＦ）やリーグに帰属するのか、その構成員である加盟団体・クラブ・選手に帰属するのか

・どのようなグッズやサービスの商品化権がＮＦやリーグに帰属し、どのようなグッズやサービスの商品化権が構成員である加盟団体やクラブ・選手に開放されているか

である。

この商品化権の帰属・分配は、スポーツビジネスでユーザーが直接的に体感するグッズやサービスがどのようなものか、当該ビジネスのブランディングにも大きくかかわるルールメイキングである。

商品化権の帰属に関するルールは、スポーツによって一様ではない。団体自治にもとづき、Jリーグのようにリーグが強いリーダーシップのもと、統一的なブランディングをふまえたグッズ展開のための一定の商品化権を独占し、クラブには一部の商品化権のみを認めていたケースもあった。一方、プロ野球（NPB）では、ゲームソフトの商品化権のみはリーグ管理で、球団の商標権や選手の肖像権を一括管理することでライセンス上の障害を低くし、収益の最大化に成功している（事例23）。

近年の傾向としては、グッズやサービスの制作だけでなく、どのように流通させるのか、eコマースの視点としても非常に重要である。グッズやサービスによる収益を最大化させるためには、ファンの購買意欲が高まる試合興行時や選手の活動時などのホットマーケットを中心に、購買・配送を行う必要もあり、NFやリーグとして、このような体制を組めるかも、顧客満足度を上げるブランディングとして重要となっている。

2. 収益集中のためのルールメイキング

主催者は、スポーツビジネスの収益を最大化するため、商品化権から得られる収益を集中させることを検討する。

商品化権は法律上保護される知的財産権ではないため、第三者を排除することができない。ただし、商品化権は、コンテンツホルダーの著作権や商標権・選手のパブリシティ権など、法律上保護されるコンテンツをライセンスすることで実施できる権利であるため、基本的には、主催者が、商品化の際に使用される大会ロゴ・大会キャラクターなどを著作権として独占する方法や、大会名や大会ロゴを商標登録して独占する方法・選手の氏名や写真などをパブリシティ権として独占する方法により、商品化権による収益を集中させることができる。

たとえば、オリンピックにおける「メダル」、国旗・地名・国名など、知的財産権として法律上保護されないものに関しては、商品化権が一つの業界でさまざまな主体に分属してしまっている場合、誰でも商品化ができることになってしまい、それぞれのビジネス規模が小さいままになってしまう。それを避けるために、スポーツビジネスでは、団体自治にもとづき、中央競技団体（NF）やリーグに一定範囲のメリットに関する商品化権などを集合的に一括管理し、加盟団体やクラブなど業界内の商品化を制限することが行われる。

これにより、より大規模な商品化を活用することが可能となり、また業界内での利用を排除することにより、ビジネスによる収益を集中させることが可能になる。オリンピックに関するコンテンツは、1大会に関して組織委員会が制作するトーチやメダルのデザインも含め、すべて国際オリンピック委員会（IOC）に権利譲渡され、IOCが一括管理することになっている。

3. ルールメイキングとその法的限界

(1) 契約の法的性質

商品化権の帰属に関しては、前述のとおり、加盟団体やクラブとの合意にすぎない。したがって、加盟団体やクラブと合意が得られない場合、中央競技団体（NF）やリーグが意図するルールメイキングはできない。プロ野球（NPB）では各球団に商品化権が帰属しており[17]、ゲームソフトを除き、NPBに商品化権を一括管理するなどの合意はできておらず（事例24）、むしろ各球団によるグッズ販売が優先されるため、リーグとして12球団統一グッズなどの制作はできていない。

また、加盟団体やクラブとの合意は、あくまで法的には債権関係にすぎないため、債権関係に入らない第三者に対して主張することはできない。したがって、スポンサーシップにおけるアンブッシュマーケティングルールのように、いくら業界内ルールとして禁止するルールを定めたとしても、前述の「メダル」、国旗・地名・国名など、知的財産権として法律上保護されないフリーコンテンツを活用した業界外の第三者の商品化を完全に禁止することはできない。

(2) 法令

商品化権の一括管理にともなう独占禁止法上の問題も考えられないわけではない(事例25)。ただし、通常商品化権の一部の帰属が加盟団体やクラブ・選手にも認められ、加盟団体やクラブ・選手に一切認めない業界内ルールは考えにくく、独占禁止法上違反となる余地はあまり考えられない。

また、見すごされがちであるが、商品化を進めるうえで、中央競技団体(NF)・リーグ・クラブ・選手の知的財産権をライセンスする場合、日本では、製造物責任法上、製造業者と誤認させるような氏名・商号・商標その他の表示をした場合、表示製造業者として製造物責任を負う(18)。一般的には、ライセンシーである製造業者とのあいだでその求償関係を合意することになるが、法律上、そもそも責任主体になる可能性がある。

(3) ステークホルダーとの協議(民主制)

商品化に関するルールは、単に加盟団体やクラブ・選手が保有する商標やロゴ・氏名・肖像などの権利許諾のみならず、加盟団体やクラブ・選手などの経済活動の範囲を明確にし、スポーツビジネス全体のブランディングに直結する。主催者であるスポーツ団体のみで意思決定するのではなく、ステークホルダーである加盟団体やクラブ・選手を民主的に関与させる必要が出てきている。具体的には、スポーツ団体の意思決定において、加盟団体やクラブの集まりとして民主的に組織される社員総会や実行委員会などの会議体での議論や、選手の集まりとして民主的に組織される選手会や選手委員会との十分な協議が必要だろう。

4. 商品化権をめぐるステークホルダーとの契約

このような中央競技団体（NF）やリーグが形成する業界内ルールとしての商品化権の帰属を前提として、NF・リーグ・加盟団体・クラブ・選手と、グッズメーカーとのあいだで、商品化権に関する契約が締結される。ただし、グッズメーカーとの商品化契約の内容については、まったく一様ではない。

もっともオーソドックスな従来型のグッズメーカーとの商品化契約は、主催者がライセンサーとなり、グッズメーカーがライセンシーとなるライセンスモデルである。グッズメーカーが製造や在庫リスクを負ったかたちでの販売を行い、主催者は主としてロイヤリティの受け取りとクオリティコントロールを行うモデルである。このモデルの商品化契約で、主催者が創出するコンテンツのライセンスが契約され、主催者の義務として、許諾対象となるコンテンツの具体的内容、許諾地域、許諾期間、独占許諾の有無、サブライセンスの可否、コンテンツに関する知的財産権を有することの表明保証などが定められる。一方、グッズメーカーの義務としては、主催者に対する対価（最低保証金やロイヤリティ）の支払い、コンテンツ利用における事前アプルーバル義務を定めたクオリティコントロールなどが定められる。

従来型のライセンスモデルの課題は、主催者がリスクを背負わず、定価の3～5％程度のロイヤリティやそれを前提とした最低保証金を受けとるのみであったため、売上げ拡大があまり進まなかったことである。むしろ近年は、売上げ拡大のためにみずからが在庫リスクを負って、グッズの販売主体となる主催者が現れている。このモデルの商品化契約は、主催者とグッズメーカーとの製作委託契約となっている。主催者の義務としては、グッズメーカーに支払う製作委託料の条件などが定められる。一方、グッズメーカーの義務としては、製作を委託されるグッズの内容・数量・納期・納入場所・納入方法などの委託義務の内容、契約不適合責任、製造物責任などが定められる。グッズ販売の利益率は高く、こうして主催者が行うグッズの直販（直接販売）は、主催者の売上げと利益を大きく伸ばすことになっている。

もっとも、このような主催者が行うグッズの直販モデルにも、いくつか課題がある。近年ライヤンスモデルにおけるロイヤリティ割合が10％程度に上がってきていることもあり、みずから販売することや在庫管理の人的金銭的負担をみずから負うことを考慮した場合に、従前のライセンスモデルに比べて大きなメリットが得られにくくなってきている。また、売上げ拡大のために、ファンの購買意欲が高まる試合興行時や選手の活動時などのホットマーケットを中心に購買だけでなく、配送までも行う必要もあるが、自社ですべての配送まで手がけるのは相当な人的負担・金銭的負担となる。そこで、このようなホットマーケットでのｅコマースによる配送・在庫管理を行うことを含め、ライセンスモデルを実施する企業も出てきている（事例26）。

チケッティング

1. 業界内ルールの内容

チケッティングとは、スポーツの試合興行のチケット（入場券）を販売し、収益を得ることとして整理する。チケッティングは、基本的には主催と同様にとらえられることが多いが、チケットの販売には、一次流通市場のみならず、二次流通市場も想定される。

近年のチケッティングは、単なるプレイガイドやコンビニの窓口販売だけでなく、電子チケットを前提としたeコマースの検討が求められる。また、チケットの二次流通市場をどのように管理するかも課題である(19)。したがって、中央競技団体（NF）やリーグが収益の拡大をはかる場合、主催権とは別にチケッティングをどう管理するかが非常に重要な課題となっている。

このようなチケッティングに関する管理権の帰属に関するルールは、スポーツによって一様ではない。主催権が分属しているとおりにチケッティングも分属し、日本シリーズ以外は各球団がそれぞれチケッティングしているプロ野球（NPB）のケースもあれば、Bリーグのようにリーグで一括管理しているケースもある（事例27）。二次流通市場は技術上管理可能になってきているが、いまだまったく管理されていないケースも多い。

スポーツによって、このような管理権の主体が、NFなのか・その加盟団体なのか・リーグなのか・クラブなのかは、一様ではない。基本的には、チケッティングの法的性質がスタジアムやアリーナに入ることができる権利（債権）であることから、主催者が根源的な管理権を有するものの、団体自治にもとづき、主催者の規程でチケッティングを一括管理させている場合もある。これは、基本規程などでチケッティングに関する管理権の帰属を明確に定め、それを加盟団体やクラブなどの構成員と合意することで業界内ルールが形成されている。

2. 収益集中のためのルールメイキング

主催者は、スポーツビジネスのチケッティングから得られる収益を集中させることを検討する。

一次流通としてのチケッティングは、主催権と合致するのが一般的だが、前述のようにチケッティングに関する管理権が一つの業界でさまざまな主体に分属してしまっている場合、それぞれのビジネス規模が小さいままになってしまう。とくに、日本でホームゲーム・アウェイゲーム双方に来場するファンを念頭においた場合、このようなファンの購買行動を統合的にマーケティングできたほうが、中央競技団体（NF）やリーグ全体としての収益増につながるだろう。このような観点から、団体自治にもとづき、Bリーグのように、リーグで一括して顧客IDを発行し、チケッティングに関する管理権を統合しているケースが生まれている。これにより、より大規模なビジネス展開が可能となり、ビジネスの収益を集中させることが可能になる。

二次流通以降は、チケッティングに関する管理権が法律上保護される知的財産権ではないため、第三者を排除することができない。とくに紙のチケットを販売している場合、この紙を譲渡することにより、チケットに化体《かたい》しているスタジアムやアリーナに入場することができる権利を譲渡することが可能であったため、たとえチケットの販売規約として転売禁止や転売されたチケットの無効化を定めていたとしても、業界外のチケット転売事業者が高額な転売利益を取得することが可能になっていた。都道府県の迷惑防止条例で禁止されているダフ屋行為も、デジタル上の取引に関しては直接適用しにくく、チケット転売の歯止めになっていない。チケット転売事業については、事業者が主催者の登録商標などの知的財産を利用しない場合、知的財産権としての差し止め請求権も行使できず、チケッティングにもとづく収益が業界外に大きく流出することになっていた（事例28）。

もっとも昨今は、電子チケットの登場とともに端末認証技術や顔認証技術、ひいてはブロックチェーンの技術を用いて、チケットの転売禁止・承認されない手続きを経たチケットの無効化を実現しやすくなってきているため、主催者が二次流通に関するチケッティングまで管理し、ビジネスの収益を最大化することが可能になってきている。

3. ルールメイキングとその法的限界

(1) 契約の法的性質

一次流通に関するチケッティングの管理権の帰属は、前述のとおり、加盟団体やクラブとの合意にすぎない。したがって、加盟団体やクラブと合意が得られない場合、中央競技団体（ＮＦ）やリーグが意図するルールメイキングはできない。プロ野球（ＮＰＢ）は主催権が帰属する各球団それぞれがチケッティングを行っているため[20]、リーグでチケッティングを一括管理するなどの合意はできておらず、むしろ各球団によるチケッティングが優先されるため、リーグとして統一的なチケットマーケティングなどはできていない。

また、加盟団体やクラブとの合意は、法的にはあくまで債権関係にすぎないため、債権関係に入らない第三者に対して主張することはできない。したがって、どれだけＮＦと加盟団体が、チケッティングに関する管理権を合意したとしても、第三者が行う二次流通市場での販売など、ＮＦの加盟団体ではない第三者が主催者の知的財産権の利用なく、当該スポーツのチケット販売を行う場合、それを排除することはできない。

（2）法令

もう一つの限界は、チケッティングの一括管理にともなう独占禁止法上の問題である。現状、一定の管理権が加盟団体やクラブにも認められているため、あまり意識されていないが、中央競技団体（ＮＦ）やリーグですべて一括管理し、加盟団体やクラブに一切認めない業界内ルールの場合は、独占禁止法上違反となろう。

（3）ステークホルダーとの協議（民主制）

チケッティングに関するルールは、加盟団体やクラブなどの経済活動の範囲を明確にし、スポーツビジネス全体のブランディングに直結する。主催者であるスポーツ団体のみで意思決定するのではなく、ステークホルダーである加盟団体やクラブを民主的に関与させる必要が出てきている。具体的には、スポーツ団体の意思決定において、加盟団体やクラブの集まりとして民主的に組織される社員総会や実行委員会などの会議体での十分な協議が必要だろう。

4．チケッティングをめぐるステークホルダーとの契約

（1）チケット販売業者との契約

中央競技団体（NF）やリーグが形成する業界内ルールとしてのチケッティングの管理権の帰属を前提として、NF・リーグ・加盟団体・クラブ・選手と、チケット販売業者とのあいだで、チケッティングに関する契約が締結される。

従前からのチケット販売業者との契約は、主催者とチケット販売業者との販売委託契約となっている。主催者の義務としては、独占販売権や先行販売権の付与およびその条件、チケット販売業者に支払う販売手数料・システム利用料その他手数料の支払い条件、興行の宣伝用素材の提供などが定められる。一方、チケット販売業者の義務としては、販売を委託されるチケットの内容・数量・販売方法、配券保証などの委託義務の内容などが定められる（事例29）。

一方、近年普及が進んでいるダイナミックプライシングや電子チケットプラットフォームについて、主催者は、従前からの販売委託契約のほかに、みずから、または従前からのチケット販売業者を通じて、これらのサービスを提供する会社とサービス利用許諾契約を締結している。主催者の義務としては、提供会社に対する対価の支払い条件、サービスプラットフォームの利用規約の遵守、提供プラットフォームに関する権利帰属の確認、サービス提供会社の免責などが定められる。電子チケットの販売委託契約を含む場合は、二次流通権の付与およびその条件が定められ、一方、サービス提供会社の義務としては、利用対象となるサービスの具体的内容、許諾地域、許諾期間などが定められる。

（2）観客との契約

観戦型のスポーツイベントの主催者である主催者は、観客とのあいだで入場契約を締結している。契約の基本条件のほかはあまり意識されないが、観戦約款が定められており、その契約詳細が明らかになっている[21]。

主催者の義務としては、イベントの実施義務、競技会場への入場許諾、指定場所での観戦許諾などが定められる。一方、観客の義務としては、対価の支払いのほか、最近は、転売の禁止、払戻条件、持ち込み禁止物や禁止行為（盗撮目的撮影の禁止などを含む）などの観戦条件の遵守、応援行為の指定条件の遵守、主催者の責任制限や免責などが定められる。

論点としては、イベントが中止された場合の観客に対するチケット代金返還義務があるのかという点であるが、不可抗力でイベントを中止せざるをえない場合であっても、主催者が予防的にイベントを中止する場合であっても、主催者がチケット代金を保留する法的根拠は見いだしがたいため、返金はせざるをえない[22]。

（3）参加者との契約

参加型のスポーツイベントの主催者は、参加者とのあいだで参加契約を締結している。契約の基本条件のほか、参加規約が定められており、その契約詳細が明らかになっている[23]。

主催者の義務としては、イベントの実施義務、イベントへの参加許諾などが定められる。一方、参加者の義務としては、対価の支払いのほか、最近は、権利譲渡禁止、払戻条件、禁止行為などの参加条件の遵守、参加時の事故に関する主催者の責任制限や免責などである。

論点としては、イベントが中止された場合の参加者に対するチケット代金返還義務があるのかという点であるが、不可抗力でイベントを中止せざるをえない場合であっても、主催者が予防的にイベントを中止する場合であっても、主催者がチケット代金を保留する法的根拠は見いだしがたいため、基本的には、返金はせざるをえない(24)。しかしながら、日本のマラソン大会など参加型のスポーツイベントの場合、参加者の理解もあり、一定の場合のチケット代金を返還しないことが受容されている(事例30)。

ベッティング

1．スポーツベッティングとは？

スポーツベッティングとは、賭博のうちスポーツを対象にしたものをいう(25)。世界的には、合法違法を含め、非常に大規模な市場を形成している(事例31)。

日本では、賭博および富くじは刑法上禁止されており、例外的に特別法をもって公営競技やスポーツ振興投票券（toto）などの賭博が認められている(26)。

一方、ヨーロッパでは、多くの国で賭博は合法化されており、サッカーでは賭博事業者が多くのクラブのトップスポンサーになってきた。また、2018年にアメリカ合衆国でスポーツベッティングが解禁される過程でも、アメリカ4大プロリーグは当初の方針を転換し、解禁政策に向けたロビー活動をするなど、近年中央競技団体（NF）やリーグがこのスポーツベッティング市場からの収益をいかに確保するかが注目されている(27)。

一つの収益確保の方法は、主催する試合のスタッツ・データなどを賭博事業者にライセンスすることである。スポーツベッティングでは、ライブベッティングのためにリアルタイムのスタッツデータ配信が必要になっているため、オフィシャルデータのリアルタイムライセンスによる収益が生まれる。ただし、このようなスタッツデータに関して、知的財産権などは認められない（賭博事業者が無償で利用できる）と考えるのが一般的である（事例32）。そこで、主催者がスポーツベッティング市場からの収益を確保するために考えられる有効な手段は、知的財産権のような物権的効力を有するスポーツベッティング権（Sports Betting Rights）を持てるかどうかである。

2. スポーツベッティング権をめぐる議論

日本ではスポーツベッティング権というとまだまだポピュラーではないが、海外では、すでに賭博の対象にされない権利（right to consent to bets. 以下「ベッティング権」という）として議論の対象にされている(28)。知的財産権の一種として、スポーツ団体や選手にこのような権利が認められた場合、賭博事業者は、スポーツ団体や選手をベッティングの対象にする場合、スポーツ団体や選手の許諾を得なければならず、すなわちスポーツ団体や選手に対して対価を支払う必要が出るのである。このような権利が法制度として認められる場合は、中央競技団体（NF）やリーグが一定範囲のベッティング権を集合的に一括管理することにより、より大規模なベッティング権を活用することが可能となり、スポーツベッティング市場からビジネスの収益を集中させることが求められるだろう。また、その前提として、このようなベッティング権が認められるよう、スポーツ法政策に対するロビー活動も重要である。

3. ルールメイキングとその法的限界

現状、スポーツベッティングが盛んなアメリカ合衆国（事例33）やイギリスでも、このような権利は認められていない（事例34）。すなわち、ベッティング事業者は、スポーツ団体や選手をベッティングの対象にする場合、スポーツ団体や選手の許諾を得ることや対価を支払う必要がないのである。したがって、多くのスポーツビジネスで、スポーツベッティング市場から、ベッティング権にもとづく収益を確保することはできていない（事例35）。

賭博事業者（事例36）からスポーツ団体や選手に対して事前に協議の場が設定されることもあるが、これは単なる根回し程度の意味にすぎず、実際は賭博事業者が一方的にスポーツをベッティングの対象とすることができるのである。したがって、現状の法制では、スポーツ団体も選手もベッティング権にもとづくスポーツベッティング市場からの収益を確保することができない。

4. スポーツベッティングをめぐるステークホルダーとの契約

スポーツベッティングに関して、主催者がまったくかかわらないわけではない。そこで、スポーツベッティングをめぐるステークホルダーとのあいだの契約を整理しておく。

(1) スポーツベッティングをめぐるステークホルダー

スポーツベッティングが認められているイギリスとアメリカ合衆国であっても、行政上の許認可を受けなければならないのが賭博事業者である（事例37）。賭博事業者は、オンラインであれ、オフライン（いわゆる賭場）であれ、ユーザーに対して直接ベッティングサービスを提供している者である。

また、もう一つ許認可が必要な事業者が、ベンダーである。スポーツベッティングは、オンラインであれ、オフラインであれ、さまざまな機器、アプリケーションを利用することになるが、このようなハードウェア・ソフトウェアなどのベンダーは許認可対象になっている（事例38）。

一方、許認可対象になっていないものの、重要なステークホルダーになっているのが、スポーツデータ提供者である。現代のスポーツベッティングはリアルタイム性が非常に問われるため、安定的なデータ提供ができるかどうかがビジネス上重要であり、また、スポーツベッティングサービスの信用上、八百長対策が必須となる。これらのサービスを兼ね合わせたスポーツデータ提供が、大きなビジネスになっている（事例39）。

（2）ステークホルダーとの契約

まず、ご存じのとおり、ヨーロッパの多くの賭博事業者がサッカークラブのトップスポンサーになってきた。これは、前述のスポンサーシップに関するルールメイキングでも述べたスポンサー契約が、主催者と賭博事業者のあいだで締結されている。

つづいて、賭博事業者がスポーツベッティング事業の広告のために主催者の名称や商標・ロゴ・選手名およびその肖像を使用する場合や映像配信を用いたスポーツベッティング事業のために公式映像を使用する場合がある。この場合、賭博事業者は主催者とのあいだで、このような知的財産に関するライセンス契約を締結する。ただし、主催者であるスポーツ団体によっては、団体自治にもとづき、賭博事業者とのスポンサー契約や知的財産使用契約に関して、一定の広告規制業界内ルールを形成しているので、これにはしたがわざるをえない。

また近年、主催者も、観客のファンエーゲジメントの向上のために、映像中継の中でスポーツベッティングを実施できるようにすることや、競技会場内にスポーツベッティング施設をもうけることなどが進んでいる。賭博事業者としても、前者であれば、映像放送局あるいは配信プラットフォームとのあいだで放送または配信契約を締結し、一定の手数料を払うことになり、また、後者であれば、競技会場所有者または管理者とのあいだで施設利用契約を締結し、施設利用料を支払うことになっている。

また、主催者は、スポーツデータ提供者とのあいだで、公式データの提供や、八百長監視サービスの提供に関する契約を締結している。スポーツデータ提供者は、主催者との公式データ提供契約にもとづき、賭博事業者とのあいだで公式データ提供契約を締結している。

収益分配

1. 業界内ルールの内容

主催・チケッティング・放送や配信・スポンサーシップ・商品化などから得られた中央競技団体（NF）やリーグ全体の収入について、いかに加盟団体やクラブ・選手に分配するかは、加盟団体やクラブ・選手にとって重要な問題である。とくにこれらの収益源に関して、NFやリーグが一括管理をしている場合、それに応じて加盟団体やクラブ・選手がいくらもらえるのかは、当然ルールとして定めておく必要がある。そこで、NFやリーグでは、団体自治にもとづき、収益分配に関するルールを定めている。

Jリーグは、放映権料などの一括管理にともなう収益をクラブに分配しているが、収益分配に関するルールは、Jリーグ配分金規定のように(29)、具体的な計算方法までは対外的に公表されていることは少ない(注3)。プロ野球（NPB）は、そもそもNPBで一括管理しているものがほとんどなく、NPBから各球団に分配されているものは、12球団およびNPBで共催する選手年金資金としてのオールスター収益と、NPBで一括管理しているゲームソフトの球団商標選手肖像許諾料くらいである。

収益分配に関するルールとしては、分配対象となる収益の範囲(事例40)、加盟団体やクラブの均等分配金額、ディビジョンでの違い、優勝などのクラブ成績にともなうインセンティブ、その他特別分配の有無、分配金額の計算方法、支給手続き、支払い時期などである。また、チケッティングから得られる収入や、放送や配信から得られる放映権料の一定割合、代表収入としてのスポンサー料の一部などが選手年金の原資などのために、選手に分配されるケースもある。

2. ルールメイキングとその法的限界

収益分配に関するルールに関しては、一歩間違うと、収益力の高い加盟団体・クラブから、低い加盟団体・クラブや特定の選手へ資金が流れるだけになってしまうため、その公平性や、加盟団体やクラブ・選手独自収益のインセンティブ維持などの観点からルールメイキングが必要である(事例41)。

収益分配に関するルールに関しては、前述のとおり、加盟団体やクラブ・選手との合意にすぎない。したがって、加盟団体やクラブ・選手と合意が得られない場合、中央競技団体（NF）やリーグが意図するルールメイキングはできない。収益分配に関するルールを変更するためには、このような当事者間の合意が必要であるが、一度始まった収益分配に関するルールは、分配を受け取る加盟団体やクラブ・選手の既得権になってしまうため、容易な変更合意はなかなか難しい（事例42）。

法令上の限界が特段あるわけではないものの、このような収益分配に関するルールは、個別の加盟団体やクラブ・選手の利害に大きくかかわり、スポーツビジネス全体のブランディングに直結する。主催者であるスポーツ団体のみで意思決定するのではなく、ステークホルダーである加盟団体やクラブ・選手を民主的に関与させる必要が出てきている。具体的には、スポーツ団体の意思決定において、加盟団体やクラブの集まりとして民主的に組織される社員総会や実行委員会などの会議体での議論や、選手の集まりとして民主的に組織される選手会や選手委員会との十分な協議が必要だろう。

■補足説明

（注1）Ｊリーグは、名義としての主催と金銭的責任としての主管を分けて、Ｊリーグ規約にその帰属を定めている。

（注2）試合映像の二次利用（番組販売やＤＶＤなどのパッケージ販売、別の映像配信など）は別である。

（注3）それぞれのクラブにどのくらいの分配があるのかは、Ｊリーグが開示するＪクラブ個別経営情報から知ることはできる。

■判例・事例

（事例1）男子プロゴルフの日本ゴルフツアー機構（ＪＧＴＯ）や、日本女子プロゴルフ協会（ＪＬＰＧＡ）は、みずから主催するトーナメントを除き、今のところ企業が主催するトーナメントを公認する団体にすぎない。ただし、ＪＬＰＧＡは企業が主催するトーナメントを含め、みずから主催する方針であることを表明している。

（事例2）ボクシングや格闘技のように、選手または選手が所属するジムが主催権の一部を保有する場合もある。

（事例3）試合結果のテキスト速報などについても、一般的な試合結果・数値に知的財産権は認められないと考えられているため、主催者は排除することができない。National Basketball Association and NBA Properties Inc v. Motorola Inc and STATS Inc.（105 F.3d 841（2d Cir. 1997））参照。

（事例4）ただし、アメリカのＭＬＳ（メジャーリーグサッカー）のように、単一の事業主体がすべてのクラブと選手を保有する（いわゆるシングルエンティティ）場合、リーグビジネスに関して他社の事業活動の制限がないため、反トラスト法違反には問われない、とされている。

（事例5）新しいスポーツイベントの場合は、初回大会で黒字が見込めないこともあり、複数回の大会主催権を一括して代理店が購入する場合がある。

（事例6）オリンピックは、オリンピック憲章や開催都市契約にて、主催権は国際オリンピック委員会（ＩＯＣ）に帰属し、すべての最終決定権はＩＯＣが保有するものの、大会運営義務や金銭的リスクは組織委員会と開催都市が負う契約内容になっている。

（事例7）本書出版時、Ｊリーグでは、Ｊリーグが著作権を有する試合映像をはじめとした映像コンテンツや静止画・スタッツデータなど、すべてのデジタルアセットを集約し、一元的に制作・編集・供給・配信などをマネジメントするハブ機能として「Jリーグ FUROSHIKI」サービスを構築している。Jリーグウェブサイト参照。

（事例8）NFLのように試合開始の一定時間前までにホームゲームチケットの売れゆきが一定枚数に達しない場合、当該試合の放送中継を制限する「Black Out」ルールもある。

（事例9）アメリカ合衆国では、1938年のPittsburgh Athletic Co. v. KQV Broadcasting, 24 F. Supp.490 (W.D. Pa. 1938) にて、スポーツの試合の放映権はその試合の主催者（クラブ）に帰属することが明らかにされており、リーグの一括管理は反トラスト法の問題となる。ただ、1961年のSports Broadcasting Act (Title 15 of the United States Code, Chapter 32 "Telecasting of Professional Sports Contest" (§§§ 1291-1295)）によって、メジャープロスポーツのCM付試合放送に関する放映権の一括管理は、反トラスト法に違反しないことが確認されている。ただし、この例外的な法律はNCAAには適用されていないため、NCAA v. Board of Regents of the University of Oklahoma, 468 U.S. 85 (1984) では、テレビ放映の一括管理が反トラスト法違反と判断されている。

（事例10）Jリーグは、設立当初からこの課題を克服するため、日本相撲協会などの例をふまえ、映像の著作権はテレビ局帰属だったものの、テレビ局などの出資を受けたジェイリーグ映像株式会社を設立し、Jリーグの試合映像の管理業務を行い、円滑な利用を促進していた。

（事例11）eスポーツビジネスでは、このような配信事業者の配信プラットフォームがむしろ従来からのスポーツのスタジアム・アリーナなどの競技会場の役割を果たしている。配信プラットフォームには、そもそもオンラインコミュニティがあり、このコミュニティが大きな購買対象となる。したがって、この配信プラットフォーム上を中心として、スポンサー広告の掲出や商品化活動・ギフティング（投げ銭）などが行われることになる。

（事例12）いわゆるクリーン・ベニュー。オリンピックのように完全に広告看板を出さないイベントもあれば、パラリンピックやサッカーW杯のように公式スポンサーの広告看板に限って掲出を認めるイベントもある。クリーン・ベニューが命名権にまでおよび、施設名が通称ではなく命名権が除外された公的名称のみで使用される場合もある（日本では「日産スタジアム」と使用しなくなる「横浜国際総合競技場」が有名）。

（事例13）そもそも広告露出場所・大きさなどの制限がもうけられていることはもちろんのこと、野球のグローブやスパイクの色や柄など着用物の制限もあり、選手着用物の広告露出が禁止されている場合もあれば、テニスのウィンブルドンの「プレドミネンタリー・ホワイト」やゴルフのショートパンツ禁止というドレスコードが定められる場合もある。

（事例14）プロ野球（NPB）は、企業名が出るプロスポーツで有名だが、実態として親会社の企業名が出ることに関して、リーグとして、ネーミングライツなどの権利化・収益化はできていない。

（事例15）サッカーW杯では、ドイツ開催のとき、大会名の商標登録が認められなかった例もある（2006年ドイツワールドカップ）。なお、2020年オリンピック・パラリンピック東京大会では、「東京2020」の商標登録が認められていた。スポーツ団体ではなく、第三者が商標登録していた日本のケースとして、阪神山標事件（2002年）やユーベントス事件（2000年）などがある。

（事例16）スポンサー権の一括管理にともなう独占禁止法上の問題も考えられないわけではないが、通常スポンサー権は、加盟団体やクラブ・選手にも認められ、加盟団体やクラブ・選手に一切認めない業界内ルールは考えにくく、独占禁止法上違反となる余地はあまり考えられない。

（事例17）実務的には、スポンサーシップの対価を増額修正するなどの対応はよく行われている。

（事例18）この改正が行われるまでは、「IOC理事会が許可した場合を除き、オリンピック競技大会に参加する競技者、コーチ、トレーナーまたは役員は、当該大会期間中、身体、名前、写真、あるいは競技パフォーマンスが宣伝目的で利用されることを認めてはならない」と規定されていた。これに加え、国際オリンピック委員会（ＩＯＣ）は、さらに詳細なガイドラインを定め、参加関係者に遵守を求めることで、公式スポンサーや公式メディアなど以外の第三者による、参加関係者の肖像権などのコンテンツの利用を禁止していた。

（事例19）この緩和ルールにもとづき、アメリカ代表の競泳選手マイケル・フェルプスは、２０１６年リオオリンピック期間中にもかかわらず、自身が契約するアンダーアーマー（スポーツ用品メーカー）の広告に出演していた。

（事例20）知的財産高等裁判所・平成20年2月25日判決。33名のプロ野球選手が、所属する球団に対して、プロ野球ゲームソフトおよびプロ野球カードに関して、選手の氏名および肖像を第三者に使用許諾する権限を有しないことの確認を求めたケース。

（事例21）オリンピックなどのメガスポーツイベントでは、通常のプロスポーツで提供されるスポンサーメリットよりも、あまりにも厳格なクオリティコントロール・事前アプルーバルがなされており、スポンサーが想定するマーケティング活動ができないのが実情である。

（事例22）ＮＢＡのTop Shotなどのデジタルコレクティブ・その他のファントークン・ＮＦＴに関して、中央競技団体（ＮＦ）やリーグは、価値ある商品設計や、一次流通のみならず、二次流通からの販売手数料取得を含めた商品化権の権限分配に関するルールメイキングが求められる。これらの価値増大のために、従来の加盟団体やクラブにまかせていたファンクラブサービスの一括管理なども検討に値するだろう。

（事例23）プロ野球（ＮＰＢ）におけるゲームソフト許諾料は、２０２０年度、約98億円の売上げを記録している。

（事例24）侍ジャパンについては、株式会社ＮＰＢエンタープライズが選手肖像を含め一括管理している。

（事例25）American Needle, Inc. v. National Football League, et al.（560 U.S. 183（2010））参照。最終的に和解しているが、アメリカ合衆国連邦最高裁判所の判決では、反トラスト法違反の主張に対するＮＦＬのシングルエンティティ（単一事業体）の反論は認められていない。

（事例26）アメリカ４大プロリーグやＮＣＡＡの主要大学と契約するFanatics社は、ホットマーケットでのグッズ販売・適時配送・グッズの在庫管理を一括してスポーツ団体から引き受ける新しい商品化契約の形態で事業を行っている。

（事例27）リーグがクラブからの会費でチケッティングプラットフォームを用意し、各クラブは無償で主催する試合のチケットを同プラットフォームのみで販売できるかたちで管理している。Ｊリーグも同様にチケッティングに関する管理権をリーグに集中させようとしているが、本書出版時現在、いまだ各クラブの任意（同プラットフォーム利用の場合のレベニューシェア）のままである。

（事例28）特定興行入場券の不正転売の禁止等による興行入場券の適正な流通の確保に関する法律（チケット不正転売禁止法）が２０１９年６月14日から施行され、興行入場券（それを提示することにより興行を行う場所に入場することができる証票）であって、不特定または多数の者に、かつ、①興行主などが、販売時に、興行主の同意のない有償譲渡を禁止する旨を明示し、かつその旨を当該入場券の券面などに表示し、②興行が行われる特定の日時および場所ならびに入場資格者または座席が指定され、③興行主などが、販売時に、入場資格者または購入者の氏名および連絡先を確認する措置を講じ、かつ、その旨を当該入場券の券面などに表示しているものの不正転売の禁止、不正転売目的での譲り受けの禁止が定められている。また、プロ野球（ＮＰＢ）は、２０２１年９月、一部球団と警視庁・チケット適正流通協議会とのあいだで、チケットの不正転売防止などを目的とした「チケットの適正な流通に関する協定」を締結している。ＮＰＢウェブサイト参照。

（事例29）チケット販売業者がスポンサーになるケースも多く、スポンサー契約とミックスされている契約も多い。

（事例30）東京マラソン２０２１では、興行中止保険金が支払われる自然災害などの場合はチケット代金の返還があるものの、新型コロナウイルス感染拡大など主催者みずからの判断で中止する場合は、チケット代金の返還がない規約となっている。東京マラソン「エントリー規約」「感染症予防対策等に関する規約」参照。

(事例31) ２０１５年4月に行われた国連犯罪防止刑事司法会議における報告では、合法・違法を問わず、スポーツベッティングの市場規模は年間3兆米ドル（約３３６兆円）におよぶとされる。もちろんこれには、２０１８年のアメリカ合衆国のスポーツ賭博解禁にともなって拡大した市場規模は含まれていない。

(事例32) C.B.C. Distribution & Mktg. v. Major League Baseball Advanced. L.P. - 505 F.3d 818 (8th Cir. 2007)。ただし、２０１８年のスポーツベッティング解禁以降、アメリカ合衆国ミシガン州などの州では、スポーツベッティング事業者がスポーツ団体から公式データ購入を義務づけることをスポーツ団体が要求する権利を認めている。その他フランスなど、国によっては、法律でスポーツの記録やスタッツなどの要素を使用する権利をスポーツ団体に認めている。

(事例33) ２０１８年のスポーツベッティング解禁以降、アメリカ合衆国コロラド州やインディアナ州などの州では、スポーツ団体がインテグリティ確保などの正当な理由がある場合に限り、賭博の対象となることを拒否することを要求する権利が認められている。ネバダ州では一度法制化されていたが、規定が廃止された。ただし、この要求権は、スポーツベッティングの対象とすることを許諾し、金銭的対価を請求する権利まで含まれるものではない。各州ゲーミング関連部署ウェブサイト参照。

(事例34) スポーツベッティング事業者からスポーツ団体に支払いを義務化する法制として、オーストラリアのIntegrity feeなどがある。

(事例35) 主催者がみずからスポーツベッティング事業者になることや、スポーツベッティング事業者とスポンサー契約を締結することによる収益は得られている。ただし、２０２２年4月、イギリスでは、スポーツベッティング事業者の広告における選手起用や胸スポンサー表示が規制されることになった。

(事例36) 日本では、スポーツ振興投票券（toto）を運営する日本スポーツ振興センター（ＪＳＣ）なども含まれる。

(事例37) 賭博事業者へのライセンスも国によって一様ではなく、たとえば、イギリスであれば、賭博の種類ごとに（リモートか否かも別）許認可をしている例もあれば、アメリカ合衆国の各州のように、すべての賭博事業が可能なマスターライセンスの許認可と、マスターライセンシーと契約して賭博事業を行うため、スポーツベッティングやオンラインベッティングに限定されたライセンスの許認可に分けている例もある。行政側もこのような許認可機関と、ベッティング法制全般を具申する賭博委員会に分かれている。

なお、いわゆるＤＦＳ（Daily Fantasy Sports）は、賭博に該当すると判断される国や州では前記許認可の対象とされ、一方、賭博法制とは別の許認可対象とされている場合は、この別の許認可を受けている点には注意が必要である（スポーツベッティングやオンラインベッティングが解禁されていない州であっても、ＤＦＳに限定された許認可を受け、ＤＦＳ事業が展開されている）。

(事例38) 日本では許認可対象になっていないものの、２０２０年からミクシィ社が競輪のオンライン投票サービス「TIPSTAR」を提供している。

(事例39) 著名な会社としては、２０１２年に設立されたＩＭＧ系列のIMG Arena社、映像配信サービス「ＤＡＺＮ」を提供するPerformグループから分社化したStats Perform社があるほか、２００１年に設立されたSportRadar社は、２０２１年9月にニューヨークナスダックＧＳ市場に上場した。

(事例40) 一括管理している収益のほか、ＭＬＢ・ＮＦＬ・ＮＨＬでは、球団収入の一部が他球団に分配される仕組みになっていたり、ＮＢＡでは贅沢税（Luxury Tax）が分配原資になっている。

(事例41) ＭＬＢでは、収益の少ない球団が得をするモラルハザードが発生した過去がある。

(事例42) プロ野球（ＮＰＢ）のプレーオフであるクライマックスシリーズの収益については、ＮＰＢ管理により有効な使途が考えられる収益であったものの、開始当初から主催球団の収益となってしまったため、現状変更は難しくなっている。

■条文・引用文献

（1）日本スポーツ法学会監修『標準テキストスポーツ法学』など参照。

（2）Jリーグ規約第44条。Jリーグは、一定のビジネス権限が中央集権化されたリーグとクラブは別の存在ととらえるほうがわかりやすい。

（3）日本プロフェッショナル野球協約第7章地域権。この意味で、プロ野球（NPB）ではリーグ≒12球団ととらえて大きな問題がない。

（4）スポーツビジネスに関係する知的財産権については、日本スポーツ法学会監修『標準テキストスポーツ法学』第4編第5章を参照。

（5）eスポーツビジネスにおける、パブリッシャーとの関係については、拙稿「スポーツ法の新潮流⑮eスポーツの法律実務（その4）ステークホルダー間の契約関係」（日本スポーツ産業学会『Sports Business & Management Review』#16、同学会ウェブサイト）参照。

（6）民法第667条以下。

（7）金融商品取引法第2条第2項第5号イ、同法施行令第1条の3の2。なお、映画などの製作委員会などが想定されている同法第2条第2項第5号ニ、同法施行令第1条の3の3第6号、同法第二条に規定する定義に関する内閣府令第7条第3号の適用除外要件については、同要件が引用するコンテンツの創造、保護及び活用の促進に関する法律第2条に規定する「コンテンツ」にスポーツは含まれないと考えられているため、スポーツの興行だけでこの適用除外要件を満たすことは困難である。田中秀幸「コンテンツ産業とは何か―産業の範囲、特徴、政策―」出口弘・田中秀幸・小山友介編『コンテンツ産業論―混淆と伝播の日本型モデル』（東京大学出版会、2009年）、矢矧博史「コンテンツの創造、保護及び活用の促進に関する法律」（『法令解説資料総覧』275号、2004）年参照。

（8）Jリーグ規約第119条。

（9）日本プロフェッショナル野球協約第44条。

（10）放映権の法的根拠については、水戸重之「スポーツと知的財産：オリンピック・マーケティングを中心に」（月刊『パテント』67巻5号4頁、2014年）、國安耕太「スポーツ中継映像にまつわる著作権法の規律と放送権」（月刊『パテント』67巻5号77頁、2014年）など参照。

（11）スポーツの著作物性については、町田樹『アーティスティックスポーツ研究序説：フィギュアスケートを基軸とした創造と享受の文化論』（白水社、2020年）など参照。

（12）ユニバーサル・アクセス権の詳細は、脇田泰子「スポーツ放送の発展とユニバーサル・アクセス権」（『メディアと社会』第4号15頁、2012年）、森浩寿「イギリスにおけるスポーツメディアへの法的規制とユニバーサル・アクセス権」（スポーツ法学会年報第13号69頁、2006年）参照。なお、オーストラリアも1992年のBroadcasting Service Actで同様の制度を定めている。このような一定の試合を指定し、保護することはアンチ・サイフォニングなどとも呼ばれるが、オウンドメディアを含めたデジタルメディアが発展した現代では、このような法制度を維持できるかは再検討が必要と考えられている。

（13）国税庁昭和29年8月10日付通達「直法1・147　職業野球団に対して支出した広告宣伝費の取扱について」。

（14）国税庁令和2年5月14日付回答「Jリーグの会員クラブに対して支出した広告宣伝費等の税務上の取扱いについて」。なお、Bリーグについても、東京国税局が同様の取り扱いが可能と回答している。Bリーグウェブサイト参照。

（15）旧来のアンブッシュマーケティングおよびその対策については、黒田健二「国際的スポーツイベントと知的財産権保護：権利確保からアンブッシュマーケティング対策まで」（月刊『パテント』67巻5号16頁、2014年）参照。

（16）詳しくはRio 2016 Olympic Games - Rule 40 Guidelines参照。

（17）日本プロフェッショナル野球協約には、明確に定めた規定はない。

（18）製造物責任法第2条第3項第2号。

（19）チケット二次流通をめぐる法的課題については、拙稿「スポーツ法の新潮流⑧チケキャンはなぜメルカリになれなかったか？（前編）」（日本スポーツ産業学会『Sports Business & Management Review』#9、同学会ウェブサイト）参照。

（20）日本プロフェッショナル野球協約に明確な規定があるわけではない。

(21) プロ野球（ＮＰＢ）「試合観戦契約約款」、Ｊリーグ「試合運営管理規程」参照。

(22) 不可抗力で中止せざるをえない場合につき、観客はチケット代金が未払いの場合は民法第５３６条第１項にもとづいて履行拒絶が可能であり、既払いの場合は民法第５４２条にもとづき観戦契約を解除して、チケット代金の返還請求が可能である。

(23) 東京マラソン「募集要項」参照。

(24) 不可抗力で中止せざるをえない場合につき、参加者はチケット代金が未払いの場合は民法第５３６条第１項にもとづき履行拒絶が可能であり、既払いの場合は民法第５４２条にもとづき観戦契約を解除して、チケット代金の返還請求が可能である。

(25) スポーツベッティングの態様については、谷岡一郎「スポーツを対象とする違法賭博：ブッキング・ビジネスの現状および合法化への問題点」（『法学研究』84巻9号517頁、２０１１年）、拙稿「スポーツベッティングと法」（日経ＢＰ社『スポーツビジネスの未来 2021-2030』１３４頁）参照。

(26) 日本の賭博法制については、拙稿「スポーツベッティングと法」（同前）参照。

(27) イギリスやアメリカ合衆国の賭博法制については、拙稿「スポーツベッティングと法」（同前）参照。

(28) ベッティング権の詳細については、川井圭司「スポーツ賭博」（同志社大学政策学部ウェブサイト）、拙稿「スポーツベッティングと法」（同前）参照。

(29) Ｊリーグウェブサイト参照。

第3章

各論2

加盟団体・クラブや選手など構成員に関するルールメイキング

本章では、加盟団体・クラブ・選手など、中央競技団体（ＮＦ）やリーグの構成員に関するルールメイキングを解説する。

ＮＦやリーグは、単体でスポーツビジネスを行えるわけではない。ＮＦは、さまざまな加盟団体を束ねることではじめて、日本代表活動を中心とした強化事業や普及事業を展開できる。リーグビジネスにとっては、加盟するクラブや選手が対戦する競技は不可欠である。一方、スポーツビジネスを成功させるうえで、新規加盟・施設・フランチャイズ・登録や出場資格・選手獲得や移籍・契約・肖像権・その他の商業活動・エージェントなどのテーマについて、これらの構成員との関係でどのようなルール整備を行っていくべきか、それが構成員に関するルールメイキングである。

加盟団体・クラブ・選手など構成員に関するルールは、ＮＦやリーグの基本規程あるいは規約などに定められている内容が圧倒的に多く、その他選手契約に規定されている内容も含まれる。

そこで、加盟団体・クラブ・選手など、ＮＦやリーグの構成員に関するルールを、それぞれのテーマに分けて解説する。

新規加盟・オーナーシップ

1. 業界内ルールの内容

中央競技団体（NF）やリーグは、新しい加盟団体やクラブが参入してくることにそなえ、新規加盟やオーナーシップに関するルールメイキングを行っている。どのような加盟団体やクラブの新規加盟を認めるかは、それぞれのNFやリーグの目的や理念にしたがい、団体自治にもとづいて定められている。新規加盟に関するルールは、スポーツ団体の基本規程や規約・加盟団体規程などに定められている（事例1）。

これらの中の新規加盟に関する規定としては、加盟団体の種類（準加盟その他登録団体の有無）、加盟要件（統轄団体か、国際スポーツ団体（IF）への加盟の有無、法人格の種類や有無、競技の普及度合い、活動実績、支部の設置状況など）（事例2）、加盟や脱退手続き（事例3）、加盟金や年会費の支払いなどがある。

また、これらの新規加盟に関するルールに加え、業種規制（事例4）、外資規制[1]、クラブの譲渡要件や手続き[2]、禁止事項（クロスオーナーシップ[3]、反社規制など）など、オーナーシップに関するルールが定められている。その他、昇降格制度の内容や手続き[4]なども定められ、トップリーグへの昇降格を認めないクローズドリーグとするのか、それとも昇降格を認めるオープンリーグとするのかは、それぞれのスポーツやリーグで考えが分かれている（事例5）。

2. ルールメイキングとその法的限界

(1) 法令

スポーツビジネスで、中央競技団体（NF）やリーグがその市場の独占や、新規参入増にともなう収益の分散を防ぐために、加盟要件のハードルをいちじるしく高めたり、あるいは加盟金の金額をいちじるしく高額にしている場合がある（事例6）。このような場合は、新規参入の参入障壁として、独占禁止法違反の可能性がある（事例7）。

また、加盟の方法が、一般社団法人法やNPO法人法などの法律上の社員となる方法か、株式会社の株主になる方法か、それとも法律上の根拠はないが会員契約にもとづく会員となる方法かによっても適用される法律が変わってくるため、それぞれの法律に従う必要がある。

(2) 契約の法的性質

新規加盟やオーナーシップに関するルールに関しては、加盟団体やクラブ間の合意により形成される場合がある。加盟団体やクラブ間で合意が得られない場合、中央競技団体（NF）やリーグが意図するルールメイキングはできない。新規加盟やオーナーシップに関するルールを変更するためには、このような加盟団体やクラブ間の合意が必要であるが、新規加盟は既存クラブの権益に影響することから、変更合意が難しい場合がある。

(3) 上部団体の規則

新規加盟やオーナーシップに関するルールも、上部団体の規則などにより追加修正される場合がある。

Jリーグにおけるクラブライセンス制度は、もともとなかったものの、国際サッカー連盟（FIFA）が求める全世界のクラブの財務強化の観点から、アジアサッカー連盟（AFC）が定めるクラブライセンス規則への準拠が求められたため、2012年からスタートした(事例8)。

(4) ステークホルダーとの協議（民主制）

新規加盟やオーナーシップに関するルールは、中央競技団体（NF）やリーグがクローズドなマーケットを志向するのか、オープンなマーケットを志向するのかを含め、スポーツビジネスのブランディング、加盟団体やクラブなどの価値向上に直結する。スポーツ団体のみで意思決定するのではなく、ステークホルダーである加盟団体やクラブを民主的に関与させる必要が出てきている。具体的には、スポーツ団体として、加盟団体やクラブの集まりとして民主的に組織される社員総会や実行委員会などの会議体での十分な協議が必要だろう。

施設

1. 業界内ルールの内容

中央競技団体（NF）やリーグによっては、団体自治にもとづき、実施する競技大会が使用するスタジアムやアリーナ・競技場・体育館などの基準に関するルールを定めている。そして、この基準を満たすことが加盟団体やリーグの参入要件になっている場合もあるため(5)、新規参入に関係する非常に重要なルールである。施設に関するルールは、基本規程や規約、その他の各種施設関連規則に定められている(6)。施設基準に関するルールは、代表的なものとして、最低条件を満たす施設の確保、医療施設の確保、その他個別の施設基準(事例9)、人工芝の基準(7)などが定められる。

従前と比較すると、すでにある公共施設を加盟団体やクラブが利用するケースだけでなく、加盟団体やクラブがみずから競技の特性に合った施設の建設・運営に乗り出すケースも増えている。加盟団体やクラブの価値向上のために、多様性や環境に配慮した施設や、ＩＣＴ技術を駆使したスマートスタジアムなど、ＮＦやリーグの策定する施設基準に関するルールの重要性が増している。

2. ルールメイキングとその法的限界

法令では、施設に関係する法律や、スポーツビジネスの興行を行うことに関連する法律がある。たとえば、都市計画法・建築基準法・バリアフリー法・消防法・建築物衛生法・水道法・食品衛生法・下水道法・水質汚濁防止法・浄化槽法・風営法・興行場法・その他の関連法・条例などである。その他指定管理を受ける施設であれば、その受託条件の基準に従う必要がある。中央競技団体（ＮＦ）やリーグが施設基準を定めるとしても、これらの法律や基準に違反する内容を定めるわけにはいかない。また、地域住民の環境権への対応を検討する必要(事例10)や、自然公園法・都市公園法・森林法・河川法・港湾法・漁業法・その他環境関連の条例等をふまえなければならない。

また、近年は、グッドガバナンスやサステナビリティの観点から、サステナブルな施設に関する意見が出されることが増えている。スポーツ基本法にも施設の「環境の保全」は言及されている(8)。環境問題(事例11）や人権問題（事例12）に関して、具体的な取り組みをスタートさせている団体もある（事例13）。ホワイトエレファント（無用の長物）にならないような多目的利用が可能な施設のほか、環境や人権に配慮した施設建設、維持が可能となる施設基準に関するルール策定がＮＦやリーグに求められる（事例14）。

　このような施設に関するルールは、ＮＦやリーグ全体のヴィジョン、イメージにもつながり、スポーツビジネスのブランディング、加盟団体やクラブなどの価値向上に直結する。スポーツ団体のみで意思決定するのではなく、ステークホルダーである加盟団体やクラブを民主的に関与させる必要が出てきている。具体的には、スポーツ団体として、加盟団体やクラブの集まりとして民主的に組織される社員総会や実行委員会などの会議体での十分な協議が必要だろう。

フランチャイズ

1．業界内ルールの内容

中央競技団体（ＮＦ）やリーグは、加盟団体やクラブのビジネステリトリーを明確にするため、フランチャイズに関するルールを定めている。どのような単位でフランチャイズの規模を認めるかは、それぞれのＮＦやリーグの考え方によるが、団体自治にもとづいて定められている（事例15）。

　フランチャイズに関するルールは、スポーツ団体の基本規程や規約・加盟団体規程などに定められている。これらの中のフランチャイズに関する規定としては、活動地域、ほかの活動地域でのビジネスの事前承諾制、活動地域内での義務（事例16）、移転の要件・手続きなどの定めがある（事例17）。ほかの活動地域でのビジネス規制に関しては、加盟団体やクラブの試合興行はもちろんのこと(事例18)、営業・プロモーション・イベントなどのマーケティング活動・アカデミー活動なども含まれる場合がある(事例19)。また、フランチャイズの移転に関して、プロ野球(NPB)では、保護地域の球団の拒否権があるほか(9)、12球団実行委員会、オーナー会議の承認が必要とされている(10)。

2. ルールメイキングとその法的限界

(1) 法令

フランチャイズに関するルールの法令上の限界に関しては、メーカーが販売店の営業地域を制限するいわゆるテリトリー制と同種のルールになるため、独占禁止法に違反する可能性がある。アメリカ4大プロリーグでも、より収益性の高い地域への移転を検討するクラブの事業活動を制限することから反トラスト法違反が認められてきた(事例20)。日本でも、ホームタウン制を排他的経済権ととらえ、他クラブの活動を事実上一切認めない対応がとられている場合、テリトリー制として独占禁止法違反の可能性が高い(事例21)。

(2) 契約の法的性質

フランチャイズに関するルールに関しては、加盟団体やクラブ間の合意により形成される場合がある。加盟団体やクラブ間で合意が得られない場合、中央競技団体(NF)やリーグが意図するルールメイキングはできない。フランチャイズに関するルールを変更するためには、このような加盟団体やクラブ間の合意が必要であるが、フランチャイズに関するルールは既存クラブの権益に影響することから、変更合意が難しい場合がある。

（3）ステークホルダーとの協議（民主制）

このようなフランチャイズに関するルールは、個別の加盟団体やクラブの利害にかかわるが、その活動地域の配置は、スポーツビジネスのブランディング、加盟団体やクラブなどの価値向上に直結する。スポーツ団体のみで意思決定するのではなく、ステークホルダーである加盟団体やクラブを民主的に関与させる必要が出てきている。具体的には、スポーツ団体として、加盟団体やクラブの集まりとして民主的に組織される社員総会や実行委員会などの会議体での十分な協議が必要だろう。

選手などの登録や出場資格

スポーツビジネスでは、これまで解説してきた加盟団体やクラブの加盟に関するルールのほかに、選手や指導者・審判の登録や、出場資格に関するルールがある。どのような選手や指導者・審判を認めるかは、それぞれの中央競技団体（ＮＦ）やリーグの目的や理念にしたがい、団体自治にもとづいて定められている。これまでスポーツ界の登録や出場資格は、男女や健常者・障がい者、国籍の区分が当たり前のように行われてきた。

もっとも、このような出場資格に関する区分は、近年ダイバシティー・グッドガバナンスなどの観点からさまざまな指摘を受けることになっている。ＮＦやリーグとしては時代の流れをふまえ、競技の公平性をどのように保つのか、慎重に検討が求められている。

登録や出場資格に関するルールは、スポーツ団体の基本規程・登録規則・競技会規則などに定められている(11)。登録規則には、登録競技、登録手続き、登録区分、登録区分の定義（プロフェッショナルとアマチュア、男女、健常者か障がい者か、その他国籍）、二重登録の禁止、登録料、登録ウィンドー、登録情報の管理、移籍の手続き、国際移籍の場合の特則、登録にともなう遵守事項、などが定められている（事例22）。

選手・指導者・審判などの登録や出場資格に関するルールは、とくにその区分についていくつか論点が発生しているため、以下、区分ごとに解説する。

1. プロアマの登録や出場資格

(1) 業界内ルールの内容

現代のスポーツ界の登録や出場資格として、もっともベーシックな資格区分は、プロアマ資格である。中央競技団体（NF）やリーグが主催する大会では、それぞれ出場資格が定められているが、とくにアマチュア競技では、競技の公平性もあって、プロが出場できない定めをしている団体がある(12)。また、プロアマ資格は、選手だけでなく、指導者や審判についても定められている(13)。

そして、アマチュア資格の選手が試合で賞金を受領する、あるいはプロと一定の関係を結んだ場合（事例23）、アマチュア資格を喪失する（＝今後のアマチュア活動を行うことができない）というルールまで定められている（事例24）。その他、アマチュア資格の場合はプロとの交流に関するルール(14)、学業への専念（休日の設定）、金銭的援助や商業活動の制限などのルールが定められていることもある（事例25）。

なお、プロ資格に関しては、未成年の選手の保護のために、年齢制限を定めている場合がある（事例26）。

(2) ルールメイキングとその法的限界

①法令

アマチュア資格は、プロを除外する資格として定められていることが一般的である。プロ選手は、プロ契約とともにアマチュア資格を喪失し、プロ現役時にアマチュアでプレーしたり、プロ引退後アマチュアを指導することができないことになる。このようなアマチュア資格ルールは、プロとされる者のアマチュアスポーツ界での活動を完全に規制してしまうため、独占禁止法違反となる可能性が高い（事例27）。また、アマチュア資格の回復を制限するルールは、元プロ選手のアマチュア活動の自由を奪うことになるため、しばしば問題となっている（事例28）。

②ステークホルダーとの協議（民主制）

プロアマの登録や出場資格に関するルールは、アマチュアスポーツ界での競技活動や指導活動に大きな影響があるなど、スポーツ全体の普及・強化に関連する。スポーツ団体のみで意思決定するのではなく、ステークホルダーである選手や指導者を民主的に関与させる必要が出てきている。具体的には、スポーツ団体として、選手の集まりとして民主的に組織される選手会や選手委員会、または指導者やOB・OGが集まっている団体とのあいだで十分な協議・議論を行うことが必要だろう。

③上部団体の規則

プロアマの登録や出場資格に関するルールも、上部団体の規則などにより追加修正される場合がある。国際オリンピック委員会（IOC）のアマチュア規定の変遷により、プロ選手のオリンピックへの参加が認められてきた経緯もある。また、オリパラ競技などピラミッド型のスポーツは、基本的には、競技ごとの国際スポーツ団体（IF）が定めるプロアマの登録や出場資格に関するルールにしたがって判断が行われている。

2. ジェンダーの登録や出場資格

(1) 業界内ルールの内容

スポーツ界の登録や出場資格としては、ジェンダーに関する資格区分もある。スポーツ界では、これまで男女で区分することが競技の公平性を担保するとされてきた。

しかしながら、近年、トランスジェンダーの選手や両性具有の選手の存在が明らかになったことで、団体自治にもとづき、競技の出場資格として、ジェンダーに関するルールが定められ始めている(事例29)。トランスジェンダーの選手が生物としての性と異なった性別の競技に出場することは徐々に認められ始める(事例30)一方、両性具有の選手を含む同一性内での競技への出場を制限するルールも生まれている(事例31)。

(2) ルールメイキングとその法的限界

①法令

すでに日本でも「男女共同参画社会基本法」などがあり、男女共同参画基本計画にもとづいて政策が推進されており、スポーツ界もその対象から除外されてはいない。スポーツ基本法はスポーツを行う者に対し不当な差別的取り扱いをしてはならないと定めている(15)。また、LGBTQ差別禁止法の整備を求める声も強くなっている(事例32)。このような情勢の中で、スポーツ界のジェンダーに関する登録や出場資格については、非常に悩ましい課題となっている。

日本の高校野球の甲子園大会（全国高等学校野球選手権大会・選抜高等学校野球大会）は、いまだ男子生徒と出場資格が定められている(16)が、女子生徒に出場資格を認めるかは、毎年のように話題になるテーマである。

また、トランスジェンダーの選手が生物としての性と異なった性別の競技に出場を認めることは、性の多様性に沿った望ましい行為であることは間違いないものの、一方、スポーツの競争の公平性をどのように担保するのかは、現在も継続して検討がなされている(17)。両性具有の選手を含めた出場資格の制限については、確かに一定のテストステロン値を指標とするため、競技の公平性ははかれるのかもしれないが、競技の公平性はテストステロン値だけではかることが可能なのか、いまだ検証が必要な状況にある。ラグビーや格闘技など身体接触が大きいスポーツに関しては、身体の安全の問題も懸念されている。

②スポーツ仲裁判断

国際陸上連盟（WA）が2018年11月からスタートさせたテストステロン値による出場制限ルールに関して、キャスター・セメンヤ選手は、スポーツ仲裁裁判所（CAS）などへの申し立てを行っているが、CASはWAのルールの法的合理性を肯定している（これを不服として申し立てられたスイス連邦最高裁判所への提訴も却下されている）(事例33)。

これまでの国際陸上連盟（当時IAAF）出場制限ルールは、以前のCASの仲裁判断で、2年間、効力が一時停止され、科学的根拠の提出が求められていたが(事例34)、セメンヤ選手の仲裁判断では、ルールとしての法的合理性は認められてしまっている。

③ステークホルダーとの協議（民主制）

ジェンダーの登録や出場資格に関するルールは、とくに女性スポーツにトランスジェンダーの選手が出場することに関して、女性選手の活動に大きな影響があるなど、スポーツ全体の普及・強化に関連する。スポーツ団体のみで意思決定するのではなく、ステークホルダーである選手を民主的に関与させる必要が出てきている。具体的には、スポーツ団体として、選手の集まりとして民主的に組織される選手会や選手委員会または女性選手組織・LGBTQ選手組織とのあいだで十分な協議を行うことが必要だろう。

④上部団体の規則

ジェンダーの登録や出場資格に関するルールも、上部団体の規則などにより追加修正される場合がある。国際オリンピック委員会（IOC）のオリンピック憲章・Olympic Agenda 2020[18]・ジェンダー規定の変遷により、女性のスポーツ参加・関与や男女混合のチーム種目の採用が奨励され、LGBTQ選手のオリンピックへの参加が認められてきた経緯もある。また、オリパラ競技などピラミッド型のスポーツは、基本的には、競技ごとの国際スポーツ団体（IF）が定めるジェンダーの登録や出場資格に関するルールにしたがって判断が行われている。トップスポーツからグラスルーツまで、さまざまな出場資格に関するルールが検討されている。

3．パラスポーツの登録や出場資格

（1）業界内ルールの内容

①パラスポーツの登録や出場資格

スポーツ界の登録や出場資格として、パラスポーツに関する資格区分もある。そもそも管轄する中央競技団体（NF）が異なる場合もあるが、それぞれの団体が健常者に関する出場資格・パラスポーツに関する出場資格を定めている。パラリンピック大会が開催されるようになって久しいため、健常者の大会とパラスポーツの大会が区分されるのは当たり前のように思われるかもしれない。しかしながら、多様性の観点から、この区分の合理性も検討されることになっている。

パラスポーツの出場資格としては、団体自治にもとづき、日本では障がい者手帳の交付などを条件に定めている[19]。パラリンピックの出場資格に関しては、国際パラリンピック委員会（ＩＰＣ）が定める障がいに関する国際基準、評価基準、不服申し立て手続きなどの規定が定められている[20]。

②クラシフィケーション

また、パラスポーツの登録や出場資格に関しては、出場要件の確認や競技の公平性を担保するため、実際に競技に出場する際にクラシフィケーションと呼ばれる手続きが求められている。クラシフィケーションに関するルールとしては、団体自治にもとづき、単なるパラスポーツ出場資格ではなく、実際に該当種目に出場できるかどうかの要件設定や審査、不服申し立てなどが定められている[21][事例35]。車いすラグビーや車いすバスケットボールなどチーム競技の場合は、出場するメンバー全員で加算したポイントが一定数値までに制限されるなどのルールとして、対戦競技の公平性をはかっている。

（2）ルールメイキングとその法的限界

①法令

「障害者差別解消法」では、障がい者の不当な差別的取り扱いなどが禁止されており[22]、また「スポーツ基本法」では、障がい者スポーツの環境整備が求められている[23]。当然であるが、パラスポーツといっても、合理的な理由なくして登録や出場資格を認めない措置をとるわけにはいかない。

②スポーツ仲裁判断

近年問題となっているのが、パラスポーツ選手が健常者の大会に出ることを求めている場合である。確かにパラスポーツ選手が健常者の大会への出場を認めることは、多様性の観点からは望ましいルールとも思われる。

一方、パラスポーツ選手が健常者の大会への出場を行う場合に課題となるのが、健常者の大会で定められている用具使用のルールである[24]。義足やその他パラスポーツ選手が使用する用具が、この用具使用ルールに違反するかが問題となる。これまでのスポーツ仲裁判断の結果でパラスポーツ選手が健常者の大会に出場したこともあるが(事例36)、その後スポーツ団体が定める用具規定の変更や立証責任の問題から、出場資格を認めないスポーツ仲裁判断も行われている(事例37)。

③ステークホルダーとの協議（民主制）

パラスポーツの登録や出場資格に関するルールは、とくに健常者がパラスポーツに参加する場合、パラスポーツ選手が健常者のスポーツに参加する場合、それぞれの活動に大きな影響があるなど、スポーツ全体の普及・強化に関連する。スポーツ団体のみで意思決定するのではなく、ステークホルダーである選手を民主的に関与させる必要が出てきている。具体的には、スポーツ団体として、選手の集まりとして民主的に組織される選手会や選手委員会、またはパラスポーツ選手組織とのあいだで十分な協議を行うことが必要だろう。

④上部団体の規則

パラスポーツの登録や出場資格に関するルールも、上部団体の規則などにより追加修正される場合がある。国際パラリンピック委員会（ＩＰＣ）の登録や出場資格の変遷により、パラリンピックへの参加が認められてきた経緯もある。また、オリパラ競技などピラミッド型のスポーツは、基本的には、競技ごとの国際スポーツ団体（ＩＦ）が定める健常者のスポーツまたはパラスポーツの登録や出場資格に関するルールにしたがって判断が行われている。

4. 外国人の登録や出場資格

(1) 業界内ルールの内容

スポーツ界の登録や出場資格として国籍(事例38)を制限している場合がある(事例39)。たとえば、プロスポーツの外国人枠では、トップチームの登録人数・同時出場人数などに制限をもうけている(事例40)。外国人にとっては不利ではあるが、これは自国選手の出場機会を確保することが目的とされている。国民体育大会の国籍要件(事例41)では、原則として出場資格が日本国籍を有することが定められている。また、近年は外国人枠の撤廃が進む中で、クラブの育成組織で育った「ホームグロウン選手」をトップチームに登録することを義務づけるルールが定められている場合がある[25]。

(2) ルールメイキングとその法的限界

①法令

「スポーツ基本法」では、スポーツを行う者に対し、不当な差別的取り扱いをしてはならないと定められている[26]。国民体育大会の国籍要件に関しては、国家裁判所で憲法第14条に違反するとして申し立てられたケースもあったが、結論として却下または棄却されている(事例42)。グッドガバナンスの観点からも、国籍による不当な差別は許されないため、スポーツ団体の国籍に関するルールも慎重な検討が必要とされている[27]。

その他、外国人選手が労働組合法上の「労働者」に該当する場合、スポーツ団体は、外国人の登録や出場資格などの労働条件が義務的団交事項(事例43)に該当するため、外国人選手らの労働組合とのあいだで誠実交渉および労使協定での合意が求められる。また、外国人の登録や出場資格が日本人選手の労働条件にも関連し、義務的団交事項に該当するため、日本人選手の労働組合とのあいだでも誠実交渉および労使協定での合意が求められる。

②ステークホルダーとの協議（民主制）

外国人の登録や出場資格に関するルールは、外国人選手の出場機会はもちろんのこと、日本人選手の出場機会にも大きく影響するなど、スポーツ全体の普及・強化に関連する。スポーツ団体のみで意思決定するのではなく、ステークホルダーとして、日本人選手・外国人選手を問わず、民主的に関与させる必要が出てきている。具体的には、スポーツ団体として、選手の集まりとして民主的に組織される選手会や選手委員会、または外国人選手組織とのあいだで十分な協議を行うことが必要だろう（事例44）。

5. 登録人数・登録可能期間

(1) 業界内ルールの内容

中央競技団体（ＮＦ）の単なる選手・指導者登録だけであれば、登録人数や登録可能期間に制限を加える必要はあまりない。一方、リーグビジネスの場合、主に戦力均衡の観点からであるが、団体自治にもとづき、各クラブの登録人数（出場可能人数）に上限を定める場合がある。プロ野球（ＮＰＢ）では、支配下選手の契約人数は１球団70人まで（事例45）、１軍登録人数は29人までとされている(28)。Ｊリーグは、プロＡ契約選手は原則として１クラブ25人までとされている（事例46）。

また、シーズンスポーツの場合、登録可能な期間を制限することによって、レギュラーシーズン終盤の戦力補強を禁止し、拮抗した優勝争いをめざすルールもある（事例47）。

このような登録人数・登録可能期間に関するルールは、スポーツ団体の基本規程・登録規程・移籍規定などに定められている。

(2) ルールメイキングとその法的限界

選手が労働組合法上の「労働者」に該当する場合、スポーツ団体は、登録人数や登録可能期間が義務的団交事項に該当するため、労働組合とのあいだで誠実交渉や労使協定での合意が求められるだろう。

登録人数や登録可能期間に関するルールは、選手が活動できるか否かに直結し、スポーツ全体の普及・強化に関連する。スポーツ団体のみで意思決定するのではなく、ステークホルダーである選手を民主的に関与させる必要が出てきている。具体的には、スポーツ団体として、選手の集まりとして民主的に組織される選手会や選手委員会とのあいだで十分な協議が必要だろう。

6. 指導者の登録や資格

(1) 業界内ルールの内容

指導者は競技の強化や普及に不可欠な存在であり、中央競技団体(NF)やリーグによっては、団体自治にもとづき、加盟団体やクラブで選手の指導にあたるものに関して指導者資格ルールを定めている。このような指導者資格に関するルールは、指導者規則などに定められている(29)。

指導者規則には、指導できる競技の種類、指導者資格の種類、指導者資格認定更新失効手続き、加盟団体やクラブによる指導者資格保持者の採用義務(事例48)、指導者の登録手続き、登録料、リフレッシュ研修、遵守義務、処分基準や手続きなどが定められている。

その他、選手兼監督の可否に関しても、ルールが定められている場合がある（事例49）。

(2) ルールメイキングとその法的限界

指導者に関する登録や出場資格に関するルールが、法律に違反することが問題となったケースがたくさんあるわけではない。ただ、加盟団体やクラブと指導者の契約に関してはトラブルも多く、中央競技団体（NF）やリーグとして適切なルール整備を求められる場合がある。

指導者が労働組合法上の「労働者」に該当する場合、スポーツ団体は、指導者に関するルールが義務的団交事項に該当するため、労働組合とのあいだで誠実交渉や労使協定での合意が求められるだろう。

また、指導者に関するルールは、指導者の活動内容に直結し、スポーツ全体の普及・強化に関連する。スポーツ団体のみで意思決定するのではなく、ステークホルダーである指導者を民主的に関与させる必要が出てきている。具体的には、スポーツ団体として、指導者の集まりとして民主的に組織されるコーチ協会とのあいだで十分な協議が必要だろう。

7. 審判の登録や資格

(1) 業界内ルールの内容

審判はスポーツビジネスのプロダクトである試合の質を左右する存在であるため、中央競技団体（NF）やリーグによっては、団体自治にもとづき、加盟団体やクラブの競技で審判の登録や資格に関するルールを定めている。このような審判の登録や資格に関するルールは、審判規則などに定められている[30]。

審判規則には、審判できる競技の種類、審判資格の種類、審判資格認定更新失効手続き、審判の登録手続き、登録料、講習会、審判の活動条件、遵守義務、服装(31)、処分基準や手続きなどが定められている。その他、審判の事故にそなえた保険加入が定められる場合もある(32)。

(2) ルールメイキングとその法的限界

審判に関する登録や出場資格に関するルールが法律に違反することが問題となったケースがたくさんあるわけではない。

審判が労働組合法上の「労働者」に該当する場合、スポーツ団体は、審判に関するルールが義務的団交事項に該当するため、労働組合とのあいだで誠実交渉や労使協定での合意が求められるだろう(事例50)。審判に関するルールは、審判の活動内容に直結し、スポーツ全体の普及・強化に関連する。スポーツ団体のみで意思決定するのではなく、ステークホルダーである審判を民主的に関与させる必要が出てきている。具体的には、スポーツ団体として、審判の集まりとして民主的に組織される審判協会とのあいだで十分な協議が必要だろう。

選手の獲得

中央競技団体(NF)やリーグによっては、選手獲得に関するルールを定めている団体もある。選手獲得は選手の契約や登録にかかわるため、本来であれば契約自由の原則にしたがって、それぞれのスポーツ団体が自由にできるはずである。しかしながら、そのような自由にまかせていては、過当な獲得競争や不当な金銭支出など問題が生じてきた歴史があるため、団体自治にもとづき、選手獲得に関するルールが定められている。

選手獲得に関するルールは、スポーツ団体の新人選手獲得に関する規定や登録規程などに定められている。選手獲得に関する不祥事から特別な規程がもうけられていることや、プロ団体とアマチュア団体相互間の選手獲得を定めた合意となっていることもある。

選手獲得といっても、選手との接触、契約交渉権の獲得、契約金その他利益供与の支払いなどのいくつかの段階に分かれるため、それぞれの段階に沿って解説する。

1．選手との接触（スカウトなど）

（1）業界内ルールの内容

そもそも選手獲得といっても、選手がスポーツ団体に登録あるいは契約する以前の問題として、スカウト活動の公平性や、選手の不利益防止の観点から、団体自治にもとづき、スポーツ団体が興味のある選手に接触することに関してルールが定められている場合がある。

たとえば、プロ野球（NPB）であれば、日本学生野球協会に登録している大学生・高校生からプロ志望届が提出されていない段階で選手と入団交渉ができないなど、ドラフト指名以前でも選手との接触に制限がある(33)。また、Jリーグでは、他クラブの育成組織の選手に接触する際のルールがあり、育成や選手契約に対する妨害行為の禁止やスカウト活動の事前承諾制などが定められている(34)。

また、日本のアマチュア団体では選手との接触に関するルールが公表されていることは少ないものの、NCAAでは、大学コーチが行う高校生のリクルーティングに関して、時期や選手の学年などによって、電話・対面・大学訪問などの行為を制限している(35)。

（2）ルールメイキングとその法的限界

①契約の法的性質

選手との接触に関するルールは、スポーツ団体とクラブ、あるいはスポーツ団体間の合意にすぎない。したがって、合意が得られない場合、意図するルールメイキングはできない。NPBにおけるルールは、あくまでNPBと日本学生野球協会、NPBと日本野球連盟（社会人野球）とのあいだで合意が成立しているため実現できているルールである。合意できなければ選手との接触を規制できない。

また、このような合意は、法的にはあくまで債権関係にすぎないため、債権関係に入らない第三者に対して主張することはできない。たとえば、NPBと日本学生野球協会の合意であるため、NPB球団はこの合意にしたがって選手と接触するが、MLB球団はこのような合意を法的に守らなければならないわけではない。現状、MLB球団のスカウトがNPB球団のリクルーティングと歩調を合わせているのは、MLB球団が自粛しているにすぎない（事例51）。これに加えて、このようなルールを選手に強制することはできないため、選手がみずから行うリクルート活動は、可能な限り自由にするなどの措置がとられている場合がある（事例52）。

②ステークホルダーとの協議（民主制）

選手との接触に関するルールは、登録や契約を希望する選手が自由に活動を行うことを制限することにもなり、スポーツビジネスのブランディングに大きく影響する。スポーツ団体のみで意思決定するのではなく、ステークホルダーである選手を民主的に関与させる必要が出てきている。具体的には、スポーツ団体として、選手の集まりとして民主的に組織される選手会や選手委員会とのあいだの十分な協議が必要だろう。また、選手が大学生や高校生であったとしても、スポーツ団体の大人だけで決める問題ではないだろう。

2. 契約交渉権の獲得（ドラフトなど）

(1) 業界内ルールの内容

もっともポピュラーなルールとしては、プロ野球（NPB）のドラフト制度が挙げられる（事例53）。選手獲得の公平性や新人選手の契約金の高騰を抑制するため、団体自治にもとづいて契約交渉権の獲得に関するルールが定められる。NPBのドラフト制度では、ドラフト対象となる選手について、各球団は、契約交渉権を獲得しなければ選手との契約交渉はできない(36)。新人選手その他獲得可能選手の定義、選手契約の要件、交渉権獲得会議手続き、交渉権の獲得上限、交渉権の有効期間などが定められている。Jリーグはドラフト制度がないため（事例54）、各クラブが特段契約交渉権なく新人選手と契約することが可能である（事例55）。

また、ひとくちにドラフト制度といっても、指名する球団の順序（ウェーバー制・逆ウェーバー制）あるいは抽選制の有無、サンドウィッチピックの有無など、契約交渉権獲得の優劣について制度がもうけられている（事例56）。

(2) ルールメイキングとその法的限界

①契約の法的性質

契約交渉権の獲得に関するルールは、リーグとクラブ間の合意にすぎない。したがって、合意が得られない場合、意図するルールメイキングはできない。1巡目は抽選制を採用しているNPBのドラフト制度は、戦力均衡の観点からウェーバー制へ移行する意見がよく出されるものの、いまだに12球団の合意は得られず、実現していない。

また、このような合意は、法的にはあくまで債権関係にすぎないため、債権関係に入らない第三者に対して主張することはできない。たとえば、いくらNPB12球団間で契約交渉権を獲得したとしても、選手と契約交渉できる権利を取得したにすぎず、選手との契約を強制したり(事例57)、MLB球団との契約交渉を否定することはできない。

②法令

このようなドラフト制度については、契約交渉権を一方的にクラブ側で決めてしまうことから、選手の職業選択の自由の問題が指摘される(37)。また、選手の契約交渉がそのリーグの中の1球団としてできなくなってしまうために、リーグが一方的に定めたドラフト制度は、独占禁止法違反に当たる可能性が高い(事例58)。

その他、選手が労働組合法上の「労働者」に該当する場合(将来の選手の労働条件にかかわるという考え方である)、スポーツ団体は、契約交渉権の獲得に関するルールが義務的団交事項に該当するため、労働組合とのあいだで誠実交渉や労使協定での合意をしなければならない(事例59)。

③ステークホルダーとの協議(民主制)

契約交渉権の獲得に関するルールは、登録や契約を希望する選手が自由に契約交渉を行うことを制限することになり、スポーツビジネスのブランディングに大きく影響する。スポーツ団体のみで意思決定するのではなく、ステークホルダーである選手を民主的に関与させる必要が出てきている。具体的には、スポーツ団体として、選手の集まりとして民主的に組織される選手会や選手委員会とのあいだの十分な協議が必要だろう。

3．契約金その他利益供与

(1) 業界内ルールの内容

選手獲得におけるドラフト制度に加えて、新人選手の契約金の高騰を抑制するため、団体自治にもとづき、契約金に制限を加えることや、選手獲得にあたっての利益供与を規制するルールが定められている。

プロ野球（ＮＰＢ）では、12球団間で、新人選手の契約金の最高標準額を1億円プラス出来高5000万円とする合意が結ばれているため、新人との選手契約でこれ以上の契約金を合意したり支払うことはできない(38)。新人選手に対する最高標準額を超えた契約金の支払いについて、現在では罰則が加えられることになっている(事例60)。Ｊリーグでは、新人との選手契約で契約金の支払いはできず、支度金が支払われるのみである(39)。

また、プロクラブの選手契約交渉で、アマチュア選手に対して不当な金銭供与が禁止されるルールが定められている場合もある(40)。

(2) ルールメイキングとその法的限界

①契約の法的性質

契約金その他利益供与に関するルールは、スポーツ団体とクラブ、あるいはスポーツ団体間の合意にすぎない。したがって、合意が得られない場合、意図するルールメイキングはできない。プロ野球（ＮＰＢ）

における契約金その他の利益供与ルールは、あくまでNPBと日本学生野球協会との覚書が成立しているため実現できているルールである。この覚書がないことにより、２００７年までの裏金問題は存在していた。

また、このような合意は、法的にはあくまで債権関係にすぎないため、債権関係に入らない第三者に対して主張することはできない。たとえば、NPB12球団の合意であったり、NPBと日本学生野球協会の合意であるため、MLB球団はこのような合意を法的に守らなければならないわけではない（事例61）。

②法令

このような契約金の上限規制については、クラブと選手が契約する金額の一方的な制限となってしまうため独占禁止法違反となる。したがって、プロ野球（NPB）の申し合わせは、あくまで最高標準額としている（事例62）。また、公正取引委員会競争政策研究センター「人材と競争政策に関する検討会報告書」では、「複数の発注者（使用者）が共同して役務提供者に対して支払う対価を取り決めることは、原則、独占禁止法上問題となる」と指摘されているため、このような契約金の上限規制は独占禁止法違反となるだろう。

その他、選手が労働組合法上の「労働者」に該当する場合（将来の選手の労働条件にかかわるという考え方である）、スポーツ団体は、契約金その他利益供与に関するルールが義務的団交事項に該当するため、労働組合とのあいだで誠実交渉や労使協定での合意が求められる。

③ステークホルダーとの協議（民主制）

契約金に関するルールは、登録や契約を希望する選手が自由に契約金を合意することを制限することになり、スポーツビジネスのブランディングに大きく影響する。スポーツ団体のみで意思決定するのではなく、ステークホルダーである選手を民主的に関与させる必要が出てきている。具体的には、スポーツ団体として、選手の集まりとして民主的に組織される選手会や選手委員会とのあいだの十分な協議が必要だろう。

選手の移籍

チームスポーツであれ、個人スポーツであれ、選手が所属先を変わることが想定されるため、中央競技団体（NF）やリーグで選手移籍に関するルールが定められている。法的には、アマチュアのように契約がなければ自由に移籍できるし、契約があってもあくまで契約期間中しか拘束されず、契約期間終了後は自由に移籍できるのが原則である。

しかしながら、過当な獲得競争による選手報酬高騰の抑制や選手の継続的な雇用（引き抜き防止）の観点から、団体自治にもとづき、選手移籍を制限するルールが定められてきた。

一方、選手の移籍を制限するルールは、当然選手の自由な契約を阻害し、選手の獲得市場を制限するものであるため、以前から大きな法的トラブルになってきたルールの一つである。

そこで、選手移籍における移籍制限・移籍金その他補償・その他の移籍制限ルールを解説する。

1. 移籍制限

(1) 業界内ルールの内容

近年は少なくなってきているが、中央競技団体（NF）やリーグによっては、他クラブへの選手の移籍を制限するルールを定めている場合がある。このような移籍制限は、選手の継続的な雇用（引き抜き防止）・

選手報酬の高騰防止・戦力均衡の観点から、多くのプロスポーツリーグで採用されてきた。ただ、後述するさまざまな法的限界から、現在は多くのスポーツ団体やリーグがこのような移籍制限を緩和してきている。

移籍制限に関するルールは、スポーツ団体の基本規程や移籍規則などに定められている。移籍禁止の方法としては、いくつかのパターンがある。

①保留制度

一つ目としては、所属クラブが選手との契約の更新権を有し、選手契約期間終了後でも他クラブとの契約交渉・締結を一切禁じるパターンである。いわゆる保留制度といわれる制度で、プロ野球（NPB）が現在も採用している（事例63・64）。他クラブとの契約交渉・締結を認めるフリーエージェント（事例65）や自由契約（契約満了あるいは戦力外を含む）にならない限り、選手契約期間終了後でも他クラブとの契約交渉・締結はできない（事例66・67）。

なお、保留制度の例外となるフリーエージェントといっても、同一リーグのクラブとのみ契約交渉・締結ができるなどの制限が課されている場合（事例68）、あるいは、たとえば規定水準のオファー（クオリファイイングオファー）をした選手については、他クラブと契約交渉している中でも、所属クラブが同水準のオファーを提示することで第一拒否権があり、選手契約を更新できる場合（事例69）などもある。

②移籍承諾制度

二つ目としては、他クラブとの契約交渉・締結の前提として、所属クラブの承諾を求めるパターンである。日本の企業スポーツで多く採用されていた制度である（事例70）。企業スポーツでは多くの選手が雇用契約であり、いつでも退職（移籍）が可能であった[41]が、これを防ぐために、所属クラブに承諾書の発行などを求めていた。移籍承諾書がない場合、雇用契約としての会社を変わることは可能であったが、選手としては一定期間リーグの試合に出場できないルールになっていた。

③共同獲得拒絶

三つ目として、同一リーグ内で選手獲得をしないルール（共同獲得拒絶）を定めるパターンである。プロ野球（ＮＰＢ）では、いわゆる田澤ルールとして、２００８年から、ＮＰＢドラフト指名を拒否し、海外の球団と契約した選手を今後ドラフト会議で指名しない申し合わせをしていた（事例71）。

④ウィンドー制その他移籍可能期間

スポーツシーズン中、選手の登録期間とは別に、移籍期間を限定しているルールがある。移籍期間を限定し、選手契約の安定性を高め、選手の引き抜き防止をはかることに目的がある。Ｊリーグは、プロ選手の登録のみ、年２回の登録ウィンドーのみ可能とする制度を採用している(42)。

また、自由契約になった選手が他クラブと契約可能な時期を一定の日時以後に設定するルールがある。主に自由契約になった選手の獲得機会の公平性を担保する制度である。プロ野球（ＮＰＢ）では戦力外通告の時期が限定され、また他球団と選手契約を締結することは12球団選手会トライアウト終了後でなければならない(43)。

（2）ルールメイキングとその法的限界

①契約の法的性質

移籍制限に関するルールは、スポーツ団体とクラブ間の合意にすぎない。したがって、合意が得られない場合、意図するルールメイキングはできない。時代の流れから移籍制限の緩和については多くのリーグで議論がなされているが、一部のクラブに反対があって実現できていないことは多い。

また、このような合意は、法的にはあくまで債権関係にすぎないため、債権関係に入らない第三者に対して主張することはできない。日本の同一リーグでの移籍を制限していたとしても、海外リーグへの移籍が制限されていなければ、海外リーグのクラブへの選手の移籍を制限することはできない（事例72）。

②法令（事例73）

このような移籍制限に関するルールについては、海外の裁判例や日本の報告書で、取引制限の法理（契約法理）にもとづく限界と独占禁止法上の限界が指摘されてきている。

取引制限の法理（「取引の自由へのいかなる干渉も、また個人の職業に対するいかなる制限も、ただそれだけのものである場合には、パブリック・ポリシー（公益）に反し、無効となる」という法理）にもとづく限界としては、主にイギリスやオーストラリアの判例で指摘されてきている。イギリスのEastham訴訟（事例74）では、プロサッカー選手の保留制度が無効と判断されている。日本でも選手契約期間終了後の移籍制限はすなわち契約期間終了後の競業避止義務の有効性という論点として問題になる。

独占禁止法上の限界としては、移籍制限に関するルールが選手の契約市場をいちじるしく限定してしまうため、たびたび指摘されている。日本でも公正取引委員会競争政策研究センター「人材と競争政策に関する検討会報告書」で、「複数の発注者（使用者）が共同して役務提供者の移籍・転職を制限する内容を取り決めること（それに類する行為も含む）は、独占禁止法上問題となる場合がある」と指摘され、スポーツリーグへの適用も前提に検討がなされている（事例75）。「クラブチームの承諾の無いまま移籍した選手について、一定期間、試合への出場を禁止する場合がある。この際、選手として第一線で活動できる期間との対比で、出場禁止の期間が長期に設定されている場合には、移籍を抑止する効果が強く働く」などと直接的に移籍・転職を制限するものでなく、たとえば、移籍・転職をする者に対してそれを理由に一定の不利益を課すことを内容として、事実上、移籍・転職を制限する効果を有する行為も含むとされている。

もちろん「複数のクラブチームからなるプロリーグが提供するサービスの水準を維持・向上させる目的で行われる場合、そのことも考慮のうえで、独占禁止法上の判断がなされる」と指摘され、違法とならない余地が認められている。ただし、「移籍制限行為が当該目的の実現に不可欠であるのか、商品・サービス市場での競争促進効果（消費者利益の向上など）の程度や、それが人材獲得市場での競争阻害効果を上回るものであるか、といった点も含めて総合的に考慮した上で判断されることになる。また、目的に比べてその手段が相当か、同様の目的を達成する手段としてより競争制限的でない他の手段は存在しないのかといった内容、手段の相当性の有無も考慮の上で判断される」と指摘されている（事例76・77）。

この検討会の過程や報告書公開後、いくつかの日本の企業スポーツでは、前述の移籍承諾書制度を撤廃するに至っている（事例78）。プロ野球（ＮＰＢ）の田澤ルールも、独占禁止法違反のおそれがあることから、２０２０年９月、ＮＰＢは田澤ルールを撤廃するに至っている[44]。

なお、同報告書では、「選手らの代表等との合理的な協議に基づいて移籍制限を取り決めている場合は、当該制限が選手にとって不利益を生じさせるものであっても、当該行為に対して競争法の適用を控えるべきであるとの考え方が海外では主流となっている」と指摘されており（事例79）、選手会との労使協定での合意による移籍制限制度は独占禁止法違反にならない余地がある。

その他、選手が労働組合法上の「労働者」に該当する場合、スポーツ団体は、移籍制限に関するルールが義務的団交事項に該当するため、労働組合とのあいだで誠実交渉や労使協定での合意が求められる。

③ステークホルダーとの協議（民主制）

移籍制限に関するルールは、移籍を希望する選手が自由に移籍することを制限し、スポーツビジネスのブランディングに大きく影響する。スポーツ団体のみで意思決定するのではなく、ステークホルダーである選手を民主的に関与させる必要が出てきている。具体的には、スポーツ団体として、選手の集まりとして民主的に組織される選手会や選手委員会とのあいだの十分な協議が必要だろう。

④スポーツ仲裁

移籍制限に関するルールがスポーツ仲裁によって判断されたケースもある。ＭＬＢのいわゆるメッサースミス仲裁（１９７６年）（事例80）では、労使協定に定められたスポーツ仲裁制度でＭＬＢの当時の選手契約の保留条項の解釈が争われた。この仲裁判断では選手契約の更新条項の対象に更新された選手契約は含まれないことが明らかにされ、ＭＬＢ選手が契約終了後自由契約になることが確認された。

⑤上部団体の規則

Ｊリーグにおける移籍ルールは、移籍金制度を除き、当初から契約期間が終了したあとの移籍を制限してはいない制度になっているが、これは、Ｊリーグ設立当時、すでに欧州サッカーでは前述のEastham訴訟などにもとづき保留制度など移籍そのものを制限する制度が撤廃されていたためである。

2. 移籍金その他補償

(1) 業界内ルールの内容

中央競技団体（ＮＦ）やリーグによっては、前述の移籍そのものを制限する制度に加え、移籍の条件として移籍金を支払うルールやその他の補償ルールを定めている場合がある。このような移籍金その他補償ルールは、スポーツ団体の移籍規則などに定められている。選手の移籍にともなう移籍金の支払いやその他の補償には、いくつかのパターンがある。

移籍金の支払いは、選手契約期間中の移籍に移籍金の支払いを条件としているルールや、選手契約期間終了後の移籍に移籍金の支払いを条件としているルールがある。これ以外にも、育成費用の支払いを条件とするルールや、人的補償など金銭ではない選手契約の譲渡やドラフト指名権などの補償を条件とするルールもある。

①選手契約期間中の移籍金に関するルール

選手契約期間中の移籍の場合、法的に有効な契約を一方的に破棄するためには損害賠償が必要であることから、この損害賠償として移籍金を支払うルールが定められている。

Jリーグでは、契約期間中の正当理由のない契約解除の場合、損害賠償の支払いを前提としており、この金額を事前に所属クラブと選手で合意することができるとされている(45)。また、このような合意がない場合にそなえて、賠償金額の算定方法も定められているが、基本的には選手の残契約期間分の基本報酬がベースとなっている(事例81)。

②選手契約期間終了後の移籍金に関するルール

一方、選手契約期間終了後の移籍のため、契約破棄のための損害賠償は必要ないものの、育成した選手のクラブの安定的な収入を確保し、移籍を制限することで、選手の継続的な雇用(引き抜き防止)・選手報酬の高騰防止・戦力均衡の観点から、多くのプロスポーツリーグで移籍金制度が採用されてきた(事例82)。

現在でもプロ野球(NPB)のフリーエージェント制度では、選手契約期間終了後の移籍に関して、移籍先球団から移籍元球団に対して、補償金の支払いか人的補償と呼ばれる補償対象選手の契約譲渡が行われるルールとなっている(事例83)。Jリーグでは、選手契約期間終了後の移籍については移籍金の支払いは不要である。

その他、企業スポーツでは、Vリーグにおいて契約期間終了後の移籍金制度が残っている[46]。また、NPBからMLBに移籍する制度の一つであるポスティング制度も、保留期間中の移籍に関して、ポスティングマネーという移籍金の支払いを条件とするルールである[47]。

③育成費用に関するルール

これに加えて、選手の育成費用であることを明確にして、選手契約期間中の移籍・選手契約期間終了後の移籍を問わず、移籍元のクラブが移籍先のクラブに育成費用を支払うルールが定められている。

Jリーグのルールでは、アマチュアからプロ契約する場合のトレーニング補償金[48]について、請求対象クラブ、請求金額などが定められている。また、プロクラブからプロクラブに移籍する場合のトレーニング補償金[49]について、請求時期、請求金額の算定方法などがそれぞれ定められている。また、サッカー界の国際移籍に関しては、発生する移籍金の一部を選手が所属したアマチュアクラブに支払うルールが定められている(連帯貢献金制度。移籍金の5%を、選手が12歳から23歳まで所属したクラブに分割分配する)[50]。

(2) ルールメイキングとその法的限界

①契約の法的性質

移籍金その他補償制度に関するルールは、スポーツ団体とクラブ間の合意にすぎない。したがって、合意が得られない場合、意図するルールメイキングはできない。とくに選手契約期間終了後の移籍金の合法性が維持できなくなってからは、育成費用に議論が移行したものの、クラブ間で合意ができずに実現できなかったルールもある。

また、このような合意は、法的にはあくまで債権関係にすぎないため、債権関係に入らない第三者に対して主張することはできない。日本の同一リーグでの移籍金その他補償制度をもうけていたとしても、海外リーグへの移籍で、当該リーグと日本のリーグで合意がなされていない限り、海外リーグのクラブに選手が移籍する際の移籍金その他の補償を求めることはできない。このようなことから、国内移籍ではなく海外移籍のほうが容易に成立する場合がある。一時期のJリーグではこのような現象が生じ、混乱が生じていた。

②法令(51)

このような移籍金その他補償に関するルールについては、海外の裁判例や日本の報告書で、労働者の権利にもとづく限界と独占禁止法上の限界が指摘されてきている(事例84)。

労働者の権利にもとづく限界としては、主にEC法の判例にて指摘されてきており、1995年のBosman判決(事例85)では、プロサッカー選手の選手契約期間終了後の移籍金制度がローマ条約に定める「労働者の自由移動の原則」に違反すると判断されている(事例86)。

また、独占禁止法上の限界として、選手の移籍先クラブとの契約を制限してしまうため、たびたび指摘されている。日本でも公正取引委員会競争政策研究センター「人材と競争政策に関する検討会報告書」で、「複数の発注者(使用者)が共同して役務提供者の移籍・転職を制限する内容を取り決めること(それに類する行為も含む)は、独占禁止法上問題となる場合がある」と指摘され、スポーツリーグへの適用も前提に検討がなされている。前述のBosman判決でも、法務官意見として競争法の観点からも違法であることが指摘されていた。

とくに移籍金については、従来から選手育成の対価であるとの主張がなされてきたが、同報告書では、「育成費用を回収することが育成のインセンティブにつながり、それが競争促進効果をもたらすことがあるとしても、それが人材獲得市場にもたらす競争阻害効果を上回るものであるのか、ということを考慮する必要がある。さらに、回収する必要があるとされる育成費用の水準は適切か、また、取決めの内容はその水準に相当する範囲にとどまっているのか、移籍・転職を制限する以外に育成費用を回収するよりもより競争制限的でない他の手段は存在しないのか、といった内容、手段の相当性の有無も併せて考慮の上で問題となるかどうかが判断される。このとき、複数の発注者（使用者）が共同で移籍・転職を制限する取決めをする場合、通常、育成費用の回収という目的を達成する手段として他に適切な手段が存在しないということはないものと考えられる」と指摘されており、無制限の育成費用が請求できるわけではない。

なお、同報告書では、「選手らの代表等との合理的な協議に基づいて移籍制限を取り決めている場合は、当該制限が選手にとって不利益を生じさせるものであっても、当該行為に対して競争法の適用を控えるべきであるとの考え方が海外では主流となっている」と指摘されており（事例87）、選手会との労使協定での合意による移籍制限制度は独占禁止法違反にならない余地がある。

その他、選手が労働組合法上の「労働者」に該当する場合、スポーツ団体は、移籍金その他補償に関するルールが義務的団交事項に該当するため、労働組合とのあいだで誠実交渉および労使協定での合意が求められている。

③ステークホルダーとの協議（民主制）

移籍金その他補償に関するルールは、移籍を希望する選手が自由に移籍することを制限し、スポーツビジネスのブランディングに大きく影響する。スポーツ団体のみで意思決定するのではなく、ステークホルダーである選手を民主的に関与させる必要が出てきている。具体的には、選手の集まりとして民主的に組織される選手会や選手委員会とのあいだの十分な協議が求められる。Jリーグが２００９年に契約期間終了後の移籍金制度の撤廃をしたのは、事前にJリーグ選手協会（当時）との協議があったためである。

④上部団体の規則

Jリーグにおける移籍金その他補償ルールは、国際サッカー連盟（ＦＩＦＡ）のRegulations on the Status and Transfer of Players（ＲＳＴＰ）に大きく影響を受けている。Jリーグでも２００９年シーズンから選手契約期間終了後の移籍に関して移籍金の支払いが必要なルールが撤廃されているが、こちらは国際間のルールであるＦＩＦＡ規則に国内ルールを合わせるためである。

また、ＦＩＦＡの定める移籍ルールの近年のもっとも大きな影響は、第三者保有規制である[52]。ＦＩＦＡのＲＳＴＰの２０１５年改正にともない、日本でも第三者が選手の将来の移籍補償金に関して権利を持ってはならないルールとなっている[53]。

3．その他の移籍制度

（1）業界内ルールの内容

①トレード（選手契約の譲渡）

選手契約期間中であると、選手は契約上自由に移籍することはできないが、クラブが選手契約を他クラブに契約譲渡することが定められている場合がある。戦力補強の場合や、出場機会が恵まれない選手が他球団に出場機会を求める場合に、このような契約譲渡がなされている。

もっとも有名な制度は、プロ野球（ＮＰＢ）のトレードである[54]。JリーグやBリーグにこのような制度はない。法的には契約譲渡であるため、移籍元のクラブと締結されていた契約内容が移籍先クラブでも引き継がれることとなる。

トレードは法的には選手契約の譲渡であるため、債務者の同意を得なければ本来譲渡できないはずである。そこで、スポーツ団体は、選手にトレードを包括的に同意することをルール化している[55]。

②レンタル移籍

所属元球団に戻ってくることを前提とした移籍ルールをもうけている場合もある。いわゆるレンタル移籍である。とくに出場機会に恵まれない若手選手を中心に、出場機会のあるクラブにレンタルされる。レンタル移籍については、スポーツ団体は、その手続き、契約書式、再移籍の手続きのほか、移籍元クラブとの試合における制約条件などのルールを定めている。

Jリーグは期限付移籍という移籍ルールを定めている[56]。一方、プロ野球（NPB）では、レンタル移籍は禁止されている[57]。

（2）ルールメイキングとその法的限界

①法令

スポーツ団体が、選手にトレードを包括的に同意するようルール化していることに関しては、本来は債務者である選手の同意を得なければならないことから、基本的人権の侵害であること[58]や、事前同意を強要されていることなどを理由として、公序良俗違反ではないかとの指摘もある（事例88）。

選手が民法上の「労働者」に該当する場合は、労働者の承諾なくして、権利譲渡ができないため、トレード（選手契約の譲渡）をルール化することはできない[59]。また、選手が労働組合法上の「労働者」に該当する場合、スポーツ団体は、このような移籍制度に関するルールが義務的団交事項に該当するため、労働組合とのあいだで誠実交渉や労使協定での合意が求められる。

②ステークホルダーとの協議（民主制）

移籍制度に関するルールは、多くの選手の所属先の変更にかかわるルールであり、スポーツビジネスのブランディングに大きく影響する。スポーツ団体のみで意思決定するのではなく、ステークホルダーである選手を民主的に関与させる必要が出てきている。具体的には、スポーツ団体として、選手の集まりとして民主的に組織される選手会や選手委員会とのあいだの十分な協議が必要だろう。

選手契約

選手がスポーツビジネスの対象となる試合などに出場するにあたって、もっとも基本的な条件は選手契約である。中央競技団体（NF）やリーグは、選手契約の内容を明確化するために、団体自治にもとづき、選手契約に関するルールを定めている。

選手契約には、プロ野球（NPB）やJリーグのようにクラブと選手が統一フォーマットの選手契約書を締結するパターンと、スポーツ団体で定める包括的な規約を選手の登録や加盟時に一括して遵守を求めているパターンがある。

1. 統一契約書（包括的同意）

(1) 業界内ルールの内容

中央競技団体（NF）やリーグの選手契約に関するもっとも特徴的なルールは、統一契約書と呼ばれる全選手一律の契約書式をもうけていることである。クラブと選手はこの統一書式を使用して選手契約を締結するルールをもうけ(事例89)、原則としてその変更や、特約を定めることを認めない(60)。プロ野球（NPB）でも、Jリーグでも、この方式が採用されている。Jリーグでは、期限付移籍などの契約書もルール化している(61)。

このような統一契約書が用いられるのは、同様の法的地位にあるクラブと選手が選手契約を締結するにあたって、きわめて便宜的であるからという理由もあるが、一方、クラブが選手契約で選手が負う遵守義務や禁止行為などの契約内容を一括して合意させるのに都合がよいためである。

そして、このような統一契約書には、選手契約のみならず、NFやリーグの基本規程その他の規則すべてを遵守することが、包括的に同意させられる内容になっている(事例90)。また、スポーツ団体によっては、統一契約書ではなく、団体規約に選手契約に関するルールが定められ、選手が試合に出場する際にこのルールの遵守を誓約させられることによって包括的に同意させられる場合もある(事例91)。

(2) ルールメイキングとその法的限界

このような統一契約書・包括的同意に関するルールは、附合契約(注1)として、その内容が不合理な場合、公序良俗に違反し無効になる余地が指摘されている(62)。前述の移籍禁止や移籍金その他補償に関するルールなど、個別のルール内容が違法な場合を含め無効になる余地は十分にあるだろう。

また、選手が労働組合法上の「労働者」に該当する場合、スポーツ団体は、統一契約書・包括的同意に関するルールが義務的団交事項に該当するため、労働組合とのあいだで誠実交渉や労使協定での合意が求められる。

統一契約書・包括的同意の形式をとることが違法ではないが、選手の権利義務に大きな影響があり、スポーツビジネスのブランディングに大きく影響する。スポーツ団体のみで意思決定するのではなく、ステークホルダーである選手を民主的に関与させる必要が出てきている。具体的には、スポーツ団体として、選手の集まりとして民主的に組織される選手会や選手委員会とのあいだの十分な協議が必要だろう。

また、選手契約に関しては、上部団体の規則などとして、たとえば、国際サッカー連盟（FIFA）から最低基準が示されているため(63)、Jリーグの選手契約はこの最低基準を満たす必要がある。

2. 選手の義務内容（競技関連義務や禁止行為）(注2)

(1) 業界内ルールの内容

中央競技団体（NF）やリーグが定める選手の競技関連の義務内容としては、試合やトレーニング、ミーティングなどの参加、日本代表活動への参加、健康診断、ドーピング検査の受検などが定められる(64)。当たり前のように思われるかもしれないが、違反した場合にきちんと契約違反に問えるよう、現代の競技活動で必要とされる義務内容が明確化されている(事例92)。

また、禁止行為としても、競技その他内部情報の漏えい、ドーピング行為、八百長などの不正行為などがルール化されている。スポーツによっては、ほかのスポーツの興行への参加、プレーそのものを禁止している場合もある(65)。

(2) ルールメイキングとその法的限界

選手の義務内容（競技関連義務や禁止行為）に関するルールは、かなり基本的な義務内容であるが、具体的なトレーニングの範囲などは、契約である以上、どこまでが義務範囲か問題になる場合がある。加えて、トレーニング内容や健康診断・ドーピング検査の内容に関しては、選手個人の自己決定やプライバシー権など、選手のセンシティブな内容にかかわるため、スポーツ団体としても慎重な対応が求められるだろう。個人情報保護法の規制も強化されており、スポーツ界も例外とはいえない（事例93）。

また、試合数・トレーニング内容・健康診断やドーピング検査の内容については、選手の労働条件に大きくかかわる。選手が労働組合法上の「労働者」に該当する場合、スポーツ団体は、選手の義務内容（競技関連義務や禁止行為）に関するルールが義務的団交事項に該当するため、労働組合とのあいだで誠実交渉や労使協定での合意も求められる。

また、選手の義務内容（競技関連義務や禁止行為）に関するルールは、選手の労働条件に大きくかかわり、スポーツビジネスのブランディングに大きく影響する。スポーツ団体のみで意思決定するのではなく、ステークホルダーである選手を民主的に関与させる必要が出てきている。具体的には、スポーツ団体として、選手の集まりとして民主的に組織される選手会や選手委員会とのあいだの十分な協議が必要だろう。

なお、公正取引委員会競争政策研究センター「人材と競争政策に関する検討会報告書」では、選手の義務内容（禁止行為）のうち、ほかのスポーツの興行への参加、プレーそのものを禁止している場合については、専属義務として独占禁止法上問題となりうることが指摘されている（事例94）。

3. 選手報酬

(1) 業界内ルールの内容

選手報酬は大きく分けて基本報酬と出来高報酬(インセンティブ)(事例95)がある(事例96)。出来高報酬も、プロ野球(NPB)のようなスタッツにもとづくケースもあるが、サッカーやバスケットボールの出場給や勝利給のようなケースもある。もちろんゴルフ・テニス・格闘技など、一定の条件をクリアした場合のみ賞金が支払われる場合もある。その他、一部のスポーツであれば、退職金や選手年金の支給を用意している場合もある(事例97)。

もちろん選手報酬は、契約自由の原則から、クラブと選手間で自由に合意されるのが原則であるが、中央競技団体(NF)やリーグが団体自治にもとづき、以下のような報酬に関するルールを定めている場合がある。

①最低選手年俸、選手年俸上限

もっともわかりやすいルールは、最低選手年俸である。トップリーグの選手クオリティを一定に維持するために、最低選手年俸が定められている。プロ野球(NPB)では支配下選手の最低選手年俸が420万円に定められている(66)。また、NPBは、1軍登録日数にもとづく追加報酬も支払われており、1軍登録日数が1シーズン150日を超えた場合、最低報酬は1430万円となる(1軍最低年俸などと呼ばれている)(67)。Jリーグは、プロA契約のみ、最低年俸460万円の定めがある(68)。

一方、Jリーグのプロ B 契約選手・プロ C 契約選手など一部の選手に限ってはあるが、選手年俸の上限が460万円に定められている場合もある(69)。その他、NBAのRookie Salary Scalesなど、1年目から数年間のみ選手報酬を決めてしまっているルールもある(70)。なお、このようなルールを潜脱することがないように、出来高報酬の契約方法を制限しているルールもある(71)。

②減額制限

翌年度の選手報酬を減額される場合に、一定の減額範囲以上の減額を禁止するルールを定めている場合がある。プロ野球（NPB）の減額制限制度では、保留制度により移籍が禁止されているため、選手が他球団の市場価格を試す機会がないことから、選手報酬が1億円を超えている場合は40％まで、選手報酬が1億円以下の場合は25％までしか減額されない(事例98)。

③サラリーキャップ・贅沢税・課徴金制度

さらに、リーグによっては、クラブの選手報酬総額に上限金額を定め、クラブ間の戦力均衡を保つルールを定めている場合がある。アメリカ4大プロリーグなどで採用されている制度である(事例99)。サラリーキャップには厳密に上限金額を定める場合（ハードキャップ）もあれば(72)、上限金額に一部例外を認める場合（ソフトキャップ）(73)、さらに一定金額の贅沢税をもうけたルールを定める場合がある（Luxury Tax）。また、MLBは、サラリーキャップはもうけないものの、課徴金制度（Competitive Balance Tax）をとっている(74)。

一方、サラリーキャップ制度では、選手報酬総額に上限を定めるだけでなく、サラリーキャップ基準の一定割合以上の金額を選手報酬に拠出するなど、下限を定める場合もある(75)。このような制度により、業界全体のスポーツビジネスの収入と選手人件費が連動することで、リーグと選手の利害を一致させている。

④ファイナンシャルフェアプレールール（FFP）

リーグによっては、クラブの財務健全化のため、クラブの移籍金や選手報酬などの支出がスポーツビジネスの収入を上回ってはならないという収支均衡をはかるルールを定めている。日本では、Jリーグのクラブライセンス制度で定められており[76]、3期以上連続で当期純損失を計上した場合は、クラブライセンスが交付されないため、選手報酬にも大きな影響があった。

⑤その他選手活動の費用など

選手報酬に関するルールとしては、選手の活動にともなう費用の取り扱いに関して定めるものもある。中央競技団体（NF）やリーグ・クラブの活動を選手が行う場合の交通費や宿泊費を負担することはもちろんのこと[77]、たとえば、トレードで移籍する場合の移転費に関するルールなどが定められていることもある[78]。

（2） ルールメイキングとその法的限界

①法令

選手報酬に関するルールのうち、とくに選手報酬の上限または総量を制限するルールについては、独占禁止法の問題が提起されている（事例100）。サラリーキャップは、リーグが労使協定での合意なく、一方的に導入すれば、独占禁止法違反になるだろうが（事例101）、NFLやNBA・NHLで労使協定での合意にもとづいてかろうじて維持されている。

また、選手が労働組合法上の「労働者」に該当する場合（事例102）、スポーツ団体は、選手報酬に関するルールはもちろん義務的団交事項に該当するため、労働組合とのあいだで誠実交渉や労使協定での合意が求められる。

一方、選手報酬に関する重要な法律が税法である。給与所得者か個人事業主かで対象が分かれるものの、選手報酬には所得税・事業税・住民税などの税金支払いが発生する。とくに消費税は、選手サービスを享受する球団が支払う必要があるもので(事例103)、消費税転嫁対策特別措置法(79)にもとづき、消費税率の引き上げ時に、消費税の転嫁拒否などの行為の是正が求められていた(事例104)。また、選手契約における印紙税の取り扱いも問題となる(事例105)。

②契約の法的性質

選手報酬に関するルールに関しては、加盟団体やクラブ間の合意により形成される場合がある。加盟団体やクラブ間で合意が得られない場合、中央競技団体(NF)やリーグが意図するルールメイキングはできない。選手報酬に関するルールは、資金力があるかないかで加盟団体やクラブ間の利害が一致しないため、合意形成が難しい場合がある。

③ステークホルダーとの協議(民主制)

選手報酬に関するルールは、選手の契約条件としてもっとも重要なルールであり、スポーツビジネスのブランディングに大きく影響する。スポーツ団体のみで意思決定するのではなく、ステークホルダーである選手を民主的に関与させる必要が出てきている。具体的には、スポーツ団体として、選手の集まりとして民主的に組織される選手会や選手委員会とのあいだの十分な協議での合意が必要だろう。

4. 契約期間

（1） 業界内ルールの内容

契約期間は、選手の稼働期間を決める重要な労働条件である。契約期間は、契約自由の原則からすれば、始期も終期も契約年数も当事者間の合意によるが、スポーツ団体によっては、このような労働条件でトラブルにならないよう、団体自治にもとづき、統一の契約期間についてルールが定められている。

契約期間の終期が定められることもある。Jリーグでは原則としてシーズン終了時までとされている(80)が、何月何日と特定されているわけではない。プロ野球（NPB）は参稼期間という名の契約期間が2月1日から11月30日とされている（事例106）。

逆に契約期間外のオフシーズン、あるいは休暇について定めたルールもある。Jリーグの選手契約では最低2週間(81)、NPBでは毎年12月と翌年1月がオフシーズンとされている(82)。

契約期間の上限が定められることもある。Jリーグの選手契約の契約期間の上限は5年に定められていることである(83)。NPBでは選手契約期間の上限は定められていない。

（2） ルールメイキングとその法的限界

法令上の限界としては、選手が労働基準法上の「労働者」に該当する場合、労働契約は原則3年（専門的知識などを有する労働者は5年）を超えて締結することはできないことがある(84)。Jリーグの選手契約の契約期間の上限が5年に定められているのは、国際サッカー連盟（FIFA）のRegulations on the Status and Transfer of Players第18条に同じ定めがあり、上部団体の規則などの影響もあるが、日本の労働基準法の内容にも合致している。

また、選手が労働組合法上の「労働者」に該当する場合、スポーツ団体は、契約期間に関するルールが義務的団交事項に該当するため、労働組合とのあいだで誠実交渉や労使協定での合意が求められる。

契約期間に関するルールが不当に選手の活動を制限する場合があり、スポーツビジネスのブランディングに大きく影響する。スポーツ団体のみで意思決定するのではなく、ステークホルダーである選手を民主的に関与させる必要が出てきている。具体的には、選手の集まりとして民主的に組織される選手会や選手委員会とのあいだの十分な協議が必要だろう(事例107)。

5. 怪我の補償

(1) 業界内ルールの内容

競技における怪我・事故はつきものであるため、選手が競技にともなう怪我をした場合の対応について、ルールが定められている場合がある。

ルールとしては、選手に対する賠償の範囲を限定するために、団体自治にもとづき、競技を直接の原因とした怪我の治療費のみを負担するなど、最低限の内容であることが多い(85)。競技を原因として死亡や障害を負った場合の補償が定められている場合もある(事例108)。

また、代表活動中の競技にもとづく怪我について、野球の侍ジャパンでは、クラブに対して何らかの補償を行うルールや、クラブが選手の翌年度報酬について配慮するルールが定められている場合もある(事例109)。

(2) ルールメイキングとその法的限界

法令上の限界としては、企業スポーツなど、選手が労働者災害補償保険法上の「労働者」に該当する場合、競技にもとづく怪我が労災保険給付の対象になる(86)。クラブとしてはこのような給付対象になることを前提に対応しなければならない。

また、選手が労働組合法上の「労働者」に該当する場合、スポーツ団体は、怪我の補償に関するルールが選手の治療やリハビリにかかる費用負担に関係し、義務的団交事項に該当するため、労働組合とのあいだで誠実交渉や労使協定での合意が求められるだろう。

怪我の補償に関するルールは、選手生命にかかわるため、スポーツビジネスのブランディングに大きく影響する。スポーツ団体のみで意思決定するのではなく、ステークホルダーである選手を民主的に関与させる必要が出てきている。具体的には、選手の集まりとして民主的に組織される選手会や選手委員会とのあいだの十分な協議が必要だろう。

6. 契約の解除

(1) 業界内ルールの内容

スポーツ団体では、選手契約の解除に関するルールが定められることがある。契約解除のルールは、法的には選手契約の内容や解除条項にしたがって判断すれば足りると思われるかもしれない。ただ、スポーツビジネスの発展とともに、さまざまな理由にもとづく契約解除（選手による一方的な移籍・クラブ間の選手引き抜き行為）があとをたたず、スポーツ団体が一定の契約解除に損害賠償や懲罰を科さなければ、クラブと選手の選手契約のバランスが保てなくなっている。

もっともポピュラーなのは、法原理にしたがった契約の尊重（事例110）と正当事由がある場合に限り正当な契約解除を認めるルールである[87]。当たり前のことであるが、損害賠償や懲罰の有無・要件も含め、団体自治にもとづき、ルールが定められている。

①正当事由のある選手契約の解除

正当事由のある解除とは、選手契約上の損害賠償や、スポーツ団体からの懲罰を科されない解除のことである。

たとえば、クラブによる選手報酬の未払い・選手による試合やトレーニングの不参加など、選手契約の違反がある場合である。この場合は、民法の債務不履行に該当するため[88]、日本でも選手契約を解除する正当事由があるとされる。

その他、一定割合の出場試合数がない場合に、選手による選手契約の解除を認めるルールもある[89]。

②正当事由のない選手契約の解除（事例111）

正当事由のない解除とは、選手契約上の損害賠償が発生したり、スポーツ団体からの懲罰を科される解除のことである。

一つの例は、選手契約期間中の移籍にともなって発生する、所属元クラブと選手の契約解除である。選手契約期間中の選手による解除のため、所属元クラブに対する損害賠償が必要になる。実態としては、移籍先クラブから移籍元クラブへの移籍補償金の支払いによって損害が賠償されることになる。加えて、選手契約期間の一定期間まで（保護期間）の移籍に関して、選手の出場停止など、懲罰を科されるルールもある[90]。

また、クラブの登録枠・サラリーキャップ枠を空けることや、選手報酬予算削減のため、クラブ都合で選手契約を解除する場合（いわゆるバイアウト）も、選手に対する損害賠償が必要になる。一般的には残契約期間分の選手報酬が基準となると考えられている。

（2）ルールメイキングとその法的限界

①法令

正当事由の有無が問題となるケースとして、選手の不祥事のケースがある。

正当事由の有無は、残契約期間分の選手報酬の支払いが必要か否かの判断に関係する。日本であれば、刑法に定められた犯罪や薬物犯罪で有罪判決を受けた場合は正当事由ありと判断されるだろうが、逮捕もなく、被害者と示談が成立した場合や逮捕されたものの、示談が成立し起訴や有罪判決にはならなかった場合、刑事犯罪ではない選手の不品行の場合に、正当事由のある解除に該当するかは微妙である。実際に、クラブから選手契約の解除を通告したあと、解除を争う裁判になっているケースもあるため、クラブとしては慎重な取り扱いが求められる。

また、このような正当事由にあたるかの基準は義務的団交事項に該当するため、選手が労働組合法上の「労働者」に該当する場合、スポーツ団体は、労働組合とのあいだで誠実交渉および労使協定での合意が求められる。

②ステークホルダーとの協議（民主制）

契約の解除に関するルールは、不当な契約解除を生み、スポーツビジネスのブランディングに大きく影響する。スポーツ団体のみで意思決定するのではなく、ステークホルダーである選手を民主的に関与させる必要が出てきている。具体的には、スポーツ団体として、選手の集まりとして民主的に組織される選手会や選手委員会とのあいだの十分な協議が必要だろう。

③上部団体の規則

Jリーグにおける契約の解除に関するルールは、上部団体である国際サッカー連盟（FIFA）のRegulations on the Status and Transfer of Players（RSTP）に大きく影響を受けている。RSTPでは正当事由があるかないかにより対応が分けられており[91]、これは一般的な契約法理にもとづき、全世界的に通用するため、理解しやすい。

7. 禁止される契約

(1) 業界内ルールの内容

中央競技団体（NF）やリーグは、これまで解説してきたような選手契約に関する個別のテーマに関するルールのほか、クラブや選手が不利益をこうむらないよう、団体自治にもとづき、包括的に禁止される契約に関するルールを定めている場合がある。このような禁止される契約に関するルールも、NFやリーグの基本規程・規約・移籍規則・登録規則などに定められている。

例としては、選手契約の効力発生の条件としてメディカルチェックを条件とすること、二重契約（事例112）、基本規程や移籍規則を潜脱する契約（ブリッジ契約）などが禁止されている[92]。

近年サッカー界で取り締まりが強くなっているのは、第三者保有や第三者影響に関するルールである[93]。スポーツビジネスとしての経済活動の発展により、第三者が個々の選手やクラブの活動に不当な影響をおよぼす行為（第三者影響（TPI）禁止）や、将来の移籍に関する移籍補償金などの権利を第三者が保有する行為（第三者保有（TPO）禁止）の問題点が明らかになることで禁止されるに至っている。

（2）ルールメイキングとその法的限界

このような禁止される契約に関するルールは、基本的にクラブや選手を保護するためのルールであるため、あまり法的限界はみられない。

しかしながら、選手が労働組合法上の「労働者」に該当する場合、スポーツ団体は、禁止される契約に関するルールが義務的団交事項に該当するため、労働組合とのあいだで誠実交渉や労使協定での合意が求められるだろう。

禁止される契約に関するルールは、選手の正当な活動の範囲に関連し、スポーツビジネスのブランディングに大きく影響する。スポーツ団体のみで意思決定するのではなく、ステークホルダーである選手を民主的に関与させる必要が出てきている。具体的には、スポーツ団体として、選手の集まりとして民主的に組織される選手会や選手委員会とのあいだの十分な協議が必要だろう。

選手の肖像権その他商業活動

1. 業界内ルールの内容

中央競技団体（NF）やリーグは、みずからまたは加盟団体やクラブが実施するスポーツビジネスへの活用のため、選手に競技活動とは異なる商業活動を求めたり、選手の肖像権（パブリシティ権）や著作物を広告や商品化に使用することが必要になる。そこで、団体自治にもとづき、選手の肖像権その他商業活動に関するルールを定めている。

具体的には、選手契約の一内容として、リーグやクラブの広報やファンサービスへの参加、試合映像の放送や配信への選手の肖像権の無償許諾、広告や商品化への選手の肖像権、著作物の許諾などが定められる(94)。

また、NFやリーグによっては、選手の副業その他商業活動を禁止したり、あるいは事前に所属クラブの承諾を得るルールを定めている団体もある(95)(事例113)。

一方、アマチュアスポーツ団体の場合、選手のアマチュアリズムの観点から、選手の肖像権(パブリシティ権)を行使することや選手の商業活動を禁止するルールを定めている場合がある(事例114)。

2. ルールメイキングとその法的限界

(1) 契約の法的性質

選手の肖像権その他商業活動に関するルールは、契約である以上、義務対象となる具体的な広報活動の範囲などがどこまで義務範囲か、問題になる場合がある(事例115)。あくまで選手契約の一部であり、中央競技団体(NF)やリーグ・クラブと選手間の契約内容にもとづくものであるため、その義務内容があいまいな場合、選手に活動してもらうことのハードルになる場合がある。

(2) 法令

また、法令上の限界として、選手自身の労働条件や選手の知的財産権である肖像権・パブリシティ権・著作権・商標権の対価支払いに関係するため、選手稼働とは別の対価支払いや知的財産法をふまえた権利許諾などが必要になる（事例116）。加えて、出生時の状況・身体的特徴・家族構成・性格・学業成績・教諭の評価などは、選手のプライバシー侵害が懸念されるため（事例117）、選手からの権利許諾が必須だろう。

統一契約書や規約で包括的な権利許諾を求めることは、附合契約として、その内容が不合理な場合、公序良俗に違反し無効になる余地が指摘されている（事例118）。公正取引委員会競争政策研究センター「人材と競争政策に関する検討会報告書」では、選手の肖像などの独占的な利用を許諾させることは、独占禁止法上の問題となりうることが指摘されている（事例119）。

一方、選手の労働条件にかかわるため、選手が労働基準法上の「労働者」に該当する場合は、その遵守が求められるほか、法的に保護される知的財産法や判例を遵守した対応が求められる。もちろん選手が労働組合法上の「労働者」に該当する場合、スポーツ団体は、選手の肖像権その他の商業活動に関するルールが義務的団交事項に該当するため、労働組合とのあいだで誠実交渉や労使協定での合意も求められる。

（3）ステークホルダーとの協議（民主制）

また、選手の肖像権その他の商業活動に関するルールは、選手の肖像権や労働条件に大きくかかわり、スポーツビジネスのブランディングに大きく影響する。スポーツ団体のみで意思決定するのではなく、ステークホルダーである選手を民主的に関与させる必要が出てきている。具体的には、スポーツ団体として、選手の集まりとして民主的に組織される選手会や選手委員会とのあいだの十分な協議が必要だろう（事例120）。

加盟団体やクラブの知的財産

1. 業界内ルールの内容

中央競技団体（NF）やリーグは、スポーツビジネスに活用するために、加盟団体やクラブの知的財産に関するルールを定めている。知的財産の管理については、競技やNF・リーグのイメージに直結し、報道やその他の露出内容を大きく左右するため、スポーツビジネスの成功にとって重要なルールである。

このような加盟団体やクラブの知的財産に関するルールは、基本規程・規約などに定められている(96)。加盟団体やクラブの知的財産に関するルールとしては、加盟団体やクラブの名称・略称・ロゴ・エンブレム・マスコットなどについて、管理する対象、管理手続き、クオリティコントロール基準、知的財産使用の場合の申請手続きなどが定められる。

法的に対象となる権利は、商標権・著作権・不正競争防止法で守られるコンテンツなどであるが、これらに該当しない場合であっても、NFやリーグと加盟団体やクラブの合意で知的財産として取り扱うコンテンツが存在する場合もある（事例121）。

2. ルールメイキングとその法的限界

加盟団体やクラブの知的財産に関するルールは、管理対象が中央競技団体（NF）やリーグが保有する知的財産のみに限定されるのであれば、とくに問題は生じない。ただ、加盟団体やクラブの保有する知的財産も合わせて管理するということになると、法令上の限界として、加盟団体やクラブの知的財産権の対価支払いに関係するため、知的財産法をふまえた権利許諾などが必要になる。

加盟団体やクラブの保有する知的財産の利用に関して、NFやリーグで、独占的なライセンスを定めることや一定の利用条件に制限することは、加盟団体やクラブの事業制限になるため、独占禁止法上の問題となりうる。

また、加盟団体やクラブの知的財産に関するルールは、加盟団体やクラブの権限に大きくかかわり、スポーツビジネスのブランディングに大きく影響する。スポーツ団体のみで意思決定するのではなく、ステークホルダーである加盟団体やクラブを民主的に関与させる必要が出てきている。具体的には、スポーツ団体として、加盟団体やクラブの集まりとして民主的に組織される社員総会や実行委員会での十分な協議が必要だろう。

エージェント

1．業界内ルールの内容

中央競技団体（NF）やリーグのビジネス規模が進展してくると、クラブや選手の選手契約や移籍契約を代理するエージェントの活動が活発になる。通常のビジネスで、代理店が入ることは何も不思議なことではなく、エージェントも同様の活動ととらえることもできるが、スポーツビジネスではエージェントの活動によりクラブや選手が被害を受けるケースが多々あり、NFやリーグが、団体自治にもとづいて、エージェントの活動を規制するルールメイキングが行われている。

日本でもっともポピュラーなものに、日本サッカー協会（JFA）が定める「仲介人に関する規則」がある。プロ野球（NPB）については、NPB12球団による申し合わせのほか、日本プロ野球選手会が公認選手代理人規約を定めている。主催者の規定で、エージェントに関するルールを定め、それを加盟団体やクラブなどの構成員、そしてエージェントと合意することにより業界内ルールとして形成している。

エージェントに関するルールとしては、以下のルールがある（事例122）。

①エージェントの登録や許可手続きに関するルール

登録または許可が求められるエージェント行為の定義、登録制か許可制か、資格要件、登録期間、手数料、欠格事由などの登録手続き、抹消手続き、また違反行為があった場合の懲罰手続き、仲裁制度などの紛争解決手段などが定められている。

②エージェントとクラブまたは選手の契約に関するルール

エージェント契約に関する、エージェントサービスの内容、契約期間、報酬、支払い条件、書面化、標準契約書の推奨など、エージェント契約に最低限含まれなければならない事項のほか、選手が一定年齢以下の場合の契約禁止や、エージェントに不当な交渉力を与えないよう、契約期間に上限をもうけたり、独占契約が禁止されるルールもある。

③エージェントの活動に関するルール

具体的なエージェント活動に関して、個別の登録や報告を求めるルールもある。事前にエージェント契約の提出を求める場合もあるが、選手契約を含め、すべて事後的な提出を求められる場合もある。その他、エージェント報酬や個別の交渉経緯の報告が求められたり、これらエージェント活動を総括した情報公開を行っている団体もある。

エージェントの禁止行為も定められる。たとえば、情報漏えい、虚偽説明、不当な要求行為、利益相反行為の禁止はもちろんのこと、スポーツ団体への非開示契約、弁護士法上規制される行為や、選手報酬や移籍金の直接受領、クラブ関係者やスポーツ団体関係者への金銭供与、クラブの株式保有、エージェント契約を選手契約や移籍契約の条件とすることなどが禁止される。

とくにサッカー界で近年大きな問題とされているのが、選手やクラブの経済的権利に対して、直接的または間接的な影響をもつ行為の禁止である。選手の移籍金に関して、クラブ間交渉などを行わないにもかかわらずエージェントがそこから分配を受けること（第三者保有（TPO）禁止）[97]や、クラブ間交渉で、その後の移籍に一定以上の移籍金設定をして、移籍におけるクラブの独立的な判断に影響をおよぼすことが禁止される（第三者影響（TPI）禁止）[98]。

2. ルールメイキングとその法的限界

（1）契約の法的性質

エージェントに関するルールは、スポーツ団体やリーグと、クラブや選手・エージェントとの合意にすぎない。したがって、クラブや選手・エージェントと合意が得られない場合、意図するルールメイキングはできない。

プロ野球（NPB）では、12球団で1人の弁護士が1人の選手しか代理できないという申し合わせをしていたものの、それ以上の罰則などの規制はないため、多くの球団で自由なエージェント交渉が行われることになっている。また、当該12球団の申し合わせは、選手あるいは日本プロ野球選手会の何らの了解は得られていないため、そもそも選手を拘束できるものではなく、日本プロ野球選手会は独自の公認選手代理人制度を実施し、選手の権利保護を行っている。

また、クラブや選手・エージェントとの合意は、法的にはあくまで債権関係にすぎないため、債権関係に入らない第三者に対して主張することはできない。2015年に国際サッカー連盟（FIFA）が新しい仲介人制度を導入する以前の代理人制度では、全体の選手移籍の75％は無資格代理人で行われていると言われていたほど、一部のエージェントを規制していたにすぎなかった。あくまでスポーツ団体が作成するエージェントに関するルールは、エージェントが登録し、そのルールの遵守に合意することではじめて有効になるため、資格を有さず、登録しないエージェントの行為を規制することはできない。したがって、エージェントに関するルールを徹底するためには、できる限り債権関係に入るような登録制度などを採用することが重要になる。

（2）法令

エージェントに関するルールについては、そもそも国家規制として、エージェント行為に規制をもうけている国（アメリカ合衆国各州など）もある。また、日本でいえば、弁護士法上「法律事務」を行う場合[99]は弁護士資格が必要とされているため、エージェント行為のうち「法律事務」に該当する場合、弁護士以外は関与できない。

また、エージェントが選手契約に関与する場合、労働組合から許諾を得なければならない法制度もある。アメリカ合衆国では労働組合に選手契約に関する排他的交渉代表権が与えられているため[100]、アメリカ4大プロリーグのエージェントは、選手契約に関与する場合、すべて選手会が管理するエージェント制度にしたがう必要がある[101]。

エージェントに関するルールでもっとも大きな法令上の制約は独占禁止法である。エージェントに関するルールでは、エージェント報酬に関する定めがなされる場合があるが、クラブや選手とエージェントの報酬について制限をもうけることは独占禁止法上の事業制限になるため、多くは推奨事項とせざるをえない(102)。その他、エージェント契約の条件に制約を加えるルールメイキングをする場合は、法的合理性を担保する必要がある。

(3) 上部団体の規則

エージェントに関するルールも、上部団体の規則などにより修正される場合がある。

日本サッカー協会（JFA）におけるエージェント制度も、国際サッカー連盟（FIFA）のエージェント制度の変更とともに修正されてきている。2015年4月からFIFAのREGULATIONS on Working with Intermediariesが施行されるに従い、JFAもエージェント制度を仲介人に関する規則に大幅変更した。

(4) ステークホルダーとの協議（民主制）

エージェントに関するルールは、加盟団体やクラブはもちろんのこと、選手の活動にも非常に大きな影響を与え、スポーツビジネスのブランディングに関連する。スポーツ団体のみで意思決定するのではなく、ステークホルダーである加盟団体やクラブ、選手を民主的に関与させる必要が出てきている。具体的には、スポーツ団体として、加盟団体やクラブが集まる会議体で十分な協議を行ったり、選手の集まりとして民主的に組織される選手会や選手委員会とのあいだの十分な協議を行うことが必要だろう。

■補足説明

（注1）一方の当事者が契約内容をあらかじめ定め、もう一方は交渉権をもたずに定められた内容に従って契約しなければならない契約のこと。

（注2）選手の義務内容（ビジネス関連）に関するルールについては、後述の選手の肖像権その他の商業活動に関するルール参照。

■判例・事例

（事例1）日本は、民間団体である日本オリンピック委員会（ＪＯＣ）・日本スポーツ協会（ＪＳＰＯ）・日本パラスポーツ協会（ＪＰＳＡ）が、それぞれの加盟団体規程にもとづいて中央競技団体（ＮＦ）の加盟を審査している。イギリス・オーストラリア・カナダでは、国庫補助金の支給条件としてＮＦの認証制度が導入されている。文部科学省平成23年度委託調査「スポーツ政策調査研究（ガバナンスに関する調査研究）」（文部科学省ウェブサイト）参照。

（事例2）近年、加盟要件で問題になるのが、行われている競技が「スポーツか否か」という論点である。eスポーツやゆるスポーツなどで検討が必要になっている。日本スポーツ協会（ＪＳＰＯ）「加盟のあり方に関する提言」（ＪＳＰＯウェブサイト）参照。

（事例3）審査機関としてプロ野球（ＮＰＢ）の実行委員会やオーナー会議のように、既存のクラブがみずから審査する形式か（日本プロフェッショナル野球協約32条）、JリーグやBリーグのクラブライセンス制度のように、第三者機関の審査を前提として、リーグ理事会で審査する形式かで大きく分かれる（Jリーグ規約、Jリーグ「クラブライセンス交付規則」など参照）。

（事例4）明確な業種規制がなされている場合がわかりやすいが、２００４年のプロ野球球界再編騒動のときの消費者金融業のように、業種規制が他の球団オーナーの承認にゆだねられているため、まったく理解が得られなかったケースもある。

（事例5）アメリカ4大プロリーグが典型的なクローズドリーグであり、欧州プロサッカーが典型的なオープンリーグである。日本のプロスポーツリーグのクローズドリーグの典型はプロ野球（ＮＰＢ）であり（クローズドリーグなものの、リーグガバナンスがともなっていない場合に典型的なクローズドリーグと呼んでいいのかという論点はさておき）、オープンリーグの典型はJリーグであった。

（事例6）２００４年当時、プロ野球（ＮＰＢ）は、新規加入球団に加盟料（60億円）や参加料（30億円）の支払いを求めていたものの、衆議院文部科学委員会での議論において、公正取引委員会から「加盟料の目的と手段を考えると、合理的かどうなのか、関係事業者が検討してもいいのではないか」との指摘がなされるなどしたため、預かり保証金制度（25億円。10年間の球団保有にもとづき返還される制度）に移行した。日本プロフェッショナル野球協約第36条の5参照。

（事例7）ＮＦＬやＭＬＢのケースとして、Mid-South Grizzlies v. National Football League 720 F. 2d 772 (3rd Cir.1983) Piazza v. Major League Baseball 831 F. Supp. 420 (E.D. Pa. 1993) 参照。後者は和解に至っているが、実質的には反トラスト法違反が認められた結論となっている。

（事例8）Jリーグ「クラブライセンス交付規則」には、「競技基準」「施設基準」「人事体制・組織運営基準」「法務基準」「財務基準」の5分野に関し、合計59項目の要件が定められている。

（事例9）Jリーグ「スタジアム基準」では、「スタジアム規模」「競技用設備」「諸室・スペース」「アクセス関係」「観客用設備」の5分野に関して、43項目の設備基準が定められている。その他、Bリーグ「ホームアリーナ検査要項」参照。

（事例10）大阪地方裁判所・昭和48年10月13日決定では、藤井寺球場のナイター化を進める増改築工事を差し止める仮処分が出されている。

（事例11）１９９４年オリンピックリレハンメル大会などでは大会実施における環境破壊が問題になったことがあったものの、近年のオリンピック大会では、オリンピック憲章にもとづき、とくに現代型の環境課題解決を重視した施策が講じられている。２００８年オリンピック北京大会では大気汚染対策が一つの課題となった。２０１２年オリンピックロンドン大会では、とくに「サステナビリティ（持続可能性）」が一つのオリンピックレガシーとして位置づけられ、ロンドン市東部地域における土壌汚染問題などを解決するに至っている。ロンドン大会は、持続可能なイベントのマネジメント・システムの国際規格ＩＳＯ２０１２１が適用された初めてのメガスポーツイベントでもある。

（事例12）国際サッカー連盟（ＦＩＦＡ）２０２２年ワールドカップカタール大会の建設現場での出稼ぎ労働者の人権問題では、カタール独特の労働制度である「カファラ」により、南アジアからの出稼ぎ労働者などが雇用主の許可なく転職も出国もできず、不当な労働を強いられることになっている、とレポートされている。国際労働組合総連合（ＩＴＵＣ）報告書参照。

（事例13）日本サッカー協会（ＪＦＡ）は、２００９年に国連グローバル・コンパクトへスポーツ統括団体として世界で初めて登録され、「持続可能な開発目標（ＳＤＧｓ）」の達成のためにさまざまな活動を行っている。ＪＦＡウェブサイト参照。

（事例14）２０２１年にアメリカ合衆国シアトルに設立されたCLIMATE PLEDGE ARENAは、Amazonがネーミングライツを保有し、（1）カーボンゼロ・（2）廃棄物ゼロ・（3）使い捨てプラスチックゼロ・（4）節水など、環境保全対策が徹底されている。

（事例15）中央競技団体（ＮＦ）の加盟団体であれば、当たり前であるが、地域単位や都道府県単位でテリトリーを設定している。

（事例16）最低のホームゲーム試合数なども定められる、日本プロフェッショナル野球協約第41条。

（事例17）プロ野球（ＮＰＢ）では、保護地域と呼ばれるフランチャイズが決まっているが、これまでフランチャイズの移転もたびたび起こっている（日本プロフェッショナル野球協約第7章）。一方、Ｊリーグでは、ホームタウンと活動区域が決まっているが、当初から地域密着型のスポーツビジネスを志向しているため、ほとんどフランチャイズの移転は起こらない（Ｊリーグ規約第3章）。

（事例18）日本プロフェッショナル野球協約第39条では、他球団の保護地域での試合や、行事に関して、当該球団の承認を得なければならないとされている。２００３年に阪神が埼玉スタジアムでのパブリックビューイングイベントを実施しようとし、西武の承認を得なければいけない事態に発展したこともあった。

（事例19）日本は、企業の東京一極集中が進んでいるため、スポンサーのマーケティング活動を東京で行うニーズは非常に高い。

（事例20）ＮＦＬやＮＢＡのケースとして、Los Angeles Memorial Coliseum Commission v. National Football League 726 F.2d 1381 (9th Cir. 1984), NBA v. San Diego Clippers Basketball Club 815 F.2d 562 (9th Cir. 1987) など参照。前者は反トラスト法違反が認められている。

（事例21）Ｊリーグのホームタウン制も、クラブの営業・プロモーション・イベントなどのマーケティング活動における活動エリアに関する規制について議論されている。Ｊリーグ「一部報道について」、２０２１年10月17日、Ｊリーグウェブサイト参照。

（事例22）スポーツ団体自身が、このような登録や出場資格を定めた規定を遵守するのは、当然である。２０１０年国体山口県代表選手参加資格問題ではいわゆる渡り鳥選手の居住要件が遵守されていなかった問題が発生している。

（事例23）何をプロ行為・プロ資格ととらえるかは、スポーツ団体の規則によって、さまざまである。ＮＣＡＡではプロ契約のほか、エージェントとの契約や便宜供与を受けるだけでアマチュア資格を喪失することになっている（ＮＣＡＡ「DIVISION I MANUAL」Article12）。ゴルフは、Ｒ＆Ａと全米ゴルフ協会（ＵＳＧＡ）が、２０２１年10月、アマチュアが受けとることが可能な賞の限度額を定めたり、また広告出演やスポンサーシップの制限を撤廃するなど、アマチュア資格喪失要件が緩和された。Ｒ＆Ａウェブサイト参照。

（事例24）日本学生野球協会「日本学生野球憲章」第12条では、「プロ野球選手、プロ野球関係者、元プロ野球選手および元プロ野球関係者は、学生野球資格を持たない」と定められ、学生野球資格というアマチュア資格が定義されている。その他、ゴルフやボクシングも賞金の受け取りなどのプロ行為を行った場合にアマチュア資格を喪失するルールとなっている。日本ゴルフ協会（ＪＧＡ）「アマチュア資格規則」参照。

（事例25）日本学生野球協会「日本学生野球憲章」では、学生野球の活動が学校教育の一環であることであることが明確にされ、学生の教育を受ける権利の保障のほか、この権利保障の義務が定められている（原則として1週間につき最低1日は野球部としての活動を行わない日をもうけるなど。同第8条第2項）。これは、2007年5月に発覚した日本高等学校野球連盟の特待生問題を受けて改正されたものである。その他、NCAAや早稲田大学などは、最低学業要件を定め、試合出場が制限される学業上の義務が課されている（NCAA「DIVISION I MANUAL」Article14、早稲田大学競技スポーツセンターウェブサイト参照）。

（事例26）Jリーグでは、プロ契約は16歳以上となっている。日本サッカー協会（JFA）「プロサッカー選手の契約、登録および移籍に関する規則」1-2②（1）。

（事例27）従前、日本学生野球憲章に定める学生野球資格を喪失した者の資格回復は、教員免許の取得と当初10年間（その後、順次2年間まで短縮）の実務経験が必要だったため、2010年までの30年間で資格回復した者が29人と大きく制限されていた。独占禁止法違反の問題も指摘され、2010年に同憲章は大幅改正されている。また2013年、学生野球資格回復制度の開始により、その後、本書出版時現在までに学生野球資格を回復した者は1500人を超えている。日本学生野球協会「学生野球資格回復に関する規則」第4条による認定者参照。

（事例28）元プロボクサーの高山勝成氏が日本ボクシング連盟にアマチュア選手登録を求めたケースでは、2018年8月に日本スポーツ仲裁機構（JSAA）への申し立てなども行われ、翌月、日本ボクシング連盟は、それまで拒否しつづけたアマチュア選手登録を認める方針を決定した。

（事例29）国際オリンピック委員会（IOC）「トランスジェンダーガイドライン」は、2004年から策定されている。現在は、性別適合手術などの要件は撤廃され、生物としての男性が女性の競技に出場する場合、4年間は変更できない性自認の宣言、出場前1年間の血清中テストステロン値が一定の数値を下回ることなどの要件が定められている。なお、生物としての女性が男性の競技に参加することに関しては、とくに要件は定められていない。

（事例30）2020年オリンピック東京大会では、史上初めてウェイトリフティング競技で、トランスジェンダーの選手が女子競技に出場することになった。

（事例31）両性具有の選手とされる陸上のキャスター・セメンヤ選手の出場資格をめぐっては、国際陸上連盟（WA）が2018年11月から、女子競技の特定の種目の出場資格に関して、一定のテストステロン値以下であることを条件にするルールをもうけた。

（事例32）アメリカ合衆国もいわゆるタイトルⅨ（Title IX of the Education Amendments of 1972）といわれる教育における性差別を禁止する法律がある。Montgomery v. Independent School District No. 709, 109F. Supp. 2d.1081 (D.Minn.2000) など、LGBTQに対する性差別を認める裁判例もある。

（事例33）CAS 2018/O/5794 Mokgadi Caster Semenya v. International Association of Athletics Federations参照。なお、同選手は2021年2月に本件について欧州人権裁判所（ECHR）に提訴している。

（事例34）CAS 2014/A/3759 Dutee Chand v. Athletics Federation of India（AFI）& The International Association of Athletics Federations（IAAF）参照。

（事例35）クラシフィケーションに関するスポーツ仲裁ケースはいくつかあるが、日本の中央競技団体（NF）が関係したものとして、CAS 2012/A/2737 New Zealand Wheelchair Rugby Association Incorporated（NZWRA）v. International Wheelchair Rugby Federation（IWRF）参照。

（事例36）パラ陸上のオスカー・ピストリウス選手は、オリンピックへの出場をめざし、2008年、当時の国際陸上連盟（IAAF）が定めた禁止用具に該当することによる出場禁止の決定をスポーツ仲裁裁判所（CAS）に不服申し立てし、CASは同選手が使用する義足が健常者より有利になるとの証拠がないことを理由に、IAAFの決定を取り消した（CAS 2008/A/1480 Oscar Pistorius v. International Association of Athletics Federations参照）。これにより、同選手はオリンピックロンドン大会・パラリンピックロンドン大会双方に出場した。

(事例37)パラ陸上のブレイク・リーパー選手も、国際陸上連盟(当時IAAF)の審査委員会の決定を争ってスポーツ仲裁裁判所(CAS)に申し立てを行ったものの、こちらは完全に義足が同選手に有利になっているとの判断から、IAAFの判断が尊重されている(CAS 2020/A/6807 Blake Leeper v. International Association of Athletics Federations参照)。

(事例38)外国人の定義もスポーツによって異なる。たとえば、プロ野球(NPB)では、「日本の中学校・高等学校・短期大学(専門学校を含む)などに通算3年以上在学していた者」や「日本の大学に継続して4年以上在学した者」は、日本国籍がなかったとしても外国人には該当せず、日本国籍保有者と同じくドラフト対象となっている(日本プロフェッショナル野球協約第82条)。

(事例39)ラグビーの代表選手資格は、ラグビーの世界的な普及目的から、むしろ国籍に限定せず、多様な代表選手資格を定めており、いわゆる国籍制限とは逆方向のルールメイキングがなされている。ただし、近年、ワールドラグビー(WR)では、一定の目的を達成したとして、国籍を限定する方向での修正が検討されている。

(事例40)プロ野球(NPB)では、一軍登録は4人まで、かつ投手または野手として同時に登録申請できるのはそれぞれ3人までとされている。日本プロフェッショナル野球協約第82条の2。

(事例41)国民体育大会の以前の規定では、出場資格は日本国籍を有する者に限定されていたものの、本書出版時現在では、このような国籍条項は一部緩和されている。日本スポーツ協会(JSPO)「国民体育大会開催基準要項細則」参照。

(事例42)福岡地方裁判所・平成5年8月3日判決、最高裁判所・平成16年6月11日判決。ただし、EU加盟国では、労働者の自由移動の原則(Union Royale Belge des Societes de Football Association ASBL & others v Jean-Marc Bosman: Case C-415/93 [1995] ECR I-4921参照)から、EU加盟国籍の選手を外国人扱いすることが許されない。ドイツやオランダは、むしろ自国人枠をもうけている。

(事例43)義務的団交事項とは、一般的に、「組合員である労働者の労働条件その他の待遇や団体的労使関係の運営に関する事項であって、使用者に処分可能なもの」をいうとされている(東京地方裁判所・平成9年10月29日判決)。その他、プロ野球(NPB)の経営事項が義務的団交事項に該当するかが争われた事案として東京高等裁判所・平成16年9月8日決定参照。

(事例44)日本プロ野球選手会は、日本プロフェッショナル野球協約に定める日本人が加入している選手組織であるが、MLBPAは、外国人選手に対しても無償のサービス提供を行っている。MLBPAは、選手の加入に関して特段国籍要件をもうけていない。日本プロ野球選手会ウェブサイト参照。

(事例45)なお、育成選手の契約人数には制限がないため、資金力のある球団が大量に選手と育成契約することで準支配下としての戦力確保が可能となってしまっている。プロ野球(NPB)「日本プロ野球育成選手に関する規約」参照。

(事例46)ただし、AFCチャンピオンズリーグに出場するクラブ、年度途中のプロA契約への変更、自クラブの育成組織出身および在籍選手、ケガ・疾病などにより年度中の復帰が不能と認められた選手などの例外がある。日本サッカー協会(JFA)「プロサッカー選手の契約、登録および移籍に関する規則」1-6。

(事例47)プロ野球(NPB)では、トレード・外国人の補強・育成選手の支配下登録が毎年7月31日までに制限されている。日本プロフェッショナル野球協約第64条、第１０８条。

(事例48)トップリーグでは、もっともレベルの高い指導者資格を有する者のみを監督やヘッドコーチとして採用できる旨のルールを定めているスポーツ団体もある。Jリーグ規約第１０６条、第１０７条。なお、プロ野球(NPB)にはこのような定めはない。

(事例49)プロ野球(NPB)は、とくに否定する規定がないため、選手兼監督は認められているが、Jリーグは認められていない(Jリーグ規約第１０９条)。

（事例50）プロ野球（NPB）では、12球団と審判組合とのあいだで、審判の労働条件に関する労使交渉が行われている。岡本昌也「プロフェッショナルのユニオン－商業労連連帯労働組合プロ野球審判部会」（労働調査354号17頁、1998年）参照。

（事例51）その他プロ野球（NPB）とMLB間の「日米間選手契約に関する協定」により、それぞれに所属する球団が相手リーグの国（NPBの場合はアメリカ合衆国とカナダ）でプレーするアマチュア選手の獲得を希望する場合、身分照会をしなければならないルールがある。

（事例52）NCAA「DIVISION I RECRUITING GUIDE」でも、選手から大学コーチへの連絡などはあまり制限されていない。その他NCAA「DIVISION I MANUAL」Article 13など。

（事例53）アメリカ4大プロリーグMLB・NBA・NFL・NHL、それからMLSもドラフト制度を採用している。

（事例54）サッカーでも、韓国では1990年代や2010年前後にドラフト制度が行われていた時期があった。

（事例55）ただし、これ以外に新人選手との契約にはいくつか条件がある。日本サッカー協会（JFA）「プロサッカー選手の契約、登録および移籍に関する規則」参照。

（事例56）その他、リーグに新規参入球団が入ったときに行われるエクスパンションドラフトや分配ドラフト（2004年プロ野球（NPB）に、楽天球団が新規参入された際実施された）、その他現役選手を対象にした現役ドラフトなど、ドラフトと名のつく選手獲得方法がある。もっとも、NPBの分配ドラフトや現役ドラフトは指名されることによりトレード（選手契約の譲渡）が成立する制度であり、いわゆる契約交渉権の獲得を決める新人ドラフトとは法的に似て非なる制度である。

（事例57）これまでドラフト指名を拒否し、入団しなかった選手は何人もいる。

（事例58）NFLのSmith訴訟では、ドラフト制度が反トラスト法違反であることが判断されている。Smith v. Pro Football Inc. 593 F. 2d 1173 (D. C. Cir. 1978) 参照。

（事例59）プロ野球（NPB）のドラフト制度は、日本プロフェッショナル野球協約や新人選手選択会議規約など12球団の合意にすぎないが、MLBのドラフト制度はMLBPAとの労使協定の前提となっている「Major League Rules」に規定されている。

（事例60）日本プロフェッショナル野球協約第194条違反。このような対応に至ったのは、以前にあった希望入団枠制度で獲得した新人選手に対し、最高標準額を超える多額の契約金を支払ったり、日本学生野球憲章で禁止されているプロ野球団から学生選手に対し、食事代・栄養費・交通費などの名目で金銭の提供を行っていたりしたこと（いわゆる裏金問題）が2007年に発覚したためである。

（事例61）なお、このような事態にそなえるため、日本学生野球協会「日本学生野球憲章」は、プロ野球（NPB）に限られない第三者からの利益供与を一切禁止している。

（事例62）1994年段階では、公正取引委員会からプロ野球（NPB）に対して、契約金の上限をもうけることについて独占禁止法違反のおそれがあるとの考えが示されていたという認識にもとづく。

（事例63）日本プロフェッショナル野球協約第68条第2項では、他球団との交渉・試合や練習への参加一切が禁止されている。

（事例64）プロ野球（NPB）「統一契約書様式」第31条「球団は、日本プロフェッショナル野球協約に規定する手続きにより、球団が契約更新の権利を放棄する意志を表示しない限り、明後年1月9日まで本契約を更新する権利を保留する」と更新権が定められている。なお、この更新権の行使回数に制限はない。

（事例65）プロ野球（NPB）「フリーエージェント規約」第11条。ただし、国内フリーエージェント資格の取得には1軍登録日数145日以上のシーズンを、大卒社会人出身選手は7シーズン、高卒選手は8シーズンに達する必要がある。8割以上の選手は、国内フリーエージェント資格すら取得できない。海外フリーエージェント資格は、同条件が9シーズン必要となっている。

（事例66）プロ野球（NPB）のフリーエージェント制度では、選手がフリーエージェント資格を取得したとしても、権利を行使することを表明しなければフリーエージェントとして他球団と契約交渉することはできない。それまでは所属球団との独占交渉期間とされる。日本では、移籍の希望を表明することは一つの踏み絵と位置づけられているため、実際権利行使表明できず、他球団への移籍のハードルになっている。ＮＰＢ「フリーエージェント規約」第４条。

（事例67）プロ野球（ＮＰＢ）のフリーエージェント制度では、一つの球団が獲得できる人数が、日本人選手の所属球団内参稼報酬順位に従ったランクによって上限２人まで決められている。一つのクラブの獲得人数上限が決まっている場合、他クラブからの移籍は制限されることになる。フリーエージェント規約第11条。

（事例68）プロ野球（ＮＰＢ）のフリーエージェント制度は、国内フリーエージェントと海外フリーエージェントに分かれており、国内フリーエージェント資格を取得したにすぎない場合は、他の独立リーグ・海外リーグ含めた移籍はできない制限されたフリーエージェント資格になっている。ＮＰＢ「フリーエージェント規約」第２条。

（事例69）ＮＢＡのRestricted Free Agent（RFA）制度など。ＮＢＡ「COLLECTIVE BARGAINING AGREEMENT」ARTICLE XI参照。

（事例70）バスケットボールのＪＢＬ・バレーボールのＶリーグ・ラグビーのトップリーグ・実業団陸上・実業団バドミントンなど。

（事例71）田澤ルールとは、「新人選手が、新人選手選択会議（以下「ドラフト会議」という）前に12球団による指名を拒否し、又はドラフト会議での交渉権を得た球団への入団を拒否し、外国球団と契約した場合、外国球団との契約が終了してから高卒選手は３年間、大卒・社会人選手は２年間、12球団は当該選手をドラフト会議で指名しない」という12球団の申し合わせのこと。

（事例72）プロ野球（ＮＰＢ）では、１９９４年に野茂英雄投手が任意引退扱いでＭＬＢに移籍することになった。そのため、日本プロフェッショナル野球協約が改正され、現在は、任意引退選手についても海外球団への移籍を禁止するルールとなっている。日本プロフェッショナル野球協約第66条第１項参照。

（事例73）プロ野球（ＮＰＢ）の保留制度は労使交渉にもとづくものではないが、ＭＬＢ・ＮＦＬ・ＮＢＡ・ＮＨＬが労使交渉のうえ、保留制度という移籍制限制度を維持するのは、選手市場での需要供給バランスを調整し、選手報酬の維持・向上につながるという選手のメリットもあるためである。

（事例74）Eastham v. Newcastle United FC Ltd［1964］Ch 413。なお、移籍金制度は違法とは判断されていないため、その後、選手契約期間終了後の移籍金制度は残っていた。

（事例75）ＭＬＢについては１９２２年のFederal Baseball Club 訴訟判決（Federal Base Ball Club of Baltimore, Inc. v. National League of Professional Base Ball Clubs, et al. 259 U.S. 200）、１９５３年のToolson 訴訟判決（George Earl Toolson v. New York Yankees, Inc., et al. 346 U.S. 356）、１９７２年のFlood 訴訟（Curt Flood v. Bowie Kuhn, et al. 407 U.S. 258）によって、反トラスト法の適用を否定する判例が確立していたが、１９９８年のCurt Flood Actの制定により、ほかのプロスポーツと同様にメジャーリーガーの労使関係については反トラスト法の適用を受けることとなった。

（事例76）１９７５年のＮＢＡのRobertson訴訟では、ＮＢＡの保留制度が反トラスト法に違反すると判断された。Robertson v. National Basketball Association, 389 F. Supp. 867 (S.D.N.Y. 1975) 参照。

（事例77）ウィンドー制に関する法令上の限界が問題となったケースとして、Case C-176/96, Jyri Lehtonen and Castors Canada Dry Namur-Braine ASBL v Fédération royale belge des sociétés de basket-ball ASBL（FRBSB）がある。ＥＣ加盟国出身選手の移籍可能期間を、非加盟国出身選手の移籍可能期間より限定する規定が、ＥＣ法に違法とされた。

（事例78）ラグビーのトップリーグ・女子バスケットボールのＷＪＢＬ・バレーボールのＶリーグなど。

（事例79）いわゆるNon-Statutory Labor Exemptionの議論であるが、１９９６年のＮＦＬのBrown訴訟（連邦最高裁判所判決）では、ＮＦＬとＮＦＬＰＡの労使交渉過程への反トラスト法適用が否定された。Brown v. Pro Football, Inc., 518 U.S. 231 (1996) 参照。また、１９７９年のＮＨＬのMcCourt訴訟では、ＮＨＬとＮＨＬＰＡの誠実な交渉が認められ、Non-Statutory Labor Exemptionの適用は認められたことで、ＮＨＬの保留制度が反トラスト法には違反しないと判断された。McCourt v. California Sports, Inc., 600 F. 2d 1193 (6th Cir. 1979) 参照。

（事例80）Professional Baseball Clubs, 66 Labor Arbitration & Dispute Settlement 101, 103 (1975) (Seitz, Arbitrator) 参照。

（事例81）日本サッカー協会（ＪＦＡ）「プロサッカー選手の契約、登録および移籍に関する規則」１－２④。ＪＦＡのこの規定は、国際サッカー連盟（ＦＩＦＡ）の紛争解決室（ＤＲＣ）その他スポーツ仲裁裁判所（ＣＡＳ）の仲裁判断結果にもとづいている。CAS 2007/A/1298 Wigan Athletic FC v/ Heart of Midlothian (CAS 2007/A/1299, CAS 2007/A/1300), CAS 2008/A/1519 FC Shakhtar Donetsk v. Matuzalem Francelino da Silva & Real Zaragoza SAD & Fédération Internationale de Football Association (FIFA) (CAS 2008/A/1520) 参照。

（事例82）日本でもＢリーグは、リーグ設立以来、下位リーグのクラブから上位リーグのクラブに移籍する場合、選手契約期間中であるか、期間終了後であるかを問わず、選手の移籍時に移籍金の支払い（ただし上限額があった）を条件としていたが、本書出版時現在は撤廃されている。Ｂリーグ「選手契約および登録に関する規程」参照。

（事例83）プロ野球（ＮＰＢ）「フリーエージェント規約」第10条、日本人選手の所属球団内参稼報酬順位に従ったランクによって、補償金の金額や補償の要否が定められている。Ｊリーグも２００８年シーズンまでは、契約期間終了後の国内移籍に関して移籍金の支払いが必要なルールであったが、２００９年シーズンから撤廃されている。

（事例84）ＭＬＢは、原則として移籍金その他の補償制度がないことを前提に、一定の場合に限り、ドラフト指名権による補償などを定めている。ＭＬＢ「BASIC AGREEMENT」Article XX参照。

（事例85）Union Royale Belge des Societes de Football Association ASBL & others v Jean-Marc Bosman: Case C-415/93 [1995] ECR I-4921参照。

（事例86）その後、国際サッカー連盟（ＦＩＦＡ）と国際プロサッカー選手会（ＦＩＦＰＲＯ）のソーシャルダイアログにより、国際移籍にともなう選手契約期間終了後の移籍金支払いを原則認めない新しい「Regulations on the Status and Transfer of Players」（いわゆるＲＳＴＰ）２００１年版が制定された。

（事例87）いわゆるNon-Statutory Labor Exemptionの議論であるが、１９７６年のＮＦＬのMackey訴訟では、ＮＦＬとＮＦＬＰＡの誠実な交渉が認められなかったことから、Non-Statutory Labor Exemptionの適用は認められず、ＮＦＬの移籍補償制度（Rozelleルール）が反トラスト法違反と判断された。Mackey v. National Football League, 543 F. 2d 606 (8th Cir. 1976) 参照。

（事例88）たとえば、ＭＬＢのトレード（選手契約の譲渡）に関する包括的同意は全選手を一律の対象にするのではなく、プレー年数、その他球団との合意によって、いわゆるトレード拒否権の余地を労使協定で定めることで、その合法性を担保していると考えられる。

（事例89）プロ野球（ＮＰＢ）は「統一契約書様式」、Ｊリーグは日本サッカー協会（ＪＦＡ）「選手契約書」（プロＡからＣまで）という統一契約書がある。なお、日本でも企業スポーツリーグなどで、プロ契約が少ない場合、クラブと選手の契約は各クラブの雇用契約書にゆだねてしまい、統一契約書式などがもうけられていないこともある。２０２２年からスタートしたラグビーのリーグワンにも統一契約書はない。

（事例90）プロ野球（ＮＰＢ）「統一契約書様式」第17条、日本サッカー協会（ＪＦＡ）「選手契約書」第1条。なお、主催者と選手のバーゲニングパワーについては、拙稿「スポーツ法の新潮流⑮ｅスポーツの法律実務（その４）ステークホルダー間の契約関係」（日本スポーツ産業学会『Sports Business & Management Review』＃16、同学会ウェブサイト）参照。

（事例91）プロゴルフなどは、トーナメントプロとして日本ゴルフツアー機構（ＪＧＴＯ）や日本女子プロゴルフ協会（ＪＬＰＧＡ）に入会する際に、ＪＧＴＯやＪＬＰＧＡが定める規約に包括的に同意することになっている。ただし、選手の肖像権の分配ルールなど選手に個別に同意が必要な場合、サイドレターが締結されている。

（事例92）２０２０年からの新型コロナウイルス感染拡大では、行動制限やＰＣＲ検査の受検義務などのコロナプロトコルが定められた。

（事例93）健常者の怪我の治療内容はもちろんのこと、パラスポーツでは選手個々人の障がい内容・治療内容も含め、「要配慮個人情報」（個人情報保護法第17条）に該当することから、個人情報保護法に従った慎重な対応が必要である。

（事例94）大会などに出場する選手を選定する権限を有するスポーツ団体が選手に対して、スポーツ団体が公認していない大会などへの出場禁止やスポーツ団体が指定するイベントなどへの参加義務づけを行う場合がある。また、「欧州委員会は、国際スケート連盟（ＩＳＵ）が、ＩＳＵが承認していないスピードスケート競技会に参加した選手に対して厳格なペナルティー（無期限追放を上限とする）を科すことは競争法（欧州機能条約１０１条）違反と決定し、ＩＳＵに対し、90日以内に、違法行為を取りやめることを命じた」ことも指摘されている（２０１７年12月８日European Commissionプレスリリース）、European Commissionウェブサイト参照。

（事例95）スポーツイベントの収入見合いによる歩合契約が禁止されている場合がある。日本プロフェッショナル野球協約第88条参照。

（事例96）本書出版時現在でも、いまだ金銭で支払うことが一般的であるが、すでに一部の選手報酬を仮想通貨で支払う契約などもみられる。

（事例97）プロ野球（ＮＰＢ）は２０１２年に旧年金制度を解散し、現在は、国民年金基金への加入を条件に、奨励金を支給する新年金制度に移行した。その他、競輪などは年金制度を解散している。その他ＮＰＢでは退団時に支払われる一時金や、選手みずから積み立てを退団時に受けとる日本プロ野球選手会退団金共済制度などもある。

（事例98）日本プロフェッショナル野球協約第92条、日本プロ野球選手会ウェブサイト参照。選手の同意があれば、減額制限範囲以上の減額が行えるため、年に数人、減額制限を超えた減額がなされている。なお、減額制限を超えた減額の提示を受けた選手は、自由契約を選択し、他球団に移籍することも可能である。

（事例99）日本でもｂｊリーグではサラリーキャップ制度が採用されていた。

（事例１００）ＮＣＡＡのAlston訴訟では、奨学金以外の奨学制度の上限を定める規定が反トラスト法違反であることが判断されている。National Collegiate Athletic Association v. Shawne Alston, et al. No. 20-512.参照。

（事例１０１）ＮＦＬやＮＢＡでは、サラリーキャップの導入やその後のサラリーキャップ水準をめぐって大きな労働争議となっている。ＭＬＢでは、サラリーキャップの導入をめぐって１９９４年に大規模なストライキが起こっており、現在までサラリーキャップは導入されていない。

（事例１０２）２０２１年9月、National Labor Relations Board（NLRB）の法務顧問から、ＮＣＡＡの奨学金を受領する学生選手について、National Labor Relations Act（全国労働関係法）上の「労働者」に該当し、雇用条件について集団的に労使交渉をする権利があることが表明されている。

（事例１０３）日本では、外国人選手に対する消費税の適正な課税ができていなかったことから、２０１５年から、国外事業者が国内で行う芸能・スポーツなどの役務の提供について、消費税の課税方式が見直され、当該役務の提供を受けた事業者に申告納税義務を課す、いわゆるリバースチャージ方式が導入されている。国税庁ウェブサイト参照。

（事例１０４）プロ野球（ＮＰＢ）「統一契約書様式」も、内税表記にともなう転嫁拒否防止の観点から、２０１４年から消費税を外税表記する書式となった。

（事例１０５）プロ野球（ＮＰＢ）「統一契約書様式」は印紙が貼付されているが、日本サッカー協会（ＪＦＡ）「選手契約書」は印紙が貼付されていない。

（事例１０６）日本プロフェショナル野球協約第87条第1項。ただし、契約を更新しない旨の通知（いわゆる戦力外通告）は契約期間満了前に行われており、トライアウト開催後は、翌年度の選手契約について他球団と契約することができるルールになっている。

（事例１０７）すでにアメリカ4大プロリーグではリーグと選手会の労使協定が締結され、業界内ルールが形成されている。サッカー界も国際サッカー連盟（ＦＩＦＡ）と国際プロサッカー選手会（ＦＩＦＰＲＯ）間の労使協議にもとづいてＦＩＦＡの移籍ルールなどが改正され、業界内ルールが形成されている。

（事例１０８）プロ野球（ＮＰＢ）では、死亡の場合５０００万円、障害の場合は等級によるが最大６０００万円の補償がなされるルールとなっている。ＮＰＢ「統一契約書様式」第11条。

（事例１０９）プロ野球（ＮＰＢ）では、日本代表侍ジャパンの活動中の選手の怪我に関して、球団に対して補償を行う保険に加入しているほか、球団間にて翌年度の選手報酬に関して不利益に査定しない申し合わせがある。

（事例１１０）国際サッカー連盟（ＦＩＦＡ）「Regulations on the Status and Transfer of Players」第13条、第16条。日本サッカー協会（ＪＦＡ）「プロサッカー選手の契約、登録および移籍に関する規則」１－２③。プロ野球（ＮＰＢ）でも規定はないものの、たとえ選手のパフォーマンスが不振だったとしても、球団による中途解約は認められていない。

（事例１１１）選手契約の解除との対比で実務上よく問題となるのが、成績不振を理由とした監督契約の解除である。監督契約に成績不振にもとづく解除の対応が定められていればいいが、ない場合、表向き辞任といっても、クラブ都合で解任している場合も多く、残契約期間分の報酬支払をめぐってトラブルになる。

（事例１１２）プロ野球（ＮＰＢ）でも、２００８年のジェレミー・パウエル選手のケースでは、選手の二重契約が問題となったが、これは一方の契約に不備があったケースである。

（事例１１３）ｅスポーツビジネスの場合、選手が副業としてYouTuberやインフルエンサーとしての活動を基本的に許容されている点は大きな違いである。拙稿「スポーツ法の新潮流⑭ｅスポーツの法律実務（その３）～ｅスポーツビジネスのステークホルダー」（日本スポーツ産業学会『Sports Business & Management Review』#15、同学会ウェブサイト）参照。

（事例１１４）日本学生野球協会「日本学生野球憲章」第6章。なお、ＮＣＡＡでは、アマチュアリズムの名のもとに長年選手の肖像権使用にもとづく対価の取得が禁止されてきたが、２０２１年6月30日、Ｏ'Ｂａｎｎｏｎ訴訟（後述）の結論や、２０２１年３月の#NOTNCAAPROPERTY活動を受けて、ＮＣＡＡはついに肖像権使用禁止規則を連邦法の制定などまで一時的に停止し、選手の肖像権使用にもとづく対価の取得を解禁した。

（事例１１５）２０２１年全仏オープンテニス大会では、大坂なおみ選手の記者会見拒否が契約に違反するのかが問題となった。

（事例１１６）ＮＣＡＡがアマチュアリズムの名のもとに、学生選手の肖像権を無償で商業活動に使用していたことが問題になったケース（O'Bannon訴訟）では、ＥＡスポーツなどと総額４０００万ドルにおよぶ和解が成立し、学生選手が自身の肖像権の使用の対価を受けとることを禁止するＮＣＡＡの規則が反トラスト法違反であることが示された。O'Bannon v. NCAA - 802 F.3d 1049 (9th Cir. 2015) 参照。

（事例１１７）東京地方裁判所・平成12年2月29日判決。

（事例１１８）民法第90条違反。後掲村山。ただし、プロ野球（ＮＰＢ）選手の肖像権に関する裁判例では否定されている。プロ野球肖像権訴訟、知的財産高等裁判所・平成20年2月25日判決参照。

（事例１１９）ドイツ連邦カルテル庁は、２０１９年2月25日、オリンピックに参加する選手が、オリンピック期間中およびその前後の一定期間、広告目的での選手自身・名前・写真や、スポーツの実演の利用を禁止することを内容とするオリンピック憲章の運用（いわゆるRule40）は競争を制限しており、ドイツオリンピック連盟および国際オリンピック委員会（ＩＯＣ）は市場支配的地位を濫用しているとの決定を出している。ドイツ連邦カルテル庁ウェブサイト参照。

（事例１２０）２０２１年3月には、ＮＣＡＡに所属する大学の学生を中心に、#NOTNCAAPROPERTYというムーブメントが発生し、NCAAのアマチュア規定による選手の肖像権使用禁止に関して、大きな抗議活動が行われた。

（事例121）国際オリンピック委員会（IOC）では、法律上保護される知的財産権以外の「トーチ」「メダル」などの用語も、加盟団体や参加選手との合意によりコントロールしている。

（事例122）さらに、エージェント間の過当競争を規制するルールとして、エージェントの補助者の資格要件を定めているMLBPA「REGULATIONS GOVERNING PLAYER AGENTS」もある。

■条文・引用文献

（1）日本プロフェッショナル野球協約第28条第2項。
（2）Jリーグ規約第29条。
（3）日本プロフェッショナル野球協約第183条、Jリーグ規約第25条第5項、Bリーグ規約第26条第6項など。
（4）Jリーグ規約第19条、第20条。なお、新型コロナウイルス感染拡大がともなった2020年シーズンは、降格ルールが停止された。
（5）Jリーグ「クラブライセンス交付規則」第9章、Bリーグ「クラブライセンス交付規則」第7章。
（6）日本サッカー協会（JFA）「国民体育大会サッカー競技施設ガイドライン」参照。
（7）日本サッカー協会（JFA）「ロングパイル人工芝ピッチ公認ガイドブック」参照。
（8）スポーツ基本法第19条および第27条。
（9）日本プロフェッショナル野球協約第42条。
（10）日本プロフェッショナル野球協約上は、協約内容の変更なので、実行委員会決議事項（同第12条第1項第1号）ではある。
（11）日本サッカー協会（JFA）「サッカー選手の登録と移籍等に関する規則」、日本陸上競技連盟（JAAF）「登録規程」など。
（12）サッカーでは、「アマチュア選手とは、報酬又は利益を目的とすることなく、プレーする者」（日本サッカー協会（JFA）「サッカー選手の登録と移籍等に関する規則」第5条）、「プロ選手とは、その所属チームとの書面による契約を有しており、当該選手のサッカー活動の対価として当該選手が被る費用を実質的に上回る支払いを受ける者」（同第6条）と定められている。
（13）日本学生野球憲章に定める学生野球資格回復に関して、指導者と審判の取り扱いを分けるものとして、日本学生野球協会「学生野球資格の回復に関する規則」参照。
（14）日本学生野球協会「学生野球資格を持たない者との交流に関する規則」参照。
（15）スポーツ基本法第2条第5項。
（16）日本高等学校野球連盟「大会参加者資格規定」第5条第1項。
（17）Sports Councils Equality Group（SCEG）「Guidance for Transgender Inclusion in Domestic Sport」、2021年参照。
（18）国際オリンピック委員会（IOC）ウェブサイト参照。2021年には、2025年までのロードマップとして、Olympic Agenda 2020+5も発表されている。
（19）日本パラスポーツ協会（JPSA）が主催する全国障害者スポーツ大会の出場資格は、身体障がい者の場合、「身体障害者福祉法（昭和24年法律第283号）第15条の規定により、身体障害者手帳の交付を受けた者」などと定められている。JPSA「全国障害者スポーツ大会開催基準要綱」参照。
（20）国際パラリンピック委員会（IPC）「International Standard for Eligible Impairments」など参照。
（21）国際パラリンピック委員会（IPC）「IPC Athlete Classification Code」など参照。その他パラスポーツのクラシフィケーションについては、関東弁護士会連合会「障害者スポーツの現状と諸問題」（2020年度関東弁護士会連合会シンポジウム「スポーツにおける公正性、公平性の実現のために～障害者スポーツ、不祥事対応を題材として～」参照。
（22）障害者差別解消法第8条第1項には、「事業者は、その事業を行うに当たり、障害を理由として障害者でない者と不当な差別的取扱いをすることにより、障害者の権利利益を侵害してはならない」と定められている。

(23) スポーツ基本法第2条第5項には、「スポーツは、障害者が自主的かつ積極的にスポーツを行うことができるよう、障害の種類及び程度に応じ必要な配慮をしつつ推進されなければならない」と定められている。

(24) 国際陸上連合（ＷＡ）「TECHNICAL RULES」など。ＷＡウェブサイト参照。

(25) 日本サッカー協会（ＪＦＡ）「プロサッカー選手の契約、登録および移籍に関する規則」１-６-２。なお、規定登録人数が登録されなかった場合、登録人数全体枠が削減される（少ない登録人数で戦わなければならない）。

(26) スポーツ基本法第2条第5項。

(27) スポーツ団体の国籍要件については、森浩寿「国籍をめぐる諸問題」（中村敏雄ほか編集主幹『21世紀スポーツ大事典』大修館書店、97頁、２０１５年）参照。

(28) 日本プロフェッショナル野球協約第79条、第81条第2項（ただし新型コロナウイルス感染拡大にともなう特例があった）。

(29) 日本サッカー協会（ＪＦＡ）「指導者に関する規則」。

(30) 日本サッカー協会（ＪＦＡ）「審判員及び審判指導者等に関する規則」、日本プロフェッショナル野球協約第16章。

(31) 日本プロフェッショナル野球協約第１４５条、Jリーグ規約第１１４条、日本サッカー協会（ＪＦＡ）「審判員及び審判指導者等に関する規則」第14条。

(32) Jリーグ規約第１１７条。

(33) 日本学生野球協会「高等学校野球部員のプロ野球団との関係についての規定」「大学野球部員のプロ野球団との関係についての規定」参照。

(34) 日本サッカー協会（ＪＦＡ）「プロサッカー選手の契約、登録および移籍に関する規則」１-７。

(35) ＮＣＡＡ「DIVISION I RECRUITING GUIDE」のほか、アメリカンフットボール・男女バスケットボールに関して個別のRECRUITING GUIDEがある。

(36) 日本プロフェッショナル野球協約第15章、プロ野球（ＮＰＢ）「新人選手選択会議規約」参照。

(37) 日本国憲法第22条、民法第90条にもとづく無効が主張されることがある。

(38) 規定に定められているわけではなく、12球団実行委員会での申し合わせにすぎない。

(39) 日本サッカー協会（ＪＦＡ）「プロサッカー選手の契約、登録および移籍に関する規則」８。

(40) ２００７年に発覚した裏金問題を受けた、日本学生野球協会と日本プロフェッショナル野球組織（当時のＮＰＢ）の「覚書」。アマチュア側の規定として「日本学生野球憲章」第18条第2項・第3項、第21条第3項・第4項、第22条第2項・第3項。プロ側の規定として、プロ野球（ＮＰＢ）「新人選手獲得に関するルール違反行為の類型の明確化とそれに対する制裁の明定について」参照。

(41) 民法第６２７条第1項。

(42) 日本サッカー協会（ＪＦＡ）「プロサッカー選手の契約、登録および移籍に関する規則」２-１⑪、ＪＦＡウェブサイト参照。なお、契約フリー選手・ゴールキーパー・育成型期限付移籍には例外が定められている。

(43) プロ野球（ＮＰＢ）12球団と日本プロ野球選手会の合意事項。

(44) 公正取引委員会「日本プロフェッショナル野球組織に対する独占禁止法違反被疑事件の処理について」参照。

(45) 日本サッカー協会（ＪＦＡ）「プロサッカー選手の契約、登録および移籍に関する規則」１-２③。

(46) Ｖリーグ「移籍手続きに関する規程」第13条から第16条。

(47) プロ野球（ＮＰＢ）およびＭＬＢ「日米間選手契約に関する協定」。

(48) 日本サッカー協会（ＪＦＡ）「プロサッカー選手の契約、登録および移籍に関する規則」６。

(49) 日本サッカー協会（ＪＦＡ）「プロサッカー選手の契約、登録および移籍に関する規則」７。

(50) 国際サッカー連盟（ＦＩＦＡ）「Regulations on the Status and Transfer of Players」第21条、ANNEX 5。

(51) 川井圭司「ポスティング制度の法的検証：プロ野球選手契約の拘束力と海外移籍規制」（同志社法學第60巻第７号１０８１頁、２００９年）参照。

(52) 国際サッカー連盟（ＦＩＦＡ）「Regulations on the Status and Transfer of Players」第18条ｔｅｒ。

(53) 日本サッカー協会（ＪＦＡ）「プロサッカー選手の契約、登録および移籍に関する規則」１－２⑩。「いかなるクラブ及び選手も、選手の将来における移籍に関連して支払われる移籍補償金の全部又は一部を直接又は間接に受け取る権利を第三者（ただし、当該移籍の対象となる選手本人、当該移籍の移籍元クラブ及び移籍先クラブ並びに当該選手が過去に所属したクラブを除く。以下、本項において同じ。）に与える契約、又は選手の将来における移籍若しくは移籍補償金につき何らかの権利を第三者に付与する契約を締結してはならない」と定められている。

(54) 日本プロフェッショナル野球協約第13章。

(55) 日本プロフェッショナル野球協約第１０５条、第１０６条。

(56) 日本サッカー協会（ＪＦＡ）「プロサッカー選手の契約、登録および移籍に関する規則」４。

(57) 日本プロフェッショナル野球協約第１０７条。なお、プロ野球（ＮＰＢ）でレンタル移籍の導入が検討されたことはある。

(58) 村山眞「プロ野球界の取引慣行と独禁法（下）」（『ＮＢＬ』５１５号30頁、商事法務、１９９３年）。

(59) 民法第６２５条第1項。

(60) 日本プロフェッショナル野球協約第47条、第48条。

(61) 日本サッカー協会（ＪＦＡ）「期限付移籍契約書」。

(62) 民法第90条違反。村山眞「プロ野球界の取引慣行と独禁法（上）」（『ＮＢＬ』５１３号13頁、商事法務、１９９２年）、「同（中）」（同５１４号32頁）、「同（下）」（前掲５１５号29頁）。

(63) FIFA Circular no. 1171/2008、「PROFESSIONAL FOOTBALL PLAYERS CONTRACT MINIMUM REQUIREMENTS」参照。

(64) プロ野球（ＮＰＢ）「統一契約書様式」第４条、第12条、第14条。日本サッカー協会（ＪＦＡ）「選手契約書」第2条。

(65) プロ野球（ＮＰＢ）「統一契約書様式」第20条。日本サッカー協会（ＪＦＡ）「選手契約書」第3条（6）参照。

(66) 日本プロフェッショナル野球協約第89条。

(67) 日本プロフェッショナル野球協約第89条の２。

(68) 日本サッカー協会（ＪＦＡ）「プロサッカー選手の契約、登録および移籍に関する規則」１－３④。また、Ｂリーグも最低年俸を定めている。Ｂリーグ規約第86条第3項参照。

(69) 日本サッカー協会（ＪＦＡ）「プロサッカー選手の契約、登録および移籍に関する規則」１－３⑤、１－４。一定時間以上の試合出場にともない、プロＡ契約やプロＢ契約に移行できる。その計算方法は、同１－３①から③参照。

(70) ＮＢＡ「COLLECTIVE BARGAINING AGREEMENT」Article VIII

(71) 日本サッカー協会（ＪＦＡ）「プロサッカー選手の契約、登録および移籍に関する規則」１－３④、１－４。

(72) ＮＦＬ「COLLECTIVE BARGAINING AGREEMENT」ARTICLE 12やＮＨＬ「Collective Bargaining Agreement Memorandum of Understanding」Salary Cap参照。

(73) ＮＢＡ「COLLECTIVE BARGAINING AGREEMENT」Article VII

(74) ＭＬＢ「BASIC AGREEMENT」ARTICLE XIII。

(75) ＮＢＡ「COLLECTIVE BARGAINING AGREEMENT」Article VII　ＮＦＬ「COLLECTIVE BARGAINING AGREEMENT」ARTICLE 12参照。

(76) Ｊリーグ「クラブライセンス交付規則」第37条、「同運用細則」２－５。

(77) Ｊリーグ規約第90条、日本サッカー協会（ＪＦＡ）「選手契約書」第５条。プロ野球（ＮＰＢ）「統一契約書様式」第９条。ただし、クラブが指定するルートや方法の条件が付く場合がほとんどである。

(78) 日本プロフェッショナル野球協約第114条、プロ野球(NPB)「トレード時の移転費に関する覚書」。

(79) 消費税の円滑かつ適正な転嫁の確保のための消費税の転嫁を阻害する行為の是正等に関する特別措置法。

(80) 日本サッカー協会(JFA)「プロサッカー選手の契約、登録および移籍に関する規則」1-2⑥。

(81) 日本サッカー協会(JFA)「選手契約書」第6条。

(82) 日本プロフェショナル野球協約第173条。

(83) 日本サッカー協会(JFA)「プロサッカー選手の契約、登録および移籍に関する規則」1-2⑤。ただし、18歳未満の選手は最長3年である。

(84) 労働基準法第14条第1項。

(85) プロ野球(NPB)「統一契約書様式」第10条。日本サッカー協会(JFA)「選手契約書」第7条第2項。

(86) 労働省「運動競技に伴う災害の業務上外の認定について」(基発第366号平成12年5月18日)。

(87) 日本サッカー協会(JFA)「プロサッカー選手の契約、登録および移籍に関する規則」1-2③。

(88) 民法第415条。

(89) 国際サッカー連盟(FIFA)「Regulations on the Status and Transfer of Players」第15条。出場が公式試合の10%に満たない場合の正当事由のある解除が認められている。

(90) 国際サッカー連盟(FIFA)「Regulations on the Status and Transfer of Players」第17条第3項、保護期間中の移籍に関して懲罰が課されることが明記されている。

(91) 国際サッカー連盟(FIFA)「Regulations on the Status and Transfer of Players」第13条から第18条。

(92) 日本サッカー協会(JFA)「プロサッカー選手の契約、登録および移籍に関する規則」1-2⑦⑧⑪。

(93) 日本サッカー協会(JFA)「プロサッカー選手の契約、登録および移籍に関する規則」1-2⑨⑩。

(94) プロ野球(NPB)「統一契約書様式」第16条。日本サッカー協会(JFA)「選手契約書」第2条(6)、第8条。

(95) プロ野球(NPB)「統一契約書様式」第16条第3項。日本サッカー協会(JFA)「選手契約書」第2条(11)。

(96) Jリーグ規約第124条など。

(97) 国際サッカー連盟(FIFA)「Regulations on the Status and Transfer of Players」第18条ter。日本サッカー協会(JFA)「プロサッカー選手の契約、登録および移籍に関する規則」1-2⑩。

(98) 国際サッカー連盟(FIFA)「Regulations on the Status and Transfer of Players」第18条bis。日本サッカー協会(JFA)「プロサッカー選手の契約、登録および移籍に関する規則」1-2⑨。

(99) 弁護士法第72条。なお、馬淵雄紀「FIFA選手代理人に関する研究」(日本スポーツ法学会年報15号122頁、2008年)参照。

(100) National Labor Relations Act(全国労働関係法)第8条。

(101) アメリカ4大プロリーグのエージェント規則参照。

(102) 日本サッカー協会(JFA)「仲介人に関する規則」第9条第4項、国際サッカー連盟(FIFA)「REGULATIONS on Working with Intermediaries」第7条第3項、日本プロ野球選手会「選手代理人報酬ガイドライン」など。

第4章

各論3 スポーツ団体の組織運営に関するルールメイキング

本章では、スポーツ団体の組織運営に関するルールメイキングを解説する。

スポーツビジネスにとって、確かにビジネスそのものに関するルールメイキングは非常に重要であるが、一方で、スポーツビジネスの価値を増大させることに関し、その中心的役割を担う中央競技団体（NF）やリーグなどがみずからの組織運営に関するルール整備を行い、合理的かつ効率的な組織運営を行うことはきわめて重要である。

NFやリーグの組織運営は、スポーツビジネスのエンジンそのものであり、このガバナンスをどれだけ高められるかが、スポーツビジネスの成否を決するといっても過言ではない。どれほどすぐれたビジネス経験や理論があっても、NFやリーグの意思決定をクリアし、合理的かつ効率的な運営ができなければ、実現できない。そのためには、法人法の基本原理である権限と責任の分配（チェックアンドバランス）や、グッドガバナンスの観点から、バランスのある権限分配のためのルールメイキングが求められる。

スポーツ団体の組織運営に関しては、その機能を立法機能・行政機能・司法機能に分化することができるため、それぞれの機能ごとにルールメイキングを解説する。

スポーツ団体の立法機能

スポーツ団体の根本的な機能の一つ目として立法機能がある(1)。立法機能、すなわちスポーツ団体の意思決定でもっとも重要な検討事項は、スポーツ業界内の権限と責任の分配（チェックアンドバランス）をどのように行うかである。単一のスポーツ組織を超えて、行政・国際スポーツ団体（IF）・中央競技団体（NF）・リーグ・クラブ・選手・指導者など、業界全体としての権限と責任の分配が検討されている。

立法機能に関する業界内ルールも、法律上最低限求められている事項の遵守は必要であるものの、団体自治の一環として、スポーツ団体みずからルールメイキングできる。ただし、近年のグッドガバナンスの観点からは、社員総会・評議員会・理事会などの会議体が安定かつ適正に運営されるべきはもちろんのこと、スポーツビジネス間の競争の激化・社会情勢の変化に対応し、スポーツ団体としてどのように効率的かつ迅速に意思決定を行っていくか、合理性と効率化のバランスが検討されている（事例1）。

スポーツビジネスの主催者の立法権限を適切に配分することは、一部の者による独断的運営の弊害を防ぐ意味がある。独断的な運営はスポーツビジネス、スポーツの普及・振興、競技力の向上に向けた組織運営の柔軟性、多くの役職員・関係者の自由や創造性を失わせ、停滞を生む。スポーツ団体は、法律上の機関ではない任意機関（部門会議や、総務委員会・法務委員会・広報委員会などさまざまな名称の委員会）を自由にもうけることができる。したがって、どのように社員総会・評議員会や理事会と、部門会議や各種委員会との権限分配を行うかがポイントになる。また、一つのNFやリーグの外を見れば、加盟団体やクラブ・選手、上部団体としての国内統轄団体やIF・行政など、このような組織とどのように権限を分配し、協同しながらスポーツビジネスを進めるかが検討されている。

そこで、スポーツ団体の立法機能に関して定められているルールを概観したあと、スポーツ団体の立法機能に関するルールメイキング全般の法的限界について解説する。

1. 業界内ルールの内容

（1）目的・理念・基本計画

スポーツ団体の組織運営では、基本的な規程を整備する前に検討されている課題がある。それは、スポーツ団体の目的や理念の設定である(2)。この目的や理念が明確になってこそ、スポーツ団体の役職員だけでなく、ステークホルダーを含め、スポーツ団体の方向性を提示することができ、スポーツビジネスが成功する大きなきっかけになる(事例2)。とくにスポーツ間の競争が激しい現代では、競技特性に合わせた目的や理念が必要とされている。そこで、スポーツ団体として、団体自治にもとづき、組織運営の目的や理念などが示されている。

そして、スポーツ団体では、この目的や理念を達成するための基本計画が策定されている。基本計画は、単なる1事業年度の事業計画にとどまらず、5年から10年程度先を見すえた中期基本計画、そして20年から30年後を見すえた長期基本計画などがある(事例3)。基本計画はスポーツビジネスの経営戦略・人事戦略・財務戦略の表れである。スポーツ団体としては、このような基本計画の達成状況をつねに見直しながら、目的や理念の達成をめざすことになる。また、将来構想として基本計画が示される場合もある(事例4)。

（2）組織運営（法人格・定款・基本規程など）

このような目的や理念、これを具現化する基本計画の達成のために、組織運営の基本的なルールメイキングがなされる。スポーツ団体の法形式の選択も、団体自治として一つの重要な判断である。任意団体のまま運営するのか、法人化して一般社団法人・一般財団法人・公益法人・NPO法人にするのか、はたまた株式会社(事例5)を選択するのか、重要なルールメイキングの一つである。

また、このような法形式に応じて法律上必要とされる定款の作成で(3)、目的や事業、メンバーシップとしての社員制度、社員総会や評議員会・理事会・理事長などの機関、理事・監事・評議員などの職務や権限(事例6)、資産および会計などの計算方法(事業年度など)、定款の変更や解散方法などが定められている。定款は法律上の変更要件が決まっているため、たくさんの内容が盛り込まれることは少ないが、スポーツ団体によっては、団体自治にもとづき、あえて定款の中にさまざまな機関の権限と責任規定を盛り込むことによって、それぞれの重要性を確認している。

そして、スポーツ団体の組織運営に関するより詳細な規程が基本規程・規約などのかたちで定められている。日本のプロスポーツでは、この基本規程や規約などが、業界内の「憲法」として存在している。日本プロフェッショナル野球協約や、Jリーグ規約が典型例であるが、中央競技団体(NF)やリーグの組織、加盟団体や各クラブの要件、事業の権限分配、公式試合の要件、運営方法、スタジアムやアリーナの基準、選手・監督・コーチ・審判の登録方法や義務内容、選手の移籍方法、紛争解決方法、最終的拘束力などの定めがおかれている(事例7)。なお、これらの基本規程・規約で規定しきれないさらなる詳細な内容については、個別規則が定められる。

(3) 会議体構成員の選考

社員総会・評議員会・理事会・委員会などの機関は、スポーツ団体の立法機能を担う機関であるため、その構成員の選考は、重要なルールメイキングとなる。理事をはじめとする役職は、中央競技団体（NF）やリーグの意思決定など重要な権限を担うため、その選考に関しては公正・公平な手続きが求められる。

このような選考に関するルールとしては、評議員・役員選任規則、評議員選定委員会規程、役員選定委員会規程、各種委員会規程、特任理事規程などが定められており、このような役員選考の要件・選考手続きなどが定められている。

（4）理事長（コミッショナー、チェアマン）の権限

スポーツ団体のトップとなる理事長の権限について、どのような権限を有するかは、中央競技団体（NF）やリーグの発展に大きな影響がある。理事長の権限は、定款や基本規程などに定められている。日本のNFやリーグの場合、法人法に定められた一般的な権限や、比較的あいまいな権限しか規定されていないことが多い（事例8）。ただ、NFやリーグのトップがリーダーシップを発揮して、スポーツ団体を発展させる場合、理事長の権限を明確に規定している例もある。理事長の権限として重要な論点は、マーケティング権限・懲罰処分権限・試合日程や試合開催の決定権限・リーグ組織の人事権限などがある（事例9）。

なお、アメリカ4大プロリーグなどでは、単に加盟団体やクラブの合意事項として、その権限が定められるだけでなく、選手会との労使協定でその権限が規律されることもある。

（5）会議体運営

スポーツ団体の立法機能を担う機関は、社員総会・評議員会・理事会・監事である。このような会議体の運営に関しては、それぞれ基本規程や規約で、基本的な権限や構成員が定められているが、さらに具体

的な運営方法を定めるため、それぞれ運営規則が定められる。また、理事会の権限の一部を常務理事会などに委託されている組織であれば、常務理事会の運営規則も定められている。

また、中央競技団体（NF）やリーグの事業は多岐かつ専門的な分野にわたるため、より専門性の高い部門会議や各種委員会などの組織に立法機能が委任される。そして、それぞれの組織の運営規則ももうけられることになる。

このような社員総会や評議員会⇒理事会⇒理事や各種委員会への立法機能の委託の流れは、委託元から委託先に対する監督権限の行使がセットであるため、運営規則の中にもこのような権限が定められている（事例10）。

一方、NFやリーグでは、監事の職責[4]が十分に認識されていないケースもある。理事になる前の下の地位として扱われ、スポーツ界の上下関係の中で後輩が就任していることもあり、本来行うべき監事の業務が十分に行われていないことも少なくない。しかし、監事は法律上、理事よりも任期が長く[5]、また、監事の人選について監査を受ける側の理事会のコントロールを受けないような制度上の配慮がなされていること[6]からもわかるとおり、監事は、理事および理事会を監督する役割を負い、理事および理事会から独立した機関である。そこで、監事によるスポーツ団体の業務運営、とくに、代表者（会長など）・専務理事・事務局長などの運営に対する監査の実効性を担保するため[7]、監事の専門性・能力や独立性[8]を徹底し、チェックアンドバランスの観点から監査機能の強化がはかられている。

（6）加盟団体との関係

中央競技団体（NF）やリーグにとって、もう一つ重要な立法機能を有するのが、加盟団体やクラブである。ＮＦやリーグといっても、加盟団体内やクラブ内の立法機能まですべてカバーすることはできず、加盟団体規程などで権限と責任の分配が検討されている。

プロ野球（ＮＰＢ）のように、クラブがほとんどの立法機能をもっており、リーグにほとんど立法権限がない団体もあるが、ＮＦやリーグとしては、加盟団体やクラブの強化をはかり、さまざまな立法権限をゆだねていくことが行われている(9)。

(7) 上部団体・その他国際スポーツ団体（ＩＦ）との関係

中央競技団体（ＮＦ）やリーグとして、上部団体やＩＦに加盟している場合は、このような団体との権限と責任の分配が規定されている。スポーツビジネスに関しては、現状、上部団体やＩＦの規程で一方的に決められていることが多々あるが、このような上部団体やＩＦのルールメイキングに日本のスポーツ団体としてどれくらい関与できるかは、大きな課題である(事例11)。

また、ＩＦを頂点としたピラミッド型の組織関係にない野球などのスポーツの場合は、とくに選手の獲得・移籍などに関するルールに関して、リーグ間の法的合意としてルールメイキングがなされている(10)。

2. ルールメイキングとその法的限界

(1) 法令

団体自治が認められるからといって、スポーツ団体は、何でも「業界内ルール」として自由に定められるわけではない。たとえば、法人格を取得する場合、会社法・一般法人法・公益法人法・ＮＰＯ法など、一定の法人法・組織法の制約を受ける(11)。とくに、一般社団法人における社員総会や一般財団法人における評議員会の実施、決議事項、一般法人における理事会の実施や決議事項の遵守などは必須である（事例12）。スポーツ団体の意思決定に関して、このような法律に定められた最低限の権限と責任の分配は変えることはできない。

(2) 契約の法的性質

スポーツ団体の立法機能に関するルールは、中央競技団体（NF）やリーグと、加盟団体・クラブ・選手など関係当事者との合意にすぎない。したがって、関係当事者と合意が得られない場合、意図するルールメイキングはできない。たとえば、bjリーグは、日本バスケットボール協会（JBA）の登録団体であったが、JBAとのあいだで加盟団体と同等の法的合意ができていなかったため、JBAとしてリーグ統一などを実施することができなかった。

(3) グッドガバナンスなどの要請

代表者（事例13）・会議体の構成員の選考に関しては、スポーツ団体の立法機能は多岐にわたり、より専門的になってきていることから、以下の要素に配慮しながら決定されることが増えてきている。

・ステークホルダー（利害関係者）の多様な意見の反映。たとえば、選手枠・女性枠・年齢枠・地域枠・関連団体枠など（事例14）
・有識者の選任（12）。とくに組織運営やコンプライアンス・ガバナンスなどに詳しい有識者など。広報委員会・事業委員会・コンプライアンス委員会などでも専門家が求められる
・選任基準・手続きの明確化（事例15）

・任期制限・再任制度・定年制度
・選挙制の採否・公平な選挙制度（事例16）

（4）ステークホルダーとの協議（民主制）

スポーツ団体の立法機能に関するルールは、スポーツビジネスの意思決定を行う手続きルールであり、スポーツビジネス全体に大きな影響があることから、それ自体にステークホルダーである加盟団体やクラブ・選手・指導者などを民主的に関与させる必要が出てきている。具体的には、スポーツ団体として、ステークホルダーの集まりとして民主的に組織される加盟団体やクラブの会議体、選手会や選手委員会とのあいだの十分な協議が必要だろう。

（5）上部団体の規則

スポーツ界のグッドガバナンスの実現に向けて、国際スポーツ団体（ＩＦ）や上部団体がさまざまなメンバーシップレギュレーションや加盟団体規定を定めている。中央競技団体（ＮＦ）やリーグは、このような規定の遵守を求められた場合、これに反するルールメイキングはできない（事例17）。たとえば、日本サッカー協会（ＪＦＡ）は、国際サッカー連盟（ＦＩＦＡ）の加盟団体であり、ＦＩＦＡ憲章その他の規則を遵守することが求められている[13]。

また、上部団体や準行政機関が補助金を支給する要件として、加盟する団体に対して法人格の取得を求めたりすることも出てきており、加盟する団体として補助金支給を望むのであれば法人格を取得しなければならない。

スポーツ団体の行政機能

スポーツ団体の根本的な機能の二つ目に行政機能がある(14)。

行政機能、すなわちスポーツ団体の業務執行でもっとも重要な検討事項は、スポーツ団体内の適正なルール整備とその運用である。行政機能に関する業界内ルールも、団体自治の一環としてスポーツ団体みずからルールメイキングできる。国家の行政府である内閣が「法律による行政」にもとづき運営されるのと同様に、スポーツ団体の行政機能も、スポーツ団体のさまざまな規程などにもとづいて運営される。

前述した立法機能のガバナンスを確保するだけでなく、具体的な業務運営が適正になされなければ、スポーツ団体の組織基盤の安定・運営の骨格は形成できない。すなわち、スポーツビジネスの成功、競技力の向上や、スポーツの普及・振興に向け、運営主体が決めたルールが適正に実行される必要がある。

行政機能といっても多様な場面があるため、とくにスポーツビジネスで問題となる場面について、そのルールメイキングと法的限界について解説する。

1. 取引企業との契約

(1) 業界内ルールの内容

スポーツ団体も、スポーツビジネスの構築にあたって取引企業とさまざまな契約を締結する。もちろん法的には契約自由の原則があるため、公序良俗に違反しない限り、どのような契約を締結するかは、スポーツ団体にゆだねられている。

ただし、中央競技団体（NF）やリーグによっては、契約締結に関して契約処理規程などを定め、責任者、契約の方法（競争入札（公募）、プロポーザル、複数見積もりなど）、契約期間、契約書の方式、調達物の検収方法などを定めている。これによって、取引企業との契約に関して競争性が保てるなど、スポーツ団体にとって最適な契約が締結できるようになっている。

（2）ルールメイキングとその法的限界

①法令～利益相反取引

しかしながら、とくにスポーツ団体の取引企業との契約に関して、その法的限界として、検討しなければならない課題が利益相反である。

スポーツ団体の役員が当該団体の関連企業の役員である場合、スポーツ団体と当該関連企業とのあいだで取引になることがあり得る。スポーツが使用する用具や施設はもちろんのこと、放映・スポンサー・マーチャンダイズ・チケッティングの取引先から、最近はクラウドファンディング企業などとのあいだで、このような関係性を検討する必要が出ている。そして、当該企業との契約にスポーツ団体の代表者または担当者として関与することは、自己あるいは当該関連企業に有利な判断を行っているか、そのような疑いがあるとみられかねない。

そこで、一般法人法あるいはスポーツ団体がみずから定めた規程の手続きを踏むことが定められている。もっとも、そのスポーツビジネスの実施に不可欠な場合もあり、この場合、不当な利益誘導を防止するための適切なステップを踏んだうえで、利益相反行為が防止できる仕組みが重要となる[15]。近年は、グッドガバナンスなどの要請から、利益相反はとくに注視されるテーマになっており、このような手続きを遵守する必要がある。

具体的には、利益相反行為の定義、主に定款や利益相反に関する規程で、理事の利益相反行為の原則禁止、利益相反がある場合の議決方法、利益相反のおそれがある場合の申告およびその後の対応などが定められている。そして、このような利益相反に関する条項で許された範囲を超えた不正行為への対応も定められている。

②グッドガバナンスなどの要請

また、取引企業との契約にあたっては、グッドガバナンスの観点から、取引先選定手続きの透明性確保と選定基準の確保が求められる場合がある。中央競技団体（NF）やリーグは公益法人であることも多く、公益性の観点から、競争入札など、選考手続きの透明性が必要とされる場合もある。

とくに公式認定用具については、独占契約する場合はもちろんのこと、複数企業に公式認定を行う場合であっても、その認定基準の策定と認定手続きに関して、公平性の担保が求められている。

③契約の法的性質

このような利益相反取引に関するルールは、スポーツ団体が定めるものである以上、契約の法的性質からの限界がある。これらのルールは、中央競技団体（NF）やリーグ・加盟団体・クラブと役職員など関係当事者との合意にすぎない。したがって、関係当事者と合意が得られない場合、意図するルールメイキングはできない。たとえば、上記のような利益相反に関する規程も、役職員とのあいだで合意できなければ、利益相反行為の防止につながらない。役職員が利益相反行為の問題点を十分理解することが重要となる。

また、役職員との合意は、法的にはあくまで債権関係にすぎないため、債権関係に入らない第三者に対して主張することはできない。たとえば、役職員が役員を務める企業との取引であれば利益相反行為として補足しやすいが、あいだに別の企業が入る場合は直接適用できなくなる可能性があるため、規程上の工夫が必要である。

2. 会計処理

(1) 業界内ルールの内容

スポーツビジネスの組織運営では、多額かつ多項目の収入・支出があるため、スポーツ団体として会計処理をどのようにコントロールするかは重要な課題である。

そこで、団体自治にもとづき、組織内の経理規程などをベースに、その他、金銭の取り扱いについてさまざまな規程が定められる。具体的には、給与規程・旅費規程・役員報酬規程・報酬委員会規程・表彰規程・財産運用規程・寄付金取り扱い規程・調達規程などによってスポーツ団体の会計ルールが定められている。

経理規程では、会計基準、会計区分、会計年度、書類の保存などから、勘定科目および帳簿組織の整理、予算手続き、現金含む金銭の取り扱い、財務計画、固定資産の取り扱い、決算手続きなどが定められている。

(2) ルールメイキングとその法的限界

①法令

スポーツ団体が法人であれば、一般法人法やNPO法・会社法に定める会計に関する規定として、監事[16]、会計監査人の設置[17]、監査報告書の作成[18]、会計原則の遵守[19]、会計帳簿の作成や保存[20]、計算書類の作成や保存(21)などを遵守する必要がある。また、公益法人の場合は、公益認定法・公益認定等ガイドライン（公益認定等に関する運用について）・公益法人会計基準(22)や、運用指針への準拠が求められるなど、法令上の規制がある(事例18)。

また、スポーツ団体の会計に関して、個人がスポーツ団体の資金を流用すると横領罪・背任罪などの刑事犯罪になる可能性があり、当たり前であるが、刑罰法規に違反する行為を行ってはならない(事例19)。なお、よくいわれる公正な会計原則とは、企業会計原則(23)の一般原則・損益計算書原則・貸借対照表原則を中心とした会計原則をいう。一般原則は、真実性の原則(注1)・正規の簿記の原則(注2)・資本取引・損益取引区分の原則(注3)、明瞭性の原則(注4)、継続性の原則(注5)、保守主義の原則(注6)、単一性の原則(注7)の七つの原則を指す。

このような会計原則を前提として、スポーツ団体の会計処理としては、財産の独立管理、領収書その他証憑《しょうひょう》にもとづいた支出、監事との情報共有・連携強化、重要なイベントなどに関する収支報告書の作成などが求められている。

②上部団体の規則

過去、多くの中央競技団体（NF）で国庫補助金の不正利用・不適切利用が頻発していたことから（日本オリンピック委員会（JOC）(事例20)・日本近代五種・バイアスロン連合（当時）(事例21)・全日本柔道連盟(事例22)・日本フェンシング協会(事例23)など）、日本オリンピック委員会（JOC）は、2013年3月に、「選手強化NF事業補助金等適正使用ガイドライン」をもうけて、加盟団体に遵守を求めている。また、2015年から、JOCは、NF総合支援センターを設立し、会計業務支援やガバナンス構築支援を行っている。

3. 選手・指導者・審判などの選考

(1) 業界内ルールの内容

中央競技団体(NF)やリーグで、日本代表選手やオールスター選手を選考することが必要な場合がある。強化指定選手の選考・国民体育大会への出場選手の選考・その他の国内大会への地域代表の選考など、選考が必要な場面は多い。また、参加役員・指導者や審判の選考の問題もある。そこで、スポーツ団体では、団体自治にもとづき、選手・指導者・審判などの選考に関するルールを定めている。

このような選手など選考のルールメイキングについて、スポーツ団体は競技力の向上だけでなく(事例24)、グッドガバナンスなどの要請から、スポーツ団体そのものや、スポーツビジネスの信頼性確保のためのルールが定められるようになってきている。具体的には、誰を選考するのか(選考基準)、どのように選考するのか(選考手続き)、それぞれについて、スポーツ団体のルールメイキングがなされている。

(2) ルールメイキングとその法的限界

①上部団体の規則

たとえば、オリンピック・パラリンピック競技大会であれば、国際オリンピック委員会(IOC)や国際パラリンピック委員会(IPC)が定める大会参加基準にしたがい、加盟団体である国内オリンピック委員会(NOC)や国内パラリンピック委員会(NPC)が定める推薦基準に沿って、中央競技団体(NF)による代表選手選考がなされている(事例25)。

日本オリンピック委員会(JOC)加盟団体規程では、加盟団体に対して、「代表選考の判断基準を客観化し、代表選手選考の透明性を高めること」が規定されており[24]、NFに対し代表選考基準の明確化が求められている。また、日本スポーツ協会（JSPO）倫理に関するガイドライン[25]では、「Ⅱ．不適切な経理処理に起因する事項」「Ⅲ．各種大会における代表競技選手・役員の選考などに関する事項」を明記しており、NF運営に関する基準の作成・運用が求められている。このような団体の加盟団体は、当該規定を遵守する必要がある。

また、海外の国内統括団体や国内スポーツ仲裁機関などが選手選考に関するガイドラインを発表している場合もあり[26]、スポーツ団体が選手選考を行うにあたって参考になる。

②ステークホルダーとの協議（民主制）

選手などの選考に関するルールは、スポーツ団体を代表する選手・指導者や審判の選考にかかわり、スポーツビジネスのブランディングに大きく影響する。スポーツ団体の役職員のみで意思決定するのではなく、ステークホルダーである選手・指導者や審判を民主的に関与させる必要が出てきている。具体的には、スポーツ団体として、選手の集まりとして民主的に組織される選手会や選手委員会とのあいだの十分な協議が必要だろう。また、役員・指導者や審判の選考であれば、彼らの民主的な組織とのあいだの十分な協議が必要となる。

③スポーツ仲裁

スポーツ団体の選手などの選考に関する決定は、基本的には「法律上の争訟」には該当しないと考えられているため、国家裁判所の審理対象とはなりにくい（事例26）が、一方、スポーツ仲裁の対象にはなっている。スポーツ仲裁判断では、選手などの選考の法的合理性に関するさまざまな指摘がなされている。

日本の代表選手選考仲裁のリーディングケースとしては、２０００年オリンピックシドニー大会の競泳

表4-1　代表選手選考における判断要素

	①権限者に関する要素（主体）	②選考基準に関する要素（客体）	⑨公表に関する要素（広報）
選考基準作成（ルール形成）	原案作成者・基準作成者の公正性 選手代表者など、ステークホルダーの関与 公正性の担保（第三者を含む決定） 機能している不服申立て手続の明示	基準の明確性・具体性 基準となる要素の補完・明示 ・客観的要素（記録・試合結果など） ・主観的要素（技術以外の能力・調子・実績など） ・強化方針の合理性	選考対象大会や選考基準・不服申立て手続きの公開 ・ウェブサイト ・選手・関係者への配布（紙・メールなど） ・説明会の実施
選考決定（ルール運用）	原案作成者の独立性、公正性（選考委員会など）利害関係人の排除 選考者の独立性・公正性の担保（複数・第三者を含む決定） 不服申立てに伴う不利益取り扱いの禁止	基準運用の合理性 とくに、主観的要素への配慮・合理性 例外的事情が発生した場合の措置（＊）	選考結果の公開 ・ウェブサイト ・選手・関係者への伝達 ・記者会見・質疑応答

＊原則的な選考方法を採らず、例外的な事由により選考する場合は、明白かつ合理的な理由が必要。

女子２００ｍ自由形の代表選手選考に関して争われた、いわゆる「千葉すず仲裁」がある（事例27）。日本水泳連盟の代表選手選考は取り消されることはなかったものの、日本水泳連盟の選手選考の透明性と情報公開の必要性が指摘されている。

また、日本スポーツ仲裁機構（ＪＳＡＡ）の仲裁判断でも、代表選手選考をめぐるケースが発生している（事例28）。それぞれの仲裁判断における代表選手選考の法的合理性に関する指摘をふまえて、スポーツ団体の選手選考は行われてきている。基本的な原理は、「公平性」と「透明性」である（事例29）（27）。

前述の上部団体のガイドラインや代表選手仲裁事案の指摘をまとめると、選手選考にあたって求められる要素は、**表4-1**のように整理できる。役員・指導者や審判の選考にあたっても同様の整理は可能だろう。

4. 情報公開・活用

(1) 業界内ルールの内容

ウェブサイトやソーシャルメディア（SNS）などデジタルメディア全盛の時代に、スポーツビジネスにとって情報公開・活用はきわめて重要な事項である(28)。スポーツ団体の会議体の決定内容は、選手・指導者・審判といった構成員のみならず、スポーツ団体のスポンサー・メディア・ファン、そして、さまざまな支援を得るボランティアスタッフや地域住民など、非常に多くのステークホルダー（利害関係者）に影響をおよぼす。スポーツビジネスの公平・公正な運営を確保し（事例30）、スポーツ団体への関心を高め、支援を獲得するために、意思決定の透明化・説明責任を実施することはもっとも重要な方法である。

スポーツ団体で、主に情報公開・活用がなされている点は、以下である。このような情報公開・活用にあたっては、団体自治にもとづき、それぞれ情報公開・活用および管理のルールが定められている。

- スポーツイベントの競技結果その他当該スポーツに関する情報
- 組織図・役員構成・各機関の責任者など
- 基本計画
- 社員総会・評議員会・理事会など会議体の議事録
- 財務にかかわる計算書類など
- 運営規程
- 懲罰制度や紛争解決制度に関する規程

・不祥事対応・再発防止策の達成状況

また、中央競技団体（NF）やリーグといっても、すべてのスポーツがマスメディアに日常的に取り上げられるわけでもないため、近年は、オウンドメディア（ブログなど）やアーンドメディア（SNSなど）などを用いた積極的な情報発信も行われている（事例31）。

（2）ルールメイキングとその法的限界

①法令

情報公開・活用が求められる場合であっても、スポーツ団体として一定の制限をもうけなければならない場面がある。

一つは、個人情報保護法の問題である。スポーツビジネスで、たとえば、競技会における記録も、各選手の氏名などと併せて個人情報に該当すると判断される余地もあり、個人情報保護の取得・公表に関しては、適切なルール整備が必要である。また、パラスポーツでは、選手の病歴や障がい歴が「要配慮個人情報」に該当するため、スポーツ団体としては個人情報保護法にしたがった対応が必要になる[29]。

もう一つは、個人のプライバシー保護の問題である。プライバシーはもちろん憲法上保護される人権であり[30]、一方的な公開による損害賠償事案も少なくない。スポーツ団体の会議体の意思決定では、個人のプライバシーにかかわる案件も多々含まれており、議事録の開示などについては、慎重に検討したうえ開示を行う必要がある。

②ステークホルダーとの協議（民主制）

情報公開・活用に関するルールは、基本的な事項は中央競技団体（ＮＦ）やリーグで意思決定できる事項であるが、スポーツビジネス全体に大きく影響する事項もある。このような事項については、スポーツ団体の役職員のみで意思決定するのではなく、ステークホルダーである加盟団体やクラブ・選手・指導者を民主的に関与させる必要が出てきている（事例32）。具体的には、スポーツ団体として、ステークホルダーの集まりとして民主的に組織される加盟団体やクラブの会議体、選手会や選手委員会、コーチ組織とのあいだの十分な協議が必要だろう。

5．危機管理(31)

（1）業界内ルールの内容

スポーツビジネスでは、スポーツ団体としてさまざまなリスクを管理する必要がある。団体自治にもとづき、基本方針やリスク管理規程を定めるスポーツ団体も生まれてきている。とくに日本は一定の自然災害・感染症などの発生が想定される国である。また、スポーツ団体の不祥事も頻発しており、不祥事が発生することを前提とした取り組みも必要である。そこで、あらかじめ類型化された危機管理マニュアルに沿った対応も求められている。

リスク管理規程としては、リスクの定義、役職員の責務や対応、リスク管理機関、緊急事態対応の範囲や手続きなどが定められる。

（2）ルールメイキングとその法的限界

危機管理のうち、不祥事対策は、むやみに行ったとしても功を奏しない。不祥事対応の一般原則としては、大まかなポイントとして、事実調査から原因究明・責任者の処分・再発防止策の策定・再発防止策の達成状況の確認（事例33）が挙げられる。このような対応の専門性・独立性の観点からは外部有識者の関与が求められ、またスポーツ団体みずからの対応では不十分の場合、第三者委員会による対応を求める場合もある(32)。

また、上部団体の規則などとして、加盟団体やクラブに対して、危機管理の指針やマニュアルなどを用意している団体もあることから、このような上部団体の規則などにしたがう場合もある。

6. その他事務局運営

これまで解説してきたスポーツ団体の行政機能に関するルールのほか、スポーツ団体の具体的業務運営、すなわち業務執行理事と事務局の権限についても、団体自治にもとづき、いくつかルールメイキングが行われている。

事務所掌規程として、事務局の権限、事案の決裁権限を定めた規定や、服務規程、文書規程などが定められている（事例34）。スポーツ団体の運営にあたっては、このような規程にもとづいて業務運営が行われている。

スポーツ団体の司法機能

スポーツ団体の根本的な機能の三つ目として、司法機能がある(33)。司法機能に関する業界内ルールも、団体自治の一環としてスポーツ団体みずからルールメイキングできるが、とくに加盟団体やクラブ・選手・指導者など構成員に対する処分規程の策定や紛争解決機関の整備が求められる[34]。
スポーツ団体における紛争類型としては、主に、以下の紛争がある。

・競技上の判定をめぐる紛争
・選手登録・強化指定・代表選考などスポーツ団体の決定をめぐる紛争
・出場停止や罰金など、スポーツ団体の処分（ドーピング処分を含む）をめぐる紛争
・理事会決議など、スポーツ団体の会議体をめぐる紛争
・スポーツ契約やスポーツ事故をめぐる紛争

このような紛争類型をどう解決するかについて、一般には国家裁判所を利用するケースが考えられる。ただ、国家裁判所は「法律上の争訟」のみを扱うとされており（事例35）、基本的に競技上の判定をめぐる紛争、選手登録・強化指定・代表選考など、スポーツ団体の決定をめぐる紛争や、出場停止や罰金など、スポーツ団体の処分（ドーピング処分を含む）をめぐる紛争は、国家裁判所で解決できないと考えられている[35]。

また、「法律上の争訟」にあたるとして、国家裁判所による司法審査の対象となる場合でも、国家裁判所は一般的に解決まで長期の時間を要し、時間とコストという意味で、スポーツ紛争の解決としては限界がある。また、スポーツ紛争は、専門性が高く、国家裁判所がその専門的知識を持ち合わせていないことから、ふみ込んだ司法判断が差し控えられることも少なくない。

このようなスポーツ業界内の紛争を解決するためのルールメイキングとしては、みずから団体内紛争解

決制度を構築する場合（事例36）と、スポーツ仲裁裁判所（ＣＡＳ）や日本スポーツ仲裁機構（ＪＳＡＡ）などの第三者機関に委託する場合(36)の二つのパターンがある。

団体内紛争解決制度のメリットとしては、スポーツ団体が取り扱うスポーツ分野に関して、みずからの専門性・業界実態を十分にふまえながら制度を構築し、紛争を解決できる、ということである。また、団体内で紛争を解決できる、というのは、広報面などでもスポーツ団体によるコントロールも可能になるため、スポーツ団体としては使いやすい制度になる。団体内紛争解決制度のデメリットは、団体内で解決してしまうため、その紛争解決の独立性・公正さに疑義が生じてしまう点である。

一方、スポーツ団体の中には、人的にも予算的にも十分なリソースがない団体も多く、みずから紛争解決機関を設立することが現実的に不可能な団体も多い。そこで、スポーツ団体が検討できるもう一つの道が、団体外の紛争解決制度を利用することである。

スポーツ団体としては、このような視点から、スポーツ界の紛争がより迅速かつ十分に解決できるよう(Dispute Management)、みずから司法機能を検討し、充実していくことが求められている。

司法機能としては、加盟団体やクラブ・選手・指導者など構成員に対する処分の場面と、構成員間のトラブル解決の場面、そして近年トラブル解決の端緒として整備が進んでいる相談窓口の三つの場面に分けて解説する。

1．加盟団体・クラブ・選手など構成員に対する処分

（1）業界内ルールの内容

スポーツ団体が行うルールメイキングの実効性を保つために、団体自治にもとづき、さまざまなルール

に違反した場合の処分権限が定められる（事例37）。スポーツ団体の加盟団体・クラブ・選手・指導者などの構成員に対する処分は、処分機関・処分内容や処分手続きを含め、明確に規定されていない場合があるが、処分に対して不服申し立てが行われるとスポーツ仲裁で取り消されることも頻発しているため、処分規程を明確に定めることが求められている。

中央競技団体（NF）であれば、規律委員会や裁定委員会・不服申立委員会などの委員会規程と処分機関の構成やその他処分手続きを定めるほか、競技規則・倫理規定や懲罰規定などにより処分内容を定めている。

構成員に対する処分に関するルールとしては、以下のルールがある(37)。

①競技および競技会に関する処分ルール（事例38）

オンザピッチあるいはオンザコートの問題に関する処分ルールは、日本では規律委員会などと呼ばれる機関で調査・審理が行われるが、最終的に同機関で処分決定できるのか、それともスポーツ団体の理事会あるいは理事長への答申にとどまるのかは、スポーツ団体による。

処分機関に関するルールとしては、機関の名称、処分権限の有無、処分対象の範囲、委員の構成、任期、招集および議決方法、調査や審理の独立性などが定められる。処分手続きに関するルールとしては、手続きの開始事由、聴聞、証拠の評価方法、議決方法、処分内容の通知方法、公表の有無、その他言語、代理人、手続きの公開非公開などが定められる。

処分内容に関するルールとしては、処分の対象者、対象者ごとの処分の種類（アマチュア選手への罰則を含む）、違反行為の内容、処分基準、加重軽減事由などが定められる。

②競技および競技会以外に関する処分ルール

オンザピッチあるいはオンザコートの問題以外の問題に関する処分ルールは、日本では倫理委員会・裁定委員会などと呼ばれる機関で調査・審理が行われるが、最終的に同機関で処分決定できるのか、それともスポーツ団体の理事会あるいは理事長への答申にとどまるのかは、スポーツ団体による（事例39）。なお、アンチ・ドーピングに関するルールは、通常の倫理委員会などではなく、特別の処分機関がもうけられることが多い（事例40）。日本の中央競技団体（ＮＦ）で日本アンチ・ドーピング規程を受諾している場合は、日本スポーツ振興センター（ＪＳＣ）が設置する「日本アンチ・ドーピング規律パネル」にゆだねられている。

処分機関に関するルールとしては、機関の名称、処分権限の有無、処分対象の範囲、委員の構成、任期、招集および議決方法、調査や審理の独立性などが定められる（事例41）。処分手続きに関するルールとしては、手続きの開始事由、聴聞、証拠の評価方法（事例42）、議決方法、処分内容の通知方法、公表の有無、処分をめぐる和解の可否、その他言語、代理人、手続きの公開非公開などが定められる。

処分内容に関するルールとしては、処分の対象者、対象者ごとの処分の種類（アマチュア選手への特則を含む）、違反行為の内容、処分基準、加重軽減事由などが定められる。

③処分に対する不服申し立てに関するルール

規律委員会・裁定委員会の処分その他加盟団体による処分などに対する不服申し立てに関するルールは、スポーツ団体の内部の不服申し立て機関が設置される場合と、スポーツ仲裁裁判所（ＣＡＳ）や日本スポーツ仲裁機構（ＪＳＡＡ）などの第三者機関への不服申し立てを認める場合がある（事例43）。

内部の不服申し立て機関が設置される場合、処分機関に関するルールとしては、機関の名称、最終判断権限の有無、不服申し立て対象の範囲、委員の構成、任期、招集および議決方法、審理の独立性などが定められる。不服申し立て手続きに関するルールとしては、不服申し立て事由の制限、不服申し立ての期限、聴聞の有無、証拠の評価、議決方法、処分内容の通知方法、公表の有無、その他不服申し立てによる処分停止の有無、言語、代理人、手続きの公開非公開などが定められる。

ＣＡＳやＪＳＡＡなど第三者機関への不服申し立てを認める場合は、不服申し立てを認める機関の名称、不服申立て対象の範囲、不服申し立ての期限などが定められる。第三者機関で判断される場合の手続きは、当該第三者機関が定めるルールにしたがうことになるのが通常である。

なお、競技規則にもとづく審判の判定については、不服申し立ての対象としないことが定められることが多い。

④処分手続きの前提となる一般的義務に関するルール

スポーツ団体による処分は、国家が行う刑事処分と異なり、関係者の任意の協力にもとづく民事処分にすぎない。そこで、適正かつ安定的な処分手続きを実施するため、加盟団体やクラブ・選手・指導者などに対して、処分手続きに関する守秘義務・報告義務・協力義務のほか、一般的な義務として公平性・忠実性の遵守などが定められることもある。

とくに関係当事者からの報告義務や協力義務がない場合、処分手続きの前提となる事実調査がまったく進まない、証拠による事実確認ができないなど、処分ができないこともある（事例44）。

(2) ルールメイキングとその法的限界

団体自治であるからといって、処分に関するルールの内容をまったく自由に定めることができるわけではない。

①処分に関する一般原則[38]

処分という当事者にとって不利益をともなう行為であることから、刑事処分に適用される罪刑法定主義[注8]、適正手続き、平等取り扱いの原則[注9]や相当性の原則[注10]、責任主義[注11]など、処分に関する一般原則からのさまざまな検討や批判への対応が必要である。民事処分であることを理由に、このような原則は一切適用されないと主張するのはスポーツ団体としてかなり強硬な対応となってしまう。

もっとも重要な点は、あまりにも基本的なことかもしれないが、罪刑法定主義として、処分内容や処分手続きの規程をつくるということである。日本のスポーツ団体では、いまだに規程がないまま処分が行われているケース、またはあまりにも抽象的な規程にもとづいて処分が行われているケースがあるが、このような処分はきわめて不適正なもので、スポーツ仲裁などで取り消されるリスクを多分に含んでいる。

また、適正手続きとして、告知聴聞の機会を付与する、ということもきわめて重要である。日本スポーツ仲裁機構（JSAA）に不服申し立てがなされた案件でも、告知聴聞の機会を付与しておらず、処分が取り消されたケースはいくつもある。処分の実効性の観点からも、処分対象者に対して、告知聴聞の機会を付与することは必須である。

つづいて、平等取り扱いの原則や相当性の原則の観点から、処分基準として、実際の処分の程度・範囲を明確化することである。中央競技団体（NF）でも、日本スポーツ協会（JSPO）の処分基準別表[39]を参照した処分基準が広がり、処分規程の別紙として定められることが増えてきているが、まだまだ処分基準を定めていない団体も多い（事例45）。処分基準が不明確だと、処分の判断権者の処分決定も困難になり、また処分対象者の予測可能性も担保できない。そして、処分内容も、その法的性質を加味する必要がある。たとえば、アマチュアスポーツであれば注意処分や出場停止処分が中心だが、プロスポーツや経済事案では罰金処分が中心となる。

責任主義の観点からは、みずからが処分を受ける事由が本当にみずからの責任がともなうものなのか厳密な検討が必要である。日本では処分の連帯責任・自粛・無期限処分などがよく行われる。たとえば、処分の連帯責任については、1人の処分対象者の行為について、チーム全体・部全体などに連帯して責任を負わせる運用がなされることが多々ある。1人の行為が全体の迷惑になることを教えるという主に教育的な観点から、このような懲罰処分が適用されることが多いが、責任主義の観点からは認められにくい（事例46）。また、とりあえず期限を定めずに処分を開始し、世間のほとぼりが冷めた頃に処分の解除を認めようとする無期限処分も、責任主義の観点から処分期間が明確といえず、不服申し立てされた場合、処分を維持できるかは疑わしい。

さらに、処分の調査・審理を行う機関の委員の独立性や中立性の確保も重要である。処分の決定にあたっては、スポーツ団体の恣意的な処分があってはならない。あくまでスポーツ団体に本質的に司法機能が認められるのは、そのスポーツ団体における紛争を適切に解決し、スポーツにかかわる者の権利を保護し、スポーツの価値を増大するためであって、一部の執行部のためであってはならない。また、処分機関に最終決定権限がない場合でも、答申を受けた理事会や理事長が独立性や中立性が確保された処分結果を左右させることも、特段の理由がない限り認められないだろう（事例47）。処分の調査・審理にあたっては、必要な証拠の収集・事実認定などきわめて専門的な能力が要求されるため、専門性も必須の要件である。

以上のような処分の一般原則をふまえた処分に関するルールの策定、これにもとづく処分の調査・審理の実施が求められている。

②契約の法的性質

スポーツ団体の処分に関するルールは、スポーツ団体やリーグと、加盟団体・クラブや選手・指導者・エージェントなど、関係当事者との合意にすぎない。したがって、関係当事者と合意が得られない場合、意図するルールメイキングはできない。よくあるケースが、処分規程はあったものの、関係当事者などが同意する誓約書や契約書などがない場合である。このような場合、契約関係がないため、対象者を処分することができない。加えて、加盟団体やクラブ・選手・指導者など、関係当事者とのあいだで、処分事案に関する報告義務や協力義務などが合意できていない場合も、十分な事実調査ができず、該当事案に関して適切な処分を科すことができなくなる。

また、クラブや選手・エージェントとの合意は、法的にはあくまで債権関係にすぎないため、債権関係に入らない第三者に対して主張することはできない。たとえば、日本のスポーツ団体で選手や指導者に処分を科したとしても、その選手や指導者が、当該スポーツ団体の加盟あるいは傘下にない組織で活動することや、日本以外のスポーツ団体で活動することを差し止めることはできない。

実務上大きな問題となっているのが、加盟団体やクラブ・役職員・選手・指導者などが、不祥事発生後辞任や登録抹消により、中央競技団体（NF）やリーグの登録から外れた場合、処分根拠である法的合意がなくなることで、処分ができなくなることである。スポーツ団体としては事後の一定期間あるいは永久の再登録を認めない処分などで対応しているが、意図的に辞任・登録抹消しているケースがあとをたたない。

③ステークホルダーとの協議（民主制）

前述のとおり、構成員に対する処分は、スポーツ団体が処分ルールをつくり、これを構成員が遵守することを合意することによって、法的効力が生まれ、実施されている。このような契約アプローチ(Contractual Approach)はスポーツ界のルールメイキングで活用されてきているが、近年、スポーツ団体の司法機能に関して、このような契約アプローチに疑問を指摘するケースも出てきている(事例48)。

このようなルールメイキングは集団的な取り扱いが必要であるため、スポーツ団体みずからルールメイキングを行う必要性があるものの、スポーツビジネスの組織運営に多様なステークホルダーの関与が求められる時代になってきている。この中で、法的正統性アプローチ(Legitimacy Approach)として、処分に関するルールメイキングについても、ステークホルダーである加盟団体やクラブ・選手・指導者などを民主的に関与させる必要が出てきている。

具体的には、スポーツ団体として、加盟団体やクラブとの民主的な会議体・選手・指導者などの集まりとして民主的に組織される選手会や選手委員会・コーチ組織とのあいだの十分な協議が必要だろう。

④法令

処分に関するルールについては、団体自治の一環でルールメイキングされるため、団体自治の最低限のルールを定める法人法・組織法の規制を検討する必要はあるものの、とくに司法機能に関してはほぼ団体自治にゆだねられるため、法人法・組織法上の制約はあまりみられない。

一方、処分内容に関して、処分者にとって選手や指導者が労働基準法上の「労働者」に該当する場合は、労働契約の不履行に違約金を定めることなどが禁止され(40)、また減給の制裁を定める場合の上限金額が設定されているため(41)、これらの規定を遵守しなければならない。その他、選手や指導者が労働組合法上の「労働者」に該当する場合、処分内容や処分機関その他手続きなどが義務的団交事項に該当するため、労働組合とのあいだで誠実交渉および労使協定の合意などが求められる。

スポーツ団体が行う処分に関するルールのうち、処分機関や処分手続きを法的に分析すれば、当事者間の合意にもとづく私的な紛争解決制度の一つである、仲裁と呼ばれる手続きを利用している。仲裁については、仲裁法上の「仲裁」に該当する場合、仲裁法の適用があるため、その規制に服することになる。ただ、一般的に、スポーツ団体が行う処分は、裁判所法第3条に定める「法律上の争訟」に該当せず（事例49）、仲裁法上の「仲裁」に該当しないと考えられるため、原則としては、仲裁法は適用されないと考えてよいだろう。ただし、仲裁は、仲裁法に定められた原理を利用した紛争解決法であるため、スポーツ団体が定める処分機関や処分手続きの規定の解釈にあたって、仲裁法の原理の影響があることは頭においておかなければならない。たとえば、仲裁契約の当事者間で当事者の一方に仲裁人の選定権限を付与する旨の合意は、仲裁人が弁護士から選定されるとしても、公序良俗違反として無効とされている（事例50）。

その他、構成員に対する処分で、刑事犯罪の立件とスポーツ団体による処分手続きが並行する場合があり、このような場合、その事実認定・結論との整合性から、スポーツ団体による処分手続きの進行に制約が出る場合がある。ただし、国家権力による刑事手続きとスポーツ団体が行う手続きの事実認定における証明の程度については、その必要な程度を分けてルール化すること（結論が分かれること）は十分に考えられる（事例51）。

⑤上部団体の規則

司法機能に関しても、国際スポーツ団体（IF）や上部団体がさまざまな規則を定めている場合があり、中央競技団体（NF）やリーグはこのような規定の遵守を求められた場合、これに反するルールメイキングはできない。たとえば、国際サッカー連盟（FIFA）は、日本サッカー協会（JFA）など加盟する団体の管轄内の紛争を国家裁判所に訴えることを原則的に禁止することを求めていたり(42)、加盟する団体内で紛争解決機関をつくる場合の規則を定めている(43)。

2. 加盟団体・クラブ・選手など構成員間の紛争解決

(1) 業界内ルールの内容

スポーツ団体が加盟団体間やクラブ間、選手・指導者とのあいだのトラブルを解決するための制度が定められる場合がある。和解あっせんと呼ばれる、調停という法的性質を有する手続きである。通常このようなトラブルは国家裁判所でも取り扱われるが、スポーツ業界内で解決することを意図してもうけられている。

国際サッカー連盟(FIFA)のDispute Resolution Chamber(DRC)のように対象紛争を広く対応する紛争解決制度もあれば(44)、MLBやプロ野球(NPB)の選手年俸調停制度のように特定の紛争に特化した紛争解決制度もある(45)。

中央競技団体(NF)やリーグであれば、和解あっせん規程で紛争解決機関その他手続きを定めている(事例52)。

構成員間の紛争解決に関するルールとしては、対象となる紛争、手続き開始事由、申し立て手続き、答弁手続き、審理方法、和解勧告の可否、裁定案の提示の可否、手続き終了事由、その他手続きの公開非公開、言語、代理人などが定められる。

(2) ルールメイキングとその法的限界

構成員間の紛争解決に関するルールは、スポーツ団体と、加盟団体・クラブや選手・指導者などとの合意にすぎない。したがって、加盟団体・クラブや選手・指導者などと合意が得られない場合、意図するルールメイキングはできない。実際、紛争解決に関するルールを定めていないスポーツ団体は多く、その場合、構成員は何ら手続きを利用することはできない。一方、エージェントと選手・クラブの契約についての取り扱いが別とされる場合もある(事例53)。

その他、構成員間の紛争解決に関するルールも、仲裁と呼ばれる手続きを利用している場合がある。この場合、対象紛争が裁判所法第3条に定める「法律上の争訟」に該当すると、仲裁法上の「仲裁」に該当すると考えられるため、仲裁法は適用される。したがって、仲裁法上の規制に服するという限界はある。

3. 相談窓口

近年、スポーツ団体で、本章で解説してきた構成員に対する処分や構成員間の紛争解決の端緒となる相談窓口の設置が進んでおり、この窓口に関するルールメイキングが行われている。一つのトラブルがいきなり報道されると解決に大きな負担がかかるため、可能な限り紛争が小さい段階で解決するために相談窓口がもうけられている。相談窓口が取り扱うテーマとしては、暴力・ハラスメントを中心として、選手等の選考、その他役職員のトラブルなどの相談窓口がある。

相談窓口に関するルールとしては、通報規程などが定められている(46)。具体的には、通報対象となる紛争(対象紛争の期間制限を含む)、内部外部窓口の別、通報方法、通報窓口の利用者要件、相談内容(個人情報を含む)の守秘義務、相談内容の内部開示者の限定、調査方法、名誉プライバシーの保護、調査結果後のフロー、通報者の不利益取り扱いの禁止、調査結果や対応内容の公表の有無などが定められる(事例54)。

なお、日本では公益通報者保護制度(47)が始まっており、法律上は労働基準法上の「労働者」が通報者であった場合、解雇の無効や不利益取り扱いの禁止が定められているため、この規制に服さなければならない。もっとも、この法律の適用がない通報窓口であっても、実質的に、通報者の不利益取り扱いが禁止されなければ、通報窓口を設置する実質的意味は大きく失われるだろう(48)。

■補足説明

(注1) 企業会計は、企業の財政状態および経営成績に関して、真実な報告を提供するものでなければならない。

(注2) 企業会計は、すべての取引につき、正規の簿記の原則に従って、正確な会計帳簿を作成しなければならない。

(注3) 資本取引と損益取引とを明瞭に区別し、とくに資本剰余金と利益剰余金とを混同してはならない。

(注4) 企業会計は、財務諸表によって、利害関係者に対し必要な会計事実を明瞭に表示し、企業の状況に関する判断を誤らせないようにしなければならない。

(注5) 企業会計は、その処理の原則および手続きを毎期継続して適用し、みだりにこれを変更してはならない。

(注6) 企業の財政に不利な影響をおよぼす可能性がある場合には、これにそなえて適当に健全な会計処理をしなければならない。

(注7) 株主総会提出のため、信用目的のため、租税目的のためなど、種々の目的のために異なる形式の財務諸表を作成する必要がある場合、それらの内容は、信頼しうる会計記録にもとづいて作成されたものであって、政策の考慮のために事実の真実な表示をゆがめてはならない。

(注8) 違反行為とこれに対する処分の種類・程度、処分手続きが規程上明記されていること。

(注9) 違反行為の内容や程度が同じ場合には、それに対する処分の種類や程度も同じでなければならないこと。

(注10) 違反内容と処分内容が均衡していること。処分にも段階があるので、違反行為の程度がそれぞれの処分を行うに値するものでなくてはならないこと。

(注11) 行為者に対する責任非難ができない場合には刑罰を科すべきではない、とする原則。

■判例・事例

(事例1) ２０１４年に発生した日本バスケットボール協会（ＪＢＡ）の国際バスケットボール連盟（ＦＩＢＡ）の資格停止問題では、ＦＩＢＡから、①ＪＢＡの組織構造の再編、②ＪＢＡ傘下にはないトップリーグの存在、③日本代表チームの強化プランの欠如が指摘されている。これはコンプライアンス違反にもとづく従来型の不祥事とは異なり、意思決定・業務運営上の合理性・実行力が問題とされたケースであり、スポーツ界におけるガバナンスに新たな問題提起が行われた。

(事例2) Jリーグは、「Jリーグ１００年構想」や「地域密着」を掲げ、設立25年に世界的に類をみないスピードで成長をつづけており、スポーツビジネスの基本的な目的や理念決定が重要であることを示している。アメリカ4大プロリーグは、近年、ソーシャルグッドな目的や理念を明確にした活動を推進し、ほかのプロリーグとの競争にそなえている。日本でも、女子サッカーのプロリーグ「WEリーグ」（Women Empowerment リーグ）は、「女子サッカー・スポーツを通じて、夢や生き方の多様性にあふれ、一人ひとりが輝く社会の実現・発展に貢献する」を理念として掲げている。WEリーグウェブサイト参照。

（事例3）日本サッカー協会（ＪＦＡ）は、「ＪＦＡ２００５年宣言」で、「ＪＦＡの約束２０１５」と「ＪＦＡの約束２０５０」という二つの中長期目標を掲げていたが、さらに、２０１５年、「ＪＦＡ２００５年宣言」からの10年間の取り組みを総括するとともに、「ＪＦＡの約束２０５０」の具現に向けて、新たに「ＪＦＡの目標２０３０」を設定し、「ＪＦＡ中期計画２０２１－２０２４」を策定している。また、日本バスケットボール協会（ＪＢＡ）は、２０３０年のＪＢＡ創設１００周年に向けた基本計画である「Japan Basketball Standard 2016（JBS）」を策定後、２０２１年には中期計画として「Japan Basketball Standard 2021（JBS）」を発表した。

（事例4）日本オリンピック委員会（ＪＯＣ）は、２０１７年1月、ポスト２０２０年を見すえた「ＪＯＣ将来構想〜人へ、オリンピックの力〜」を発表している。

（事例5）ｂｊリーグと呼ばれたプロバスケットボールリーグの運営会社や、プロ野球独立リーグであるＢＣリーグの運営会社は、株式会社を選択している。

（事例6）理事や監事・評議員や社員の役割については、公益認定等委員会「公益法人の各機関の役割と責任」参照。公益認定等委員会ウェブサイト参照。この役割の十分な理解がないケースは多々あるが、有名なものとして、２００４年テコンドー団体分裂問題がある。当時の国内統括団体であった日本テコンドー連盟から、日本テコンドー連合が分裂し、オリンピック出場権を有していた選手が個人の資格でオリンピックに出場せざるをえない大問題に発展した。最終的には２００５年に社団法人全日本テコンドー協会（当時）に統合された。

（事例7）日本サッカー協会（ＪＦＡ）は、基本規程に含まれる内容があまりに広範になったため、２０１７年から評議員会決議が必要な事項と理事会決議でフレキシブルに変更が可能な事項に規定を分化させた。

（事例8）プロ野球（ＮＰＢ）のコミッショナーは、指令・裁定および裁決権限を有する（日本プロフェッショナル野球協約第9条）とされるが、規定があいまいなところもあり、実際はリーグの事務局のトップにすぎず、日本プロフェッショナル野球協約に定める協約違反行為の処分権限・球団間のトラブル裁定などが主な職務になっている（日本プロフェッショナル野球協約）。

（事例9）Ｊリーグのチェアマンは、自然災害やパンデミックなど発生した場合の試合変更・中止決定・入場制限決定・そして、いわゆるオフザピッチの懲罰処分決定権限を有し、その決定には最終的拘束力が認められている（Ｊリーグ規約）。

（事例10）公益認定等委員会の勧告でも、理事会は、理事の職務執行の監督を行う権限などを有しており、これを適切に行使する責務を負っていること（このような権限を行使しなかった場合は、理事会を構成する個々の理事は、その果たすべき職務上の義務に違反すること）が述べられている。

（事例11）日本オリンピック委員会（ＪＯＣ）では、このようなルールメイキングに関与する人材育成のために、２０１１年から国際人養成アカデミー（ＪＩＳＬＡ）を実施している。ＪＯＣウェブサイト参照。

（事例12）日本ポニーベースボール協会は、4年ものあいだ社員総会を開催していなかったことなどを理由として、２０１６年2月26日、内閣府公益認定等委員会から、公益認定の取消勧告を受けている。公益認定等委員会ウェブサイト参照。

（事例13）２０２０年東京オリンピック・パラリンピック競技大会組織委員会の会長であった森喜朗氏の女性蔑視発言問題にもとづく後任人事に関して、森氏から川淵三郎氏に直接後継指名が行われたことは、役員選考手続きの重大な問題として大きな非難を浴び、別途選考委員会で検討されることになった。なお、オリンピック組織委員会会長の選出に関しては、川井圭司「東京オリパラ組織委員会会長交代劇にみるグッドガバナンスの本質」（同志社大学政策学部ウェブサイト、２０２１年3月）参照。

（事例14）全日本柔道連盟は、評議員について、地域代表の評議員を減らし、代わって学識経験者枠10枠・女性枠3枠を加えている。また、理事会については、いずれの理事が、同連盟の定める指名枠・地域枠・関連団体枠のいずれを母体とする理事であるのかを公開している。

（事例15）日本アイスホッケー連盟定款施行細則第17条にもとづく役員推

薦委員会の規程が、役員推薦委員会からの推薦以外に評議員会への提案を認めないという趣旨で定められたものであるとすれば、一般法人法第１７８条第３項で定められた評議員会の議決権を制約するものとして、法に反し無効であることが、公益認定等委員会の同連盟に対する勧告の中で指摘されている。公益認定等委員会ウェブサイト参照。

（事例16）２０１２年オリンピックロンドン大会開催時に行われた国際オリンピック委員会（ＩＯＣ）アスリート委員選出選挙に関して、立候補していた室伏広治選手が、選挙活動規定に違反しているとして、ＩＯＣは、室伏選手を失格とした。室伏選手は、この失格処分を争い、国際スポーツ仲裁裁判所（ＣＡＳ）に不服申し立てをしたものの、ＣＡＳ裁定では、ＩＯＣの判断に問題がなかったものとして、却下されている（CAS 2012/A/2912 Koji Murofushi & Japanese Olympic Committee v. International Olympic Committee）。ＣＡＳ裁定では、日本オリンピック委員会（ＪＯＣ）が主導して行った、選手に対する投票手引書やポスター掲載が問題であると指摘されており、このような行為が選挙活動規定に違反すると判断されている。

（事例17）日本のスポーツ団体ガバナンスコード〈中央競技団体向け〉も、日本オリンピック委員会（ＪＯＣ）・日本スポーツ協会（ＪＳＰＯ）・日本パラスポーツ協会（ＪＳＰＡ／旧日本障がい者スポーツ協会）がそれぞれの加盟団体に遵守を求めている規則の一つである。

（事例18）公益認定等委員会の全日本テコンドー協会に対する勧告では、協会役員が、コーチから助成金を集金し、それを自己または自己の関連会社の名義で寄付し、個人または関連会社の税務申告の際に有利となるよう処理するなど、役員個人の財布と協会の会計が区分されておらず、公益認定法に定める条文に違反している疑いがある旨を指摘されている。公益認定等委員会ウェブサイト参照。

（事例19）２００６年に発覚した日本スケート連盟の不正経理事件では、連盟の取引先から水増し請求を行わせ、水増し分を裏金として工面するもので、裏金を受領していた8名の理事が引責辞任したうえに、元会長と元専務理事が有罪判決を受ける結果となった（東京地方裁判所・平成19年3月27日判決）。

（事例20）２０１２年から問題となった日本オリンピック委員会（ＪＯＣ）における不正経理事件では、多くの国内統括団体（ＮＦ）を巻き込む一大不祥事となった。主導したＪＯＣ理事が辞任、黙認していたＪＯＣの組織的責任を問われ、関与した多くのスポーツ団体で補助金の支給取消、返還命令が下されることになった。ＪＯＣによる専任コーチ等設置事業（国庫補助金）や日本スポーツ振興センター（ＪＳＣ）による競技力向上のためのマネジメント機能強化事業では、スポーツ団体が負担すべき部分の負担を回避する目的で、当該事業にて受給した謝金を専任コーチなどや事業従事者がスポーツ団体に寄付し、スポーツ団体がその負担を逃れていた（ＪＯＣ「特別調査委員会報告書要旨」）。文部科学省ウェブサイト参照。

（事例21）２０１２年10月から問題となったこの国庫補助金の不正受給問題では、日本近代五種・バイアスロン連合（当時）、日本自転車競技連盟、日本バドミントン協会にて、専任コーチとしての活動実態が認められないにもかかわらず、報酬を受け取っている問題が発覚した（平成23年度決算検査報告不当事項第39号。財務省ウェブサイト参照）。各スポーツ団体から文科省に対する返還命令が出され、日本近代五種協会はＪＯＣから補助金減額処分も受けた。

（事例22）２０１３年に発生した、全日本柔道連盟の助成金不正受給問題では、全日本柔道連盟が設置した第三者委員会の調査の結果、実態のない助成金を日本スポーツ振興センター（ＪＳＣ）に請求・受領し、また、受領した金銭を全日本柔道連盟の「強化留保金」として目的外利用していた事実が明らかになった。暴力指導問題への対応や、この第三者委員会の報告をふまえ、全日本柔道連盟の会長が辞任している（「振興センター助成金問題に関する第三者委員会最終報告書」）。

（事例23）２０１３年には、日本フェンシング協会で、架空の領収書を発行することで文部科学省の事業費を水増し請求していた事実が明らかになった。日本フェンシング協会は、不正請求金額を返還するほか、当該請求を主導していた事務局長との契約も解除した。

（事例24）実際、２０００年の千葉すず仲裁以来、代表選考による国際競技力の向上・選考の法的合理性に取り組んだ日本水泳連盟は、さまざまな種目の国際大会で大きな成績を達成している。鷲見全弘「日本水泳連盟における代表選手選考問題に対するこれまでの取組み」（日本スポーツ仲裁機構（ＪＳＡＡ）「第12回スポーツ仲裁シンポジウム報告書」12頁、２０１６年）。

（事例25）２０００年オリンピックシドニー大会の際は、オーストラリア国内で約50件の代表選手選考の問題が発生した、との指摘もある（小笠原正監修『導入対話によるスポーツ法学』69頁）。イギリスでは、２０１２年オリンピックロンドン大会出場をめぐる選手選考に関連して、Sport Resolutionsに対して19件の不服申し立てがなされた、とされる。Lewis QC. Adam and Taylor. Jonathan. *SPORT: LAW AND PRACTICE Third Edition, Bloomsbury Professional.* 2014. para. H6.96. 参照。

（事例26）東京地方裁判所・昭和63年2月25日判決では、全日本柔道連盟が世界大学柔道選手権大会の選考会の出場資格の制限を設けたことについて、慰謝料請求の認容という形で国家裁判所に審理されている。

（事例27）スポーツ仲裁裁判所（ＣＡＳ）2000/A/278。なお、Matthieu Reeb. Digest of CAS Awards II 1998-2000. p.534-541参照。

（事例28）障害者水泳事件（JSAAAP-2003-003）、馬術事件１（JSAA-AP-2004-001）、身体障害者陸上競技事件（JSAA-AP-2004-002）、ローラースケート事件（JSAAAP-2005-001）、カヌー事件（JSAA-AP-2008-001）、障害者バドミントン事件（JSAA-AP-2010-005）、ボート事件（JSAA-AP-2011-003）、水球事件（JSAA-AP-2013-003）、ボッチャ事件（JSAA-AP-2013-005）、スキー事件（JSAA-AP-2013-023）、卓球事件（JSAA-AP-2013-024）、自転車事件２（JSAA-AP-2014-007）、ボート事件２（JSAA-AP-2015-003）など。これらのケースの詳細については、日本スポーツ仲裁機構（ＪＳＡＡ）ウェブサイト「ＪＳＡＡ仲裁判断集」参照。

（事例29）日本スポーツ仲裁機構（ＪＳＡＡ）にて代表選手選考の合理性について最初のケースとなった、馬術事件１（JSAA-AP-2004-001）では、日本馬術連盟にて、障害馬術競技の選考手続きの作成、公表の事実が認定されたうえで、実際に選考を行う選考委員会の選考基準（馬の能力・状態、選手の経験・乗馬技術、精神力・人格など）、選考委員会への推薦を行う馬術選考本部長の考慮要素（馬術競技における踏切位置、分速の維持、飛越のバランス、馬の能力など）がいちじるしく不合理でないことを理由に、日本代表選考基準の合理性を認定したものの、スポーツ仲裁パネルは、仲裁判断の末尾に、あえて「オリンピック大会の公的意義を踏まえれば、各競技団体が行っている代表選手選考は公平で透明性の高い方法で実施されなければならない」と指摘した。

（事例30）プロ野球（ＮＰＢ）の統一球問題では、２０１３年シーズンから、前シーズンに規定値を下回っていたボールを規定値に入るよう修正していた事実を発表していなかった日本野球機構は、疑惑が発生してからも、ボールは変えていない、との虚偽の事実を発表しつづけた。その後、日本プロ野球選手会との労使交渉の末、発表せざるをえなくなった日本野球機構は、ボール修正の事実を認めるに至った。なお、この問題では、ＮＰＢコミッショナーがボール修正の事実を知らなかったとみずからの責任を否定する会見を行い、日本野球機構のガバナンスの欠如を示すこととなり、最終的に、ＮＰＢコミッショナーの辞任につながった（ＮＰＢ「統一球問題における有識者による第三者調査・検証委員会の調査報告書」）。

また、２０１５年から5年間にわたって入場者数の水増しを行っていた日本フットボールリーグ（ＪＦＬ）の奈良クラブは、日本サッカー協会（ＪＦＡ）により罰金１００万円の処分を課されている。ＪＦＬウェブサイト参照。

（事例31）スポーツナビにはスポーツ団体公式情報ページがあり、オウンドメディアとしてさまざまなスポーツ団体に活用されている。スポーツナビウェブサイト参照。

（事例32）プロ野球（ＮＰＢ）の統一球問題（２０１３年）では、統一球の修正という情報が、チームや選手の成績のみならず、ファンの関心にも大きく影響があることが明らかになっており、情報公開・活用のスポーツビジネス全体への影響力の大きさを物語る事案となった。

（事例33）日本オリンピック委員会（ＪＯＣ）「選手強化ＮＦ事業補助金

等適正使用ガイドライン」第5節3では、「国庫補助金等の不適切行為防止への取組みに関する競技団体の方針および意思決定手続を外部に公表する」と明記されており、不祥事事案の対応状況に関する情報公開も当該公表対象に含まれている。

(事例34) スポーツ団体にて不祥事が発生した場合の責任の所在を明確にするためにも、事務所掌規程により、誰にどのような決裁権限があったのかは、ルール上明確であったほうが望ましい。

(事例35) 裁判所法第3条第1項。「法律上の争訟」とは、「当事者の具体的な権利義務ないし法律関係の存否に関する紛争であって、かつ、法令の適用により終局的に解決することができるものに限られる」と解釈されている(最高裁判所・平成元年9月8日判決)。

(事例36) 国際サッカー連盟(FIFA)のDispute Resolution Chamber(DRC)や、国際バスケットボール連盟(FIBA)のBasketball Arbitral Tribunal(BAT)などのほか、球団選手間の契約事項である参稼報酬金額に特化したプロ野球(NPBやMLB)の年俸調停制度など、紛争が発生しやすい類型のために特別にもうけられた紛争解決機関もある。

(事例37) プロ野球(NPB)の移籍や代理人にかかるルールや12球団の申し合わせなどは処分をともなわないため、違反が放置されており、実効性があまりない。

(事例38) 日本サッカー協会(JFA)では、仲介人に関する規則に関連する違反行為については、競技および競技会に関する処分権限を有する規律委員会に専属させている。

(事例39) この処分決定の前提となる事実調査や処分案の答申を、団体外紛争解決機関(ドイツのDeutsche Institution für Schiedsgerichtsbarkeit e.V.(DIS)など海外のスポーツ仲裁機関)に委託している場合もある。

(事例40) プロ野球(NPB)では、「NPBアンチ・ドーピング規程」を定め、日本プロフェッショナル野球協約に定める司法機能とは別の調査裁定委員会で処分を行っている。

(事例41) イングランドサッカー協会(FA)は、この判断権者の独立性・中立性を担保するため、判断権者の指名を、イギリスの団体外スポーツ紛争解決機関であるSports Resolution(SR)に委託している。

(事例42) 民事処分の事実認定に関して、認定権者が当事者間の合意する事実に反する事実認定を行うことが可能かという論点がある。

(事例43) 日本プロフェッショナル野球協約におけるコミッショナー裁定については、最終拘束力が定められており、処分に対する不服申し立てが認められない例もある。Jリーグ規約第157条ではチェアマン決定の最終拘束力が定められているものの、Jリーグ規約第11章第3節に定めるチェアマンの懲罰は、同第149条で日本サッカー協会(JFA)の不服申立委員会に対して不服申し立てを行うことが認められている。

(事例44) 日本でも、選手・指導者処分の件数が増えるにつれ、事実調査機能の不備が明らかになっており、前提としての報告義務や協力義務などのルール整備が求められている。逆に、日本サッカー協会(JFA)や日本学生野球協会のように、加盟団体やクラブ・地方組織からの報告義務・協力義務が明確にされている組織は、一次的な処分手続きが行われている。

(事例45) プロ野球(NPB)は、各球団に処分権がゆだねられているため、12球団の選手で処分の統一性がなく、また明確な処分基準もないため、同一球団でも処分の取り扱いがバラバラである。

(事例46) 日本学生野球協会の審査室では、すでに連帯責任を課す場合の目安が定められており、過度な連帯責任が課されないように工夫がなされている。

(事例47) 日本サッカー協会(JFA)は司法機能を独立させているが、多くのスポーツ団体では司法機能は答申機関にすぎず、理事会や理事長に最終決定権限がゆだねられている。

(事例48) ペヒシュタイン訴訟ミュンヘン高等裁判所判決では、選手が主催者であるスポーツ団体とのあいだで一括承諾した仲裁合意がスポーツ団体の市場支配的地位の濫用行為として、その有効性が否定されている(その後の上訴手続きでは有効と判断)。ペヒシュタイン訴訟については、小川和茂・杉山翔一「ペヒシュタイン中間判決がスポーツ仲裁の実務にもたらす影響」(『仲裁・ADRフォーラム』Vol. 5、

２０１６年）参照。

（事例49）自動車レースにおける競技場のルール違反にもとづいて、レースを統括する団体からペナルティを科せられた者が、そのペナルティ処分の取り消しを求めた訴訟につき、「法律上の争訟」にあたらないとして却下されたケース（東京地方裁判所・平成6年8月25日判決）、日本競技ダンス連盟東部総局が会員資格を3年間停止した処分が争われたケース（東京地方裁判所・平成4年6月4日判決）や、日本シニア・ゴルファーズ協会が特定人を同会の正会員として入会させたことの適否が争われたケース（東京地方裁判所・昭和63年9月6日判決）なども、いずれも「法律上の争訟」にあたらないとされている。ただし、日本アマチュアボクシング連盟が登録選手をアマチュア資格に欠けるとして選手登録を取り消し、1年間各種大会への出場を停止させた事件（東京地方裁判所・平成18年1月30日判決）では、「法律上の争訟」にあたるとの前提で判断がなされている。

（事例50）大阪地方裁判所・平成元年2月2日判決。

（事例51）２０１８年に発生した大学アメリカンフットボールの悪質タックル事件では、関東学生アメリカンフットボール連盟や日本大学の第三者委員会の調査では、元監督や元コーチから学生への指示が認定されているが、その後の刑事手続きで、刑事責任を問えるような元監督や元コーチからの指示は認められていない。２０１１年にイングランド・プレミアリーグで発生したテリー選手の人種差別発言問題では、刑事手続き上は、有罪を基礎づける証拠が認められなかったことから無罪判決となったものの、イングランドサッカー協会（ＦＡ）は、事実関係を認める十分な証拠があったとして、4試合の出場停止と罰金処分を下した。

（事例52）リーグの紛争解決機関（仲裁制度）によって大きな影響があった案件として、Professional Baseball Clubs. 66 Labor Arbitration & Dispute Settlement 101. 103 (1975) (Seitz. Arbitrator) 参照。メッサースミス仲裁などといわれている。ＭＬＢの当時の選手契約の保留条項の解釈が争われた事件で、選手契約の更新条項の対象に一度更新された契約は含まれないことが明らかにされた。この裁定で、ＭＬＢ選手が契約終了後自由契約になることが確認され、事実上フリーエージェント制度が誕生することになった。このＭＬＢの紛争解決機関（仲裁制度）はその後もたびたび利用されている。

（事例53）日本サッカー協会（ＪＦＡ）は、仲介人と選手・クラブの紛争解決にて和解あっせん手続きを利用することを認めている（ＪＦＡ「標準仲介人契約書」第7条第2項）。

（事例54）内部通報の対応をめぐり、２０１９年4月、全日本柔道連盟は損害賠償請求訴訟を提起され、その後、和解が成立している。

■条文・引用文献

（１）スポーツ基本法第5条第1項、第2項。スポーツ団体は、「スポーツの普及及び競技水準の向上に果たすべき重要な役割に鑑み、基本理念にのっとり、スポーツを行う者の権利利益の保護、心身の健康の保持増進及び安全の確保に配慮しつつ、スポーツの推進に主体的に取り組むよう努める」「スポーツの振興のための事業を適正に行うため、その運営の透明性の確保を図るとともに、その事業活動に関しみずからが遵守すべき基準を作成するよう努める」と定められている。

（２）ＥＵ域内のスポーツのグッドガバナンスに関する原則（Principles of good governance in sport）、国際オリンピック委員会（ＩＯＣ）「オリンピック及びスポーツ・ムーブメントの健全なガバナンスに関する基本普遍原則」(Basic Universal Principles of Good Governance of the Olympic and Sports Movement) など、海外の普遍的なガバナンスガイドラインでは必ず触れられている。

（３）一般社団法人日本野球機構（ＮＰＢ）定款、公益社団法人日本プロサッカーリーグ（Ｊリーグ）定款など。

（４）監事は、理事の日頃の職務執行につき、定款または法令などに違反する行為がないかどうか、理事としての職責をまっとうしているかについて疑義を持ち、監査を実施する必要がある（一般法人法第99条第1項、第１９７条）。そのために必要がある場合には、理事会の招集請求（一般法人法第１０１条第2項、第3項、第１９７条）、理事の行為の差止請求（一般法人法第１０３条、第１９７条）、事業の報告要求、業務・財産の状況調査（一般法人法第99条第2項、第１９７条）

などの権利を行使する必要がある。上記の職務執行につき、実施した事項を適切に書類として保管し、理事会に報告すべき事項を発見した場合には、適時報告を行わなければならない（一般法人法第１００条、第１９７条）。

（5）一般法人法第67条、第１７７条。

（6）一般法人法第72条、第１７７条。

（7）日本オリンピック委員会（ＪＯＣ）「加盟団体規程」第４条第３号、日本スポーツ協会（ＪＳＰＯ）「加盟団体規程」第14条第５号では、それぞれの加盟・準加盟団体は、毎事業年度終了後３カ月以内に、監事および公認会計士の監査報告書を届け出なければならないとされており、ＪＯＣ・日本スポーツ協会加盟団体では、監事による監査が義務づけられている。

（8）一般法人法第65条第２項、第１７７条。

（9）スポーツ団体ガバナンスコード〈中央競技団体向け〉原則13でも、「地方組織等に対するガバナンスの確保、コンプライアンスの強化等に係る指導、助言及び支援を行うべきである」と規定されており、加盟団体の強化が求められている。

（10）プロ野球（ＮＰＢ）とＭＬＢ間の「日米間選手契約に関する協定」で、選手の獲得・移籍に関するルールが定められている。

（11）理事会を設置している一般社団法人および公益社団法人であっても、①一般法人法にて社員総会の決議を要すると定められる事項および、②その旨が定款で定められた事項については、理事会で決議をしたとしても法的な効力を持たない。さらに、一般法人法にて社員総会の決議を要すると規定する事項を、社員総会以外の機関が決定することができると定款その他の規則で定めたとしても、そのような規定は無効とされる（一般法人法第35条第４項）。一般法人法にて評議員会の決議を必要とすると規定されている事項について、評議員会以外の機関が決定することができることを定款その他の規則で定めたとしても、そのような規定は無効とされる（一般法人法第１７８条第３項）。一般法人法・公益認定法上、一般（公益）財団法人・公益社団法人では、理事会は必ず設置されなければならない機関とされており（公益認定法第５条第14号ハ）、理事会は、法令・定款により、社員総会・評議員会の決議事項とされた事項を除き（一般法人法第35条第２項、第１７８条第２項）、法人の業務執行すべてにつき決定する権限を有する機関である（一般法人法第90条第１項、第１９７条）。

（12）日本オリンピック委員会（ＪＯＣ）「加盟団体規程」第７条（２）には「組織運営に適切な資質を備えた人物、外部の有識者等の登用に努めること」との規定がある。

（13）国際サッカー連盟FIFA Statutes第14条。

（14）スポーツ基本法第５条第２項。スポーツ団体は、「スポーツの振興のための事業を適正に行うため、その運営の透明性の確保を図るとともに、その事業活動に関し自らが遵守すべき基準を作成するよう努める」と定められている。

（15）日本スポーツ協会（ＪＳＰＯ）「倫理に関するガイドライン」Ⅱ．2．「不正行為について」では、「（１）組織内・外の金銭の横領、（２）不適切な報酬、手当、手数料、接待・供応等の直接又は間接的な強要、受領若しくは提供、（３）組織内・外における施設、用器具等の購入等に関わる贈収賄行為、（４）組織内・外における不適切な指導又は監査」という行為について、「厳に禁じるよう、罰則も含めて規定化すること」と定めている。

（16）一般法人法第61条、第１９７条。

（17）一般法人法第62条、第１９７条。

（18）一般法人法第99条第1項、第１９７条。

（19）一般法人法第１１９条第1項、第１９７条。

（20）一般法人法第１２０条、第１９７条。

（21）一般法人法第１２３条、第１９７条。

（22）平成20年４月11日内閣府公益認定等委員会。

（23）１９４９年（昭和24年）旧大蔵省経済安定本部・企業会計制度対策調査会発表。

（24）日本オリンピック委員会（ＪＯＣ）「加盟団体規程」第７条（７）。

（25）日本スポーツ協会（ＪＳＰＯ）「倫理に関するガイドライン」。

（26）Australian Sports Commission/ Getting it right: Guidelines for selection. Sport Dispute Resolution Centre of Canada（SDRCC）／Selection Criteria for Major Events in Sports, Team Selection Policy Checklistなど。

（27）代表選手選考の法的合理性に関する論文として、拙稿「スポーツ団体の代表選手選考に対するスポーツ仲裁における法的審査の範囲と限界」（早稲田大学リポジトリ、２０１９年1月）参照。日本・ニュージーランド・カナダ・アメリカ合衆国のスポーツ仲裁における代表選手選考事案について、スポーツ団体における代表選手選考決定の専門性、自律性と、スポーツガバナンスから要求される公平・透明性とのバランスの中で、仲裁パネルの審査対象、権限や判断基準、立証責任に加え、代表選手選考の選考基準など実体法にかかわる場面、客観的評価や主観的評価など選考基準の種類によってどのような法的審査がなされているのか、代表選手選考の手続法にかかわる場面ではどのような法的審査がなされているのかなど、代表選手選考基準を細分化して考察している。

（28）スポーツ基本法第５条第2項でも、「スポーツ団体は、スポーツの振興のための事業を適正に行うため、その運営の透明性の確保とともに、その事業活動に関し自らが遵守すべき基準を作成するよう努めるものとする」と定められている。

（29）個人情報保護法第17条。

（30）憲法第13条。

（31）不祥事対応の詳細は、日本スポーツ仲裁機構（ＪＳＡＡ）「ＮＦ組織運営におけるフェアプレーガイドライン～ＮＦのガバナンス強化に向けて」にある「８ ＮＦの危機管理に関するフェアプレーガイドライン」に詳しい。

（32）第三者委員会の設置については、日本スポーツ仲裁機構（ＪＳＡＡ）「日本弁護士連合会 企業等不祥事における第三者委員会ガイドライン（スポーツ団体不祥事向けコメント付）」参照。

（33）スポーツ基本法第5条第3項、第15条。スポーツ紛争の迅速・適正な解決に向けての競技団体（ＮＦ）の努力義務と、国がそれに関して必要な施策を講じる責務が規定されている。

（34）日本の中央スポーツ団体の司法機関に関する規程整備状況については、日本スポーツ振興センター（ＪＳＣ）「倫理・コンプライアンスに係る規程等の整備状況に関するＮＦアンケート調査」（平成30年度スポーツ界のコンプライアンス強化事業における「スポーツ団体に対するモニタリング体制の構築」報告書）17頁参照。

（35）このような考え方を指摘するものとして、道垣内正人「日本におけるスポーツ仲裁制度の設計」（『ジュリスト』１２４９号2頁注1、２００３年）や、同「日本スポーツ仲裁機構（ＪＳＡＡ）」（『法学教室』第２７６号2頁、２００３年）、同「スポーツ仲裁をめぐる若干の論点」（『仲裁とＡＤＲ』３号82頁、２００８年）、同「日本スポーツ仲裁機構とその活動」（日本スポーツ法学会年報第15号８頁、２００８年）、同「スポーツ仲裁・調停」（道垣内正人・早川吉尚編著『スポーツ法への招待』62頁、２０１１年）、同「スポーツ仲裁」（日本スポーツ法学会編著『詳解スポーツ基本法』２８２頁）や、日本スポーツ仲裁機構平成25年度文部科学省委託事業スポーツ仲裁活動推進事業報告書「諸外国におけるスポーツ紛争及びその解決方法の実情に対する調査研究」（２０１４年5頁・26頁・33頁・59頁・60頁）、小島武司・猪股孝史『仲裁法』70頁参照。

（36）スポーツ仲裁裁判所（ＣＡＳ）や日本スポーツ仲裁機構（ＪＳＡＡ）の詳細については、日本スポーツ法学会編『標準テキストスポーツ法学』第5編参照。

（37）競技および競技会以外に関する処分ルールや不服申し立てに関するルールは、日本スポーツ仲裁機構（ＪＳＡＡ）スポーツ団体のコンプライアンス強化委員会「スポーツ界におけるコンプライアンス強化ガイドライン」に詳しい。

（38）日本スポーツ仲裁機構（ＪＳＡＡ）「ＮＦ組織運営におけるフェアプレーガイドライン～ＮＦのガバナンス強化に向けて」にある「５ ＮＦの懲罰、紛争解決に関するフェアプレーガイドライン」に詳しい。日本のスポーツ団体ガバナンスコード〈中央競技団体向け〉原則10にも指摘がある。

（39）日本スポーツ協会（ＪＳＰＯ）「日本スポーツ協会公認スポーツ指

導者処分基準 別表」。

(40) 労働基準法第16条。

(41) 労働基準法第91条。

(42) 国際サッカー連盟FIFA Statutes第58条第3項。なお、その代わりに、紛争解決のための仲裁制度を構築すること、その方法として国際スポーツ仲裁裁判所（CAS）か、加盟する団体が認める仲裁機関へ申し立てる措置を講じることが求められている（国内のほかのスポーツ仲裁機関を利用することが禁じられているわけではない）。

(43) 国際サッカー連盟（FIFA）「National Dispute Resolution Chamber (NDRC) Standard Regulations」。

(44) 国際サッカー連盟（FIFA）「Regulations on the Status and Transfer of Players」第23条以下。移籍金・トレーニング補償金・連帯貢献金などのトラブルも受けつけている。

(45) 日本プロフェッショナル野球協約第94条以下。

(46) 日本スポーツ振興センター（JSC）「第三者相談・調査業務に関する規則」、日本オリンピック委員会（JOC）「通報相談処理規程」などが有名であるが、このような規程のないスポーツ団体の相談窓口も多い。

(47) 消費者庁ウェブサイト参照。

(48) 日本のスポーツ団体ガバナンスコード〈中央競技団体向け〉原則9にも指摘がある。

第5章

各論4
スポーツの本質的価値に関するルールメイキング

本章では、スポーツの本質的価値に関するルールメイキングを解説する。

日本でも、2013年、高校バスケットボール部や全日本柔道連盟の女子日本代表コーチによる暴力パワーハラスメント指導問題や、2015年・2016年と連続して問題となったプロ野球（NPB）の野球賭博・声出し金銭問題などが発生している。

世界に目を向ければ、2014年からのロシアの組織的ドーピング問題だけでなく、サッカーやテニスにおける国際的な八百長問題や、世界サッカー連盟（FIFA）の役員による不正資金流用問題・国際陸上連盟（IAAF）の役員による不正金銭授受問題など、スポーツ界のトラブルは毎年のように大きな話題となっている。

このようなスポーツ界のトラブルはインテグリティ（Integrity）の問題[1]とされる。現代における過度な勝利至上主義や商業主義・政治的利用の中で、以下のような行為が問題となっている。

・勝利や地位のために他者を排除すること

・勝利のためにドーピングや八百長その他不正操作で結果をコントロールすること
・安全性が担保されないスポーツ
・スポーツ上の指導者などの地位にもとづいた暴力やハラスメント
・スポーツ上の差別行為
・金銭目的や自己の地位保全のみを考えた汚職その他不正行為など

これらの行為により、参加しようとする者の平等・参加者間の公平・結果の予測不可能性という公正など、本来スポーツそのものが有する本質的価値が問われていると考えられている。このような問題が発生した場合、スポーツビジネスのプロダクトであるスポーツの価値がおとしめられ、ビジネスの成功にとって大きな障害となる。そこで、このようなスポーツの本質的価値に関して、中央競技団体（NF）やリーグは、積極的に問題解決に取り組むことが求められている。

スポーツの本質的価値に関するルールメイキングとして中心になるのは、前述のスポーツ団体の司法機能に関するルールメイキングのうち、構成員に対する処分に関するルールとなる。とくに悩ましいのは、このようなスポーツの本質的価値を侵害する行為はさまざまな行為類型があり、罰金なのか、活動停止なのか、どのような処分内容にするのか、どの程度にするのか、判断が難しい点である(2)。

これらの点をふまえ、これらスポーツの本質的価値をおとしめる行為からスポーツビジネスを守るためのルールメイキングの内容・その法的限界を解説する。

汚職や不正行為

1. 業界内ルールの内容

国際スポーツ団体（IF）・中央競技団体（NF）やリーグは、スポーツイベントに関して唯一無二の団体として、メガスポーツイベントの招致・スポーツビジネスの会場決定・放映権契約やスポンサー契約・代表選考などの大きな利害がからむテーマを決定する。また、その決定を行うスポーツ団体の役職員には、権限や機密事項が集中する。このような集中があるがゆえに、スポーツ団体には汚職や不正行為が発生する土壌がある（事例1）。

汚職や不正行為を防止するためのルールは、商業賄賂の禁止、マネーロンダリングなどの適用される法律のほか、スポーツ団体の倫理規定などに定められていることが多い。禁止行為を明確に規定しておかないと、問題が発生した場合にスポーツ団体が処分できないことが起こりかねない。そして、これらのルールに違反した場合の処分については、前述のスポーツ団体の司法機能に関するルールメイキングで解説した、構成員に対する処分に関するルールの手続きにしたがって対応される。

汚職や不正行為に関するルールとしては、以下のルールがある（事例2）。

①汚職防止に関するルール

賄賂の収受などの行為を規制するルール（賄賂が現金に限らない一切の利益を含むことや、直接的な行為から間接的な行為まで規制されることを含む）のほか、適切な贈答品や便益・報酬の範囲および上限金額などが定められる場合もある。またこれらのおそれのある行為まで、包括的に禁止されている場合もある。

②不正行為に関するルール

禁止行為として、資金の不適切使用、文書の偽造や改ざん行為、地位の濫用、賭博などへの関与などが定められる。

2. ルールメイキングとその法的限界

汚職や不正行為に関するルールにもとづく処分を行う場合、とくにその法的限界として検討しなければならないのは、前述のスポーツ団体の司法機能に関するルールメイキングでも解説した、処分基準をつくるにあたっての平等取り扱いの原則や相当性の原則である。スポーツ団体が定める汚職や不正行為に関するルールメイキングは、法律によって禁止されていない行為も多く、禁止行為のバリエーションも多いため、罰金なのか活動停止なのか、どのような処分内容にするのか、どの程度にするのかは、判断が難しい。

概要として、汚職に関するルールでは、賄賂の収受などは重大な問題なため、罰金が高額になり、活動停止期間も長期から永久となっている。不適切な贈答品や便益・報酬に関しては、そこまで罰金が高くはなく、活動停止期間が長期になるわけではない。

不正行為に関するルールとしては、資金の不適切使用・賭博への関与など、処分対象者が金銭的利益を受けているものは、罰金が高額になり、活動停止期間も長期から永久となっている。文書の偽造・改ざん行為、地位の濫用などは、単独ではそこまで罰金が高くはなく、活動停止期間が長期になるわけではない。

ドーピング

1．業界内ルールの内容

スポーツビジネスの経済的発展とともに、競技結果がスポーツ団体やクラブ・選手の経済にも大きな影響をおよぼすようになっている。ドーピングはもはや個人の選手だけの問題ではなく、ツールドフランス参加チームの組織的ドーピングや、ロシアの国家ドーピングなどの事件（事例3）に象徴されるように、きわめて大規模な組織的問題に発展している。

このような問題に対応すべく、ドーピングを防止するためのルールは、現在進行形のかたちでどんどん拡充されている。スポーツ団体の倫理規定・アンチ・ドーピング規程などに定められた内容も拡充され、国家の刑罰法規や薬事法規などの法律に定められる場合も増えている(3)。

そして、これらのルールに違反した場合の対応については、前述のスポーツ団体の司法機能に関するルールメイキングで解説した、構成員に対する処分に関するルールの手続きにしたがって対応される。

ドーピングに関するルールとしては、世界アンチ・ドーピング機構（WADA）が定める世界アンチ・ドーピング規程（WADA規程）がポピュラーである。また、前述のとおり、WADAや国際オリンピック委員会（IOC）・国際スポーツ団体（IF）は、組織的なドーピングや国家ドーピングに対応するため、さらにアンチ・ドーピングルールを拡充している。一方、プロスポーツを中心に、それぞれのスポーツ独自のアンチ・ドーピング規程を定めている場合がある。

そこで、このようなドーピングに関するルールを、WADA規程準拠型と非準拠型に分けて解説する。

①ＷＡＤＡ規程準拠型

国際レベルのあらゆるスポーツにおけるドーピング防止活動を促進・調整することを目的として設立された世界アンチ・ドーピング機構（ＷＡＤＡ）により、２００３年から規定されているのが、ＷＡＤＡ規程である。日本では、ＷＡＤＡ規程に準拠した日本アンチ・ドーピング規程（ＪＡＤＡ規程）を中央競技団体（ＮＦ）やリーグがみずからのアンチ・ドーピングルールとして導入している。

ＷＡＤＡ規程は、主にアンチ・ドーピング規則違反の内容（事例4）、挙証責任（注1）や証明の程度、禁止物質および禁止行為などの禁止リスト、ヒアリング手続きその他の手続き管理、成績の失効、制裁（事例1）、不服申し立て手続き、守秘義務などが定められている。

なお、アンチ・ドーピングの手続きの詳細については、検査およびドーピング調査(4)、治療使用特例(5)、プライバシーおよび個人情報の保護(6)、結果管理(7)、教育(8)それぞれに関する国際基準も定められている。また、アンチ・ドーピングに関する分析機関についても、分析機関に関する国際基準(9)が定められており、出場国として、この認証を受けないとアンチ・ドーピング体制がととのわず、オリンピック・パラリンピックなどの国際大会への出場が認められないルールとなっている。

これ以外にも、ロシアの国家ドーピング問題を受け、組織的なドーピングのケースや、各国アンチ・ドーピング機関や国際スポーツ団体（ＩＦ）が機能不全を起こしているケースでも、ＷＡＤＡが直接介入をできるようにするため、署名当事者の規程遵守に関する国際基準などが定められている(10)。各国アンチ・ドーピング機関やＩＦを資格停止にすることで、国際競技大会への出場資格を失わせる体制を構築するものである。

②WADA規程非準拠型

アメリカ4大プロリーグや格闘技などでは、前述のWADA規程に準拠するのではなく、それぞれのスポーツ団体やリーグで独自のアンチ・ドーピング規程をもうけている。WADA規程が4年に1回のオリンピックやパラリンピックを基準としてつくられているのに対し、プロスポーツや格闘技では、そのエンターテインメント性と競技の公平性のバランスから、独自のルール化がなされている。

このような独自のアンチ・ドーピング規程は、主にアンチ・ドーピング規則違反の内容、挙証責任や証明の程度、禁止物質および禁止行為などの禁止リスト、ヒアリング手続き、成績の失効、制裁(事例6)、不服申し立て手続き、更生プログラム(マリファナなど)などが定められている。

MLB・NFL・NBAのように完全に独自のアンチ・ドーピング規程をもうけている場合もあれば[11]、NHL[12]やプロ野球(NPB)のようにWADA規程の禁止リストだけ準拠している場合もある。

2. ルールメイキングとその法的限界

(1) 上部団体の規則

ドーピングに関するルールでもっとも大きな限界は、WADA規程準拠型のアンチ・ドーピングルールの場合、国際スポーツ団体(IF)がこれに準拠し、その加盟団体である日本の中央競技団体(NF)やリーグに関しても、同一ルールでの遵守を求めていることである。この場合、日本のNFやリーグに選択権はない。実際、Jリーグは、プロリーグとして、当初は独自のアンチ・ドーピング規程を実施していたが、本書出版時現在は、国際サッカー連盟(FIFA)の準拠に従い、WADA規程準拠型のアンチ・ドーピングルールを導入している[13]。

(2) 処分に関する一般原則

ドーピングに関するルールにもとづく処分を行う場合、とくにその法的限界として検討しなければならないのは、前述のスポーツ団体の司法機能に関するルールメイキングでも解説した、処分基準をつくるにあたっての平等取り扱いの原則や相当性の原則である。WADA規程準拠型であればケースも多く、すでにその相場感は確立しつつあるが、一方、WADA規程非準拠型の場合、それぞれのケースにおける禁止物質の内容や態様に応じて処分を決定する必要がある。

プロ野球（NPB）のドーピング事件では、運動能力向上物質の場合、基本的に1年程度の出場停止処分が科されている[14]。それ以外の場合は、もう少し短い出場停止処分となっている。

(3) 法令

日本では、2007年に批准したユネスコ国際規約「スポーツにおけるドーピングの防止に関する国際規約」、2011年のスポーツ基本法、そして2018年のスポーツにおけるドーピング防止活動の推進に関する法律が制定されており、スポーツ団体の義務も定められている[15]。

(4) スポーツ仲裁

アンチ・ドーピングルールは、国内競技の問題は日本スポーツ仲裁機構（JSAA）やスポーツ仲裁裁判所（CAS）に、国際競技の問題はCASに不服申し立てが可能になっている場合があり、このような不服申し立て時に不服申し立ての対象となったアンチ・ドーピングルール違反の裁定が覆される可能性もある（事例7）。

2007年に発生したJリーグの我那覇問題では、最終的にCASにて我那覇和樹選手に出されたアンチ・ドーピング規程違反にもとづく出場停止処分が取り消される裁定が下されている。これは、Jリーグのアンチ・ドーピング規程の運用が適切でなかったことが指摘されているため、アンチ・ドーピングの適切なルール運用が求められる。

八百長その他不正操作

1. 業界内ルールの内容

スポーツの試合における八百長（Match-Fixing）については、古くから中央競技団体（ＮＦ）やリーグで禁止されるルールの一つである[16]。八百長は、スポーツの結果を直接的に左右する行為として、スポーツの結果の予測不可能性という本質的価値をいちじるしく侵害するため禁止される。

ただ、現代でも反社会的勢力や違法な賭博行為との関連性から、サッカーやテニスを中心に八百長はまだまだある。日本でも１９６５年の山岡事件（競馬）・１９６９年からの黒い霧事件（プロ野球）・２０１１年の大相撲事件などの八百長がある[17]。

近年は、スポーツビジネスの発展過程で生み出される経済的に恵まれないプロ選手・プロクラブが、八百長の対象として狙われている。また、ビジネスとしてのスポーツベッティングの興隆から、あらためてスポーツにおける八百長対策は注目を浴びており、中央競技団体（ＮＦ）やリーグとしてスポーツベッティングの導入と八百長対策はセットで考えられている。

八百長その他不正操作を防止するためのルールは、スポーツ団体の基本規程・倫理規定・競技規則などに定められていることが多い。禁止行為を明確に規定しておかないと、八百長類似行為が発生した場合に処分できないことがある。そして、これらのルールに違反した場合の処分については、前述のスポーツ団体の司法機能に関するルールメイキングで解説した、構成員に対する処分に関するルールの手続きにしたがって対応される。

八百長その他不正操作に関するルールとしては、以下のルールがある。

①八百長の禁止に関するルール(18)

典型的な八百長として禁止されるのは、敗退行為や審判の不公平な判定である。賭博への関連も背景として、敗退行為への関与やこれに関連する金銭的利益の収受も禁止される(19)。また、とくに自身が関与する試合への賭博に関与することも、八百長と同等の危険性があるということで、同様に禁止されることが多い。八百長禁止の実効性を高めるため、早期警告システムを導入するスポーツ団体もある(事例8)。

八百長の該当性が議論になるのは、日本の大相撲で行われていた星(勝利)の売買や貸借による互助的八百長(20)や、2012年オリンピックロンドン大会のバドミントン競技やサッカー競技で話題になった無気力試合である。前者は、賭博と関連しているというより、力士相互間でみずからの大相撲の番付を守るために広く行われてきていたが、試合結果の予測不可能性というスポーツの本質的価値を侵害すると考えるのであれば、八百長として禁止されるべきだろう(注2)。後者の無気力試合は、それぞれの競技で参加者がより上位の結果を出すための戦術であったため、八百長として禁止される問題というより、むしろ無気力試合を発生させない試合形式の工夫などが必要な問題である(注3)(事例9)。

また、八百長類似の行為として、自身が関与しない同スポーツの試合を対象とした賭博行為への関与が禁止されている場合もある。

②不正操作の禁止に関するルール

試合結果やプレーへの不正操作として禁止されるのは、いわゆるシミュレーション（サッカーでファウルをもらうためにわざと転ぶ行為）などが典型的である。それ以外に、チート行為としてのサイン盗み（人力なものだけでなく、電子機器や通信機器を使用したものなども含まれる）、スパイ行為（通信傍受）、欺瞞的行為（事例10）などもある。用具の不正使用なども典型的な不正操作である。

③他クラブとの利害関係の禁止

その他、八百長その他不正操作を防止するルールとして、他クラブの株式を保有したり（クロスオーナーシップを含む）、金銭的な利害関係をもつことも禁止されている場合がある[21]。

2. ルールメイキングとその法的限界

(1) 賭博関連法

八百長に関しては、その防止の観点から国家の法律で、八百長を誘発しやすいスポットベッティングやインプレイベッティングを禁止している場合がある[22]。このような法律の適用がある場合は、八百長に関するルールメイキングでも前提にされている。

また、日本のように、賭博および富くじは原則として違法とされているため、競馬[23]・競輪[24]・ボートレース[25]・オートレース[26]・toto[27]などは国家管理のもと賭博行為が合法化されているにすぎない。したがって、八百長防止のため、レース期間中の連絡禁止や馬券などの購入禁止など、法律にもとづく禁止行為がある（事例11）。

（2）処分に関するルール一般原則

八百長に関するルールにもとづいて処分を行う場合、とくにその法的限界として検討しなければならないのは、前述のスポーツ団体の司法機能に関するルールメイキングでも解説した、処分基準をつくるにあたっての平等取り扱いの原則や相当性の原則である。典型的な八百長であれば、結果の予測不可能性というスポーツの公正という本質的価値をいちじるしく侵害するため、永久追放またはそれに近い処分が科されることに異論はあまりみられない。一方、そうではない八百長類似の行為として、自身が関与しない同スポーツの試合を対象とした賭博行為への関与などの場合は、罰金なのか活動停止なのか、どのような処分内容にするのか、どの程度にするのかは、判断が難しい。自身が関与しない野球の試合を対象とした賭博行為への関与についてはおおむね1年程度の出場停止(28)となっている。

不正操作についても、前述のとおり、結果の予測不可能性というスポーツの公正という本質的価値をどの程度侵害しているかによって処分の程度が決定される。ただし、不正操作については、たとえばリインの読み合いのようにスポーツのプレー技術と境界線があいまいなものもあるため、処分にあたっては明確な線引きが必要である。

安全

1. 業界内ルールの内容

スポーツ活動は、これを行う者の心身の健康増進に資する一方で、その性質上、心身を害する危険を避けられない。とはいえ、事故を未然に防止し、仮に事故が発生した場合には損害を最小限にとどめるための体制が整備されなければ、スポーツの安心安全という本質的価値は達成されない(29)。

スポーツの安全の問題はさまざまな場面で発生する。競技者や指導者はもちろんのこと、参加型のスポーツであるマラソン大会などでは、参加者の安全もある。観戦型のスポーツであれば、観客の安全も確保しなければならない。深刻な問題としては、これらのスポーツに関連する事故が、打撲や骨折にとどまらず、失明・脳障害・脊髄損傷、ひいては死亡など、きわめて重大な結果を引き起こすことである。

そこで、スポーツ団体では、スポーツの安心安全という本質的価値を守るため、公認するスポーツ用具や施設の安全基準を定めたり、スポーツ活動で配慮すべき安全ガイドラインの策定を行っている。

安全に関するルールは、スポーツ団体の基本規程・施設基準・観戦約款などに定められていることが多い。義務内容を明確に規定しておかないと、事故が発生した場合に責任者を処分できないことがある。そして、これらのルールに違反した場合の処分については、前述のスポーツ団体の司法機能に関するルールメイキングで解説した、構成員に対する処分に関するルールの手続きにしたがって対応される。

また、観戦約款も観客との法的合意として明確な定めがない場合、禁止行為や退場措置その他の免責などを講じることができなくなるため、さまざまな問題に対応するためには、厳密な規程を定めておく必要がある。

①使用用具・会場の安全に関するルール

安全に関するルールとしては、以下のルールがある。

i．使用用具の安全対策

中央競技団体（NF）やリーグが競技者や審判の使用する用具を公認する場合、その安全性を確認している場合がある。このような公認にあたっては、一定の公認基準が定められ、それをクリアしてはじめて競技での使用が認められる（事例12）。野球のバットやボール・ヘルメットその他の防球ネット・球場に関しても、このような基準をクリアしなければ、公式の大会では使用が認められない。

ii．使用会場の安全対策

日本では、国民体育大会の開催とともに全国の施設が整備された経緯もあり、それぞれのスポーツの競技規則のほか、日本スポーツ協会（JSPO）が策定する国民体育大会施設設置基準にもとづいて使用会場が設置されてきた。昨今は、プロスポーツリーグが定めるスタジアム基準・アリーナ基準にもとづいて、使用会場の安全対策がはかられている。

このような中で近年問題となっているのが、野球場の防球ネットである（事例13）。臨場感というエンターテインメント性を重視することから、プロ野球（NPB）の球団で防球ネットを一部はずすケースもあった（事例14）が、観客の安全確保の観点から、現在では金網・防球ネットの設置・ファウル時の危険喚起・警告の表示など、危険性の告知などが行われている（事例15）。また、エキサイティングシートなど、より臨場感の高い席がもうけられているが、同時に同席での防護アクリル板の設置やヘルメット着用など、安全対策も講じられている。

②選手の安全に関するルール

中央競技団体（NF）やリーグは、スポーツイベントを主催する立場として、まず参加する選手の安全に配慮する一般的義務を負うことに異論はない。

i．選手の安全のための競技ルールの整備

まず、競技ルールとして選手の身体を守るルールづくりがある。若年層のオーバートレーニング対策(30)はもちろんのこと、未成年者の労働搾取保護のためのルール(31)もある。近年では、野球の球数制限(事例16)や本塁上のブロックを禁止するコリジョンルールなどの変更があった。また、NFLの脳しんとう問題(事例17)をきっかけとして、アメリカンフットボール・ラグビー・サッカーなど身体接触のあるスポーツでは、脳しんとうプロトコルが策定されることになった(事例18)。そして、2020年からの新型コロナウイルス感染拡大にともない、各競技で感染防止プロトコルが策定されている。

また、スポーツ団体は、競技者に対して使用用具や使用方法の義務を定めることがある。ボクシングのヘッドギア着用義務もその一つであり、また日本のアマチュア野球では両耳付きのヘルメット着用が義務づけられている(事例19)。

ⅱ．競技時における安全指針の整備

それぞれの競技で、その競技特性上、類型的に発生する可能性が高いスポーツ事故については、それぞれ対策指針が策定されている。有名なものとしては、柔道やラグビーの頭部・頭部外傷防止指針のほか、日本のスポーツ全般として熱中症予防の指針・雷事故予防の指針などが示されている。

一方、一定の危険性のあるスポーツに関しては、スポーツ団体が競技者や観客の心身の傷害・死亡に関して、スポーツへの参加時・観戦時の一部免責同意を求めているケースもある(32)。

③観客の安全に関するルール

中央競技団体(NF)やリーグは、スポーツイベントを主催する立場として、観客の安全に配慮する一般的義務を負うことに異論はない。スポーツ団体として、野球のファウルボール・破損バット事故、大相撲のタマリ席・プロレスのリングサイド席などのほか、反社会的勢力の排除、スタジアムやアリーナの入出場時の群集マネジメントなど、観客の安全に配慮しなければならない場面は多い。

ⅰ．観戦約款による安全配慮

一般にあまり見ることはないかもしれないが、スポーツ観戦にあたって、スポーツ団体は観戦約款と呼ばれる観客との法的合意を行っている[33]。その中には、観客の安全を守るために、観戦にあたっての禁止行為として、銃砲刀剣類・花火・発煙筒などの危険物、ビン・缶などの持ち込み、フィールドへの立ち入りなどの試合妨害行為や迷惑行為などが定められている(事例20)。また、ラッパや太鼓・横断幕などを使った応援行為なども、球団の許可が必要とされている場合もある[34]。

2020年からの新型コロナウイルス感染拡大にともなっては、感染予防ガイドラインなどで、観客の安全対策も定められることになった。

ⅱ．反社会的勢力などの排除

これらの観戦約款には、さらに反社会的勢力、日本では暴力団関係者の入場を禁止している場合がある(事例21)。暴力団員らによる入場券販売など、大きな利権を与えてしまっていたプロ野球（NPB）では、2003年から球場における暴力団排除を積極的に推進したため(事例22)、観戦約款でも、暴力団関係者のほか、観戦約款違反者・指定販売拒否対象者に対して、入場券の販売を拒否することが定められている。また、これらの者に対する退場措置なども定められ、実際、積極的に講じられている(事例23)。

また、海外では、テロ対策のほか(事例24)、イングランドやイタリアなど、上記禁止行為やフーリガンの入場規制などを定めたフーリガン対策法が定められている国もある[35]。

ⅲ．群集マネジメント

スポーツ団体は警備を外部委託しているため、あまり意識していないかもしれないが、スポーツイベントは、1カ所に多人数が集まるため、必然的に群集マネジメントが求められる(事例25)。とくにオリンピック・パラリンピック大会やサッカーワールドカップなどのメガスポーツイベントの場合は、会場はもちろんのこと、会場周辺を含めた群集マネジメントが求められ、複数会場・多日程にわたってイベントが実施されるため、スポーツ団体として一貫性のある指針策定が求められる場合がある。

ⅳ．観客の安全に関する主催者の責任

観客の問題行為に関して、加盟団体やクラブに安全配慮義務違反など法的な責任が認められない場合であっても、中央競技団体（NF）やリーグが、基本規程や懲罰規程などを根拠(36)に、当該加盟団体やクラブに対して、罰金処分や勝ち点のはく奪・無観客試合の開催・ディビジョン降格処分などが科される場合もある（事例26）。

2．ルールメイキングとその法的限界

（1）契約の法的性質

スポーツ団体による安全に関するルールは、スポーツ団体やリーグと、加盟団体・クラブや選手など関係当事者との合意にすぎない。したがって、関係当事者と合意が得られない場合、意図するルールメイキングはできない。たとえば、使用用具の安全に関するガイドラインも、関係当事者とのあいだで合意しなければ、遵守すべきものにならない。

また、スポーツ団体やリーグと、加盟団体・クラブや選手など関係当事者との合意は、法的にはあくまで債権関係にすぎないため、債権関係に入らない第三者に対して主張することはできない。たとえば、ＭＬＢが定める怪我防止ガイドライン「Ｐｉｔｃｈ Ｓｍａｒｔ」も、非常にすぐれたガイドラインではあるものの、他団体が自主的に受け入れるのであれば適用されるが、受け入れないのであれば強制するこ

とはできるものではない。

(2) 処分に関する一般原則

安全に関するルールにもとづく処分を行う場合、とくにその法的限界として検討しなければならないのは、前述のスポーツ団体の司法機能に関するルールメイキングでも解説した、処分基準をつくるにあたっての平等取り扱いの原則や相当性の原則である。観客事故が起こった場合の処分としては、加盟団体やクラブに対するものとして、罰金・出場停止（事例27）・無観客試合、観客に対するものとして、無期限入場禁止などがあるが、ケースに応じた処分が必要である。

また新型コロナウイルス感染防止プロトコル違反にもとづく処分については、さまざまな禁止事項があり、罰金なのか活動停止なのか、どのような処分内容にするのか、どの程度にするのかは、判断が難しい。新型コロナウイルス対策に関しては社会的批判が強いことから、スポーツ団体の処分が重くなりがちである。プロ野球（ＮＰＢ）感染防止プロトコル違反のケースでは、数十万の罰金から１カ月程度以上の出場停止となっている。

(3) スポーツ保険

スポーツ事故への対策として、スポーツ団体が主催者保険に加入する場合、あるいは参加者に対してスポーツ安全保険への加入を義務づけている場合がある。

しかしながら、これらの保険はスポーツ事故の賠償額すべてを補てんできるとは限らない。とくに脳損傷や脊髄損傷・死亡事故などの場合、賠償金額が１件でも数千万から数億円に至る場合もあるため、保険加入ですべてがカバーできると考えてはいけない（事例28）。

（4）法令

スポーツ事故に関し、スポーツ団体が主催者として参加者や観客に責任制限や免責同意を求めるとしても、包括的な免責同意が合法とされるわけではない。以下に述べるとおり、法令上、金銭賠償責任や刑事責任が認められる。

①スポーツ事故の金銭賠償責任

i．主催者としての安全配慮義務

スポーツイベントの主催者は、イベントに参加者や観客の安全を配慮する義務を負い、この義務違反が認められる場合、事故にあった選手や観客に対して損害賠償責任を負う。法律上の根拠としては、民法上の不法行為責任[37]であるが、被害者とのあいだに何らかの契約関係がある場合は、民法上の債務不履行責任[38]も問題となる。スポーツイベントの主催者が行政機関の場合、法律上の損害賠償責任の根拠は国家賠償法[39]となる。

まず、参加者のうち、競技者に対する安全配慮義務の内容は、具体的な状況によるが、スポーツの危険性（スポーツの特性）、危険性認識能力（事理弁識能力）、スポーツの経験値、対戦相手などとの技能差、体格差、プレーのメニュー、プレー場所、プレー環境の危険性、危険防止装備の必要性などが考慮され、決定される。競技者はそのスポーツの経験値にもよるが、競技者として引き受けるべき一般的な事情（いわゆる被害者の承諾や危険の引き受け法理）の余地は十分に認められる。一方、マラソン大会のような参加者に対する安全配慮義務の内容は、スポーツの危険性（スポーツの特性）、参加者の年齢・体調（健康診断の必要性）、

開催時期、気候条件、開催場所の危険性、人的・物的危険防止措置の必要性、救助体制の必要性などが考慮され、決定される。

つづいて、観戦型のスポーツイベントの主催者であるスポーツ団体は、観客に対しても安全配慮義務を負うが、その内容としては、観客の性質、物的または人的危険防止措置、観戦場所、観戦時期、気候条件などが考慮され、決定される。観客は、みずからスポーツをするわけではないため、スポーツの危険性を引き受ける事情は競技者に比べれば非常に小さくなる。また、観客は、広く一般人、大人から子供まで存在するため、観客に対する安全配慮義務はかなり広範になると考えられるので、注意が必要である(事例29)。群集マネジメントを怠ったことで観客に損害が生じた場合に、スポーツ団体に損害賠償を認めたケース(事例30)もある。

スポーツ団体がスポーツイベントの施設所有者や管理者であった場合、民法上の土地工作物責任(土地工作物の設置または保存に欠陥があることによって損害を受けた場合に管理者が負う責任)(40)を負う場合がある。この「欠陥」があるかどうかは、観客との関係・競技者や参加者との関係で判断されると考えられている。

ii．危険の引き受け

主催者であるスポーツ団体として、スポーツ事故について、参加者や観客がその危険を認識していたという主張がなされる場合がある。いわゆる被害者の承諾の議論で、スポーツ団体の金銭賠償責任を否定、あるいは過失相殺を認める根拠として主張されている。

確かに、アメリカ合衆国の野球のファウルボール事故については、過去の判例(事例31)で認められたAssumption of Risk(危険の引き受け法理)が長らく適用されてきたため、スポーツ団体の免責が認められてきた(事例32)。

しかしながら、日本ではこのような確定的な判決があるわけではなく、スポーツの危険については、実際に競技を行っている人間に関して危険の引き受けを認める余地はあっても(事例33)、たとえば、スポーツイベントの観客については、実際競技を行っている人間ではないことから、スポーツの危険を引き受け、そのすべての被害を承諾していることを認めることは困難である(事例34)。

iii. 責任制限・免責同意書の限界

以上のことから、スポーツイベントの主催者としてスポーツ団体が完全に免責される余地は考えにくい。日本のスポーツ事故の判例では、剣道事故に関して軽過失免責を認めたようなケースもある(事例35)が、スキューバダイビング事故で主催者の故意・過失にかかわらない免責同意書が公序良俗違反(41)として無効にされたケース(事例36)や、スポーツクラブでの転倒事故に関して、施設の瑕疵にもとづく事故に関して免責特約の適用がないと判断したケース(事例37)など、責任制限・免責同意を十分に認められたケースはない。

また、日本では2001年から消費者契約法が施行されており、事業者の損害賠償の責任を免除する条項の無効(42)、消費者が支払う損害賠償の額を予定する条項などの無効(43)、消費者の利益を一方的に害する条項の無効(44)などが定められているため、スポーツイベントの主催者であるスポーツ団体としては、参加者や観客などに対して消費者契約法にも配慮しなければならない。

②スポーツ事故の刑事責任

スポーツ事故の結果が重大な場合、スポーツイベントの主催者や施設管理者(指定管理を行う企業も含む)であるスポーツ団体の担当者が刑事責任を負う場合がある。スポーツ団体が主催者や施設管理者の場合は、業務としてイベントや施設の管理を行っていることから、業務上過失致死傷で立件されることが多い。草薙バスケットボールゴール死亡事故（2009年）では、県体育協会の事業部長と指定管理会社担当課長が書類送検され、起訴猶予処分となっている。明石市花火大会歩道橋事故（2001年）（事例38）では、民事上の損害賠償だけでなく、刑事上の実刑判決が下されている。

暴力やハラスメント

1．業界内ルールの内容

日本でも、2013年、高校バスケットボール部や全日本柔道連盟の女子日本代表コーチによる暴力パワーハラスメント指導問題を端緒として、日本オリンピック委員会（JOC）・日本スポーツ協会（JSPO。当時は日本体育協会）など5団体が、2013年5月、暴力行為根絶宣言を行ったことから(45)、中央競技団体（NF）やリーグで暴力やハラスメントを禁止するルールの整備が進んでいる(46)。欧米ではスポーツ指導における暴力やハラスメントなどが民事上の損害賠償事件や刑事上の暴行傷害事件に発展するため一定の抑止力がはたらいているが、若年層への性的虐待など、児童虐待が深刻な問題として残っている（事例39）。日本ではこれに加え、学校教育法上の懲戒として許容されてきた経緯(47)やスポーツ界の上下関係にともない、スポーツ現場での暴力やハラスメントがいまだに根絶できていない（事例40）。このような上下関係にもとづく一方的な暴力やハラスメントは、スポーツの公平・平等や、安心安全なスポーツの観点から、スポーツの本質的価値を侵害するきわめて深刻な問題であり、NFやリーグの積極的な対策が求められている。

暴力やハラスメントを禁止するためのルールは、スポーツ団体の基本規程・倫理規定などに定められている。禁止行為を明確に規定しておかないと、暴力やハラスメントが発生した場合に処分できないことがある。そして、これらのルールに違反した場合の処分については、前述のスポーツ団体の司法機能に関するルールメイキングで解説した、構成員に対する処分に関するルールの手続きにしたがって対応される。

暴力やハラスメントの禁止に関するルールとしては、以下のルールがある。

①暴力根絶に関するルール

暴力行為は、有形力の行使として客観的にわかりやすいため、日本では、前述の「暴力行為根絶宣言」のほか、各スポーツ団体の規定で、スポーツ現場における暴力行為が禁止されている。

②ハラスメント防止に関するルール

ハラスメントとひとくちにいっても、スポーツ界でも、セクシャルハラスメント・パワーハラスメント・アカデミックハラスメントなど、さまざまな類型があり、適正な処分を行うためには、その該当性をはっきりさせなければならない(事例41)。そこで、定義や類型を規定化するなどのルールメイキングが行われている(48)。

③暴力根絶・ハラスメント防止に関するガイドライン

暴力だけでなく、とくにハラスメントは、スポーツ界における活動や指導で、その該当性がわかりにくく、またその具体的対策を示すために、ガイドラインがもうけられている。スポーツ界で有名なガイドラインとしては、身体的・精神的・性的虐待なども含んだ国際オリンピック委員会（ＩＯＣ）のSafeguarding Toolkit（２０１６年）(事例42)、Ｂリーグパワーハラスメント防止ガイドライン（２０２１年）などがある(49)。

2. ルールメイキングとその法的限界

(1) 処分に関する一般原則

暴力やハラスメントの禁止に関するルールにもとづく処分を行う場合、とくにその法的限界として検討しなければならないのは、前述のスポーツ団体の司法機能に関するルールメイキングでも解説した、処分基準をつくるにあたっての平等取り扱いの原則や相当性の原則である。暴力やハラスメントの禁止に関するルールメイキングは、禁止行為のバリエーションも多く、その違法性も多種多様なため、罰金なのか活動停止なのか、どのような処分内容にするのか、どの程度にするのか、判断が難しい。

とはいえ、暴力やハラスメント行為は類型化が可能なため、すでに多くのスポーツ団体で処分基準がもうけられている(50)。ケースの内容によるものの、多くの処分基準では、暴力であれば最低6カ月から1年以上の活動停止から除名処分まで、ハラスメントであれば軽微な場合は厳重注意処分もありえるが、被害者の心身に傷害があった場合は1年以上の活動停止から除名処分まで、セクシャルハラスメントであれば最低1年以上の活動停止から除名処分までとなっている。

(2) 法令

暴力やハラスメントは、当たり前であるが、民事上の損害賠償が認められたり、刑事上の暴行傷害罪などが成立する場合がある(事例43)。

国家裁判所による判断のため、当然スポーツ団体としては、この事実を否定することはできない。スポーツ団体による処分手続きがこれらの法的手続きと並行する場合があり、このような場合、その事実認定・結論との整合性から、スポーツ団体による処分手続きの進行に制約が出る場合がある。

差別

1. 業界内ルールの内容

国籍・人種・性・障害などを理由とした差別の禁止は、スポーツ界では古くからつくられてきたルールである（事例44）が、選手や観客による差別言動（バナナの投げ入れ・つり目ジェスチャー・モンキーチャント・ヘイトスピーチなど。最近はSNS上のものも多い）はいまだにある問題である（事例45）。性的指向が多様化した現代では、性的指向に対する差別も禁止されている（事例46）。そして、近年、このルールメイキングが注目されるのは、差別禁止を訴える抗議行動をスポーツの場で表現することを禁止するか否かである。

差別を禁止するためのルールやスポーツの場での抗議行動の禁止は、スポーツ団体の基本規程や倫理規定などに定められていることが多い。禁止行為を明確に規定しておかないと、差別が発生した場合に処分できないことがある。とくにスポーツの場での抗議行動の禁止については、昨今非常に大きな議論が行われている。そして、これらのルールに違反した場合の対応については、前述のスポーツ団体の司法機能に関するルールメイキングで解説した、構成員に対する処分に関するルールの手続きにしたがって対応される。

差別に関するルールとしては、以下のルールがある（事例47）。

①差別の禁止に関するルール

差別が禁止されるのはもはや当たり前であり、オリンピック憲章で、「このオリンピック憲章の定める権利および自由は人種、肌の色、性別、性的指向、言語、宗教、政治的またはその他の意見、国あるいは社会的な出身、財産、出自やその他の身分などの理由による、いかなる種類の差別も受けることなく、確実に享受されなければならない」と規定されるのを筆頭に[51]、中央競技団体（ＮＦ）やリーグでは基本規程や規約などで、人種・性・言語・宗教・政治その他事由を問わない差別が禁止されている[52]。

このような差別禁止規定に違反した加盟団体やクラブ・選手・指導者が処分されることはもちろんのこと、加盟団体やクラブは、観客席における差別行為を防止する措置も求められており、違反した場合は、一部観客席の封鎖や無観客試合などの処分を科されることがある（事例48）。

②抗議行動の禁止に関するルール

差別禁止の抗議行動をスポーツの場で表現することは、スポーツ界で長らく禁止されてきた。１９６８年オリンピックメキシコ大会で、アメリカ人選手が表彰台での国歌演奏中に黒人差別への抗議行動を行い、追放処分になったことは有名である。その後、オリンピック憲章〈Rule50〉では、「オリンピックの用地、競技会場、またはその他の区域では、いかなる種類のデモンストレーションも、あるいは政治的、宗教的、人種的プロパガンダも許可されない」と定められ、抗議活動が長らく禁止されてきた。

２０１６年、ＮＦＬ選手が試合前の国歌斉唱時に人種差別の抗議行動をとったことに関しても、アメリカ合衆国を二分する大きな議論となった。背景にある黒人や有色人種への差別問題に対する社会運動（BLACK LIVES MATTERなど）の世界的な盛り上がりもあり、本書出版時現在、国歌斉唱時の起立義務は残るものの、人種差別への抗議行動に関しては、何らの処分もしない対応をするスポーツ団体が多い（事例49）。

また、このような社会運動に関して、中央競技団体（ＮＦ）やリーグとしてどのようなスタンスをとるのか、明らかにすることを社会から求められる事態になっている(事例50)。

2. ルールメイキングとその法的限界

(1) 処分に関する一般原則

スポーツ界で差別を禁止することを定めることの是非は論を待たないが、差別禁止に関するルールにもとづく処分を行う場合、とくにその法的限界として検討しなければならないのは、前述のスポーツ団体の司法機能に関するルールメイキングでも解説した、処分基準をつくるにあたっての平等取り扱いの原則や相当性の原則である。実際は差別行為といってもさまざまな態様があり、罰金なのか活動停止なのか、どのような処分内容にするのか、どの程度にするのか、判断が難しい。ただ、プロサッカーでは、1回の差別行為であっても、選手に対する最低数百万円程度の罰金・数試合程度の出場停止・クラブに対する罰金・一部観客席の封鎖・無観客試合が科されている(53)。

もっとも、観客の差別行為といっても、観客席で行われるものから、昨今はSNSでの投稿として行われるものもあり、加盟団体やクラブとしての責任をどこまで問うのかは、慎重に検討しなければならない問題である(事例51)。

(2) グッドガバナンスなどの要請～差別抗議行動禁止の限界

スポーツの場で人種差別の抗議行動を禁止することに関しては、さまざまな議論が起こっているが、黒人または有色人種差別に対する抗議活動が大きなムーブメントになっており、スポーツの場での抗議行動を禁止することに対する異議は非常に強い。表現行為として禁止することが困難であるうえ、差別禁止は基本的人権であり、スポーツの場で人権保障を主張することには何の問題もないと考える立場(事例52)もあれば、一定の条件づけを行う立場もある(54)。

違法行為や反社会的行為

1．業界内ルールの内容

本章で述べてきた問題行為のほかに、スポーツの本質的価値を侵害するといわれているのが、加盟団体やクラブ・選手・指導者などにおける違法行為や反社会的行為・サステナビリティ(持続可能性)に反する行為である。加盟団体やクラブ・選手・指導者などスポーツ界は治外法権ではなく、一般の組織や人と同じように刑事法や行政法・税法の対象になる。

違法行為や反社会的行為を防止するためのルールは、スポーツ団体の倫理規定などに法令遵守義務が包括的に定められていることが多い。たとえ違法行為や反社会的行為であっても、スポーツ団体の規定として禁止行為を明確に規定しておかないと、問題が発生した場合に処分できないことがあるからである。そして、これらのルールに違反した場合の処分については、前述のスポーツ団体の司法機能に関するルールメイキングで解説した、構成員に対する処分に関するルールの手続きにしたがって対応される。

違法行為や反社会的行為に関するルールとしては、以下のルールがある。

①個人犯罪に関するルール

個人犯罪について、スポーツ界では、暴行・傷害・器物損壊・窃盗・強盗・詐欺・恐喝・賭博・性犯罪・自動車事故、酒気帯び運転やひき逃げ・薬物犯罪・脱税などが起こっているため、このような行為を対象としたルールが定められている。

②組織犯罪に関するルール

スポーツ界の組織的な犯罪では、背任や横領・証拠隠滅、そして、近年は、暴力団排除条例違反などが起こっているため、このような行為を対象としたルールが定められている。また、暴力団など反社会的勢力との交際も、禁止行為として定めている場合もある（事例53）。いくつかのスポーツ団体では、暴力団排除宣言を行っており、これに応じた会議体の設置(55)や試合観戦約款にもとづく暴力団関係者の入場券販売および入場の拒否など（事例54）が行われている。

③その他法令違反に関するルール

中央競技団体（NF）やリーグに関係する法律としては、各種法人法（一般法人法・NPO法・会社法など）、公益認定法のほか、個人情報保護法・労働法などが考えられる。

スポーツビジネスで、たとえば、競技会における記録も、各選手の氏名などと併せて個人情報に該当すると判断される余地もあり、パラスポーツでは非常にセンシティブな情報を取り扱うため、個人情報保護法にしたがった対応が必要である。

また、とくにスポーツビジネスの組織運営の特徴として、スポーツイベントの開催の関係から夜間や休日業務が増えること、長時間労働が常態化していることなどから、スポーツ団体の賃金規程や就業規則の作成では、労働時間・休日の取り扱い・残業代の支給など、労働法制をふまえた慎重な検討が必要である。また、多くのボランティアやインターンを活用しているケースも多いが、このような場合に、法的に「労働者」に該当しないよう配慮は必要である（事例55）。「労働者」に該当するか否かは、一般的には、使用者側の指揮命令下にあったか否かで判断され（事例56）、具体的には、実施する業務の選択権や拒否の自由・現場での指揮監督の有無・時間や場所の拘束性などが要素となる（事例57）。

2. ルールメイキングとその法的限界

違法行為や反社会的行為に関するルールにもとづく処分を行う場合、とくにその法的限界として検討しなければならないのは、前述のスポーツ団体の司法機能に関するルールメイキングでも解説した、処分基準をつくるにあたっての平等取り扱いの原則や相当性の原則である。違法行為や反社会的行為に関するルールメイキングは、禁止行為のバリエーションも多く、その違法性も多種多様なため、罰金なのか活動停止なのか、どのような処分内容にするのか、どの程度にするのか、判断が難しい。

とはいえ、類型化が可能な犯罪行為については処分基準をもうけることが望ましい。どのスポーツ団体でも一定数の違法行為や反社会的行為は発生するため、ケースの蓄積とともに基準化は可能だろう。

■補足説明

（注1）訴訟で、ある事実の存否について証拠をあげて証明すべき責任。

（注2）大相撲はスポーツではない、あるいは試合結果の予測不可能性はもはや求められていない、と考えるのであれば、八百長行為として禁止されない考えになる。

（注3）ベストメンバー規定などによる処分も考えられるが、何をもってベストメンバーと考えるのかは悩ましい問題である（Jリーグ規約第42条など）。

■判例・事例

（事例1）２００２年のソルトレイクオリンピック大会開催地決定については、国際オリンピック委員会（ＩＯＣ）が設置した調査委員会の調査として、ＩＯＣ委員16名が調査対象となり、組織委員会の会長および副会長が買収行為を行ったことで逮捕され、最終的に6名がＩＯＣを除名、1名が戒告処分となっている。また、２０１５年に発覚した国際サッカー連盟（ＦＩＦＡ）の汚職事件では、元会長がＦＩＦＡの資金を利用して元副会長に支払った金銭の授受が、ＦＩＦＡの金銭授受を禁止した規定に違反するとして、２０１５年12月にＦＩＦＡ倫理委員会から、元会長と元副会長に対して、８年間の活動停止処分と罰金が科された（のちに上訴手続きにより一部処分が軽減）。また、中南米地域の大会・ワールドカップ予選の放映権契約やスポンサー契約の締結をめぐる賄賂授受で、アメリカ合衆国の司法当局により、ＦＩＦＡ関係者・代理店関係者14人が逮捕され、30人が起訴される事態に陥っている。このように連続する不祥事をふまえ、ＦＩＦＡは、２０１６年、ＦＩＦＡ憲章の改訂・会長の権限縮小・理事の任期制限・チーフコンプライアンスオフィサー（ＣＣＯ）の設置・監査コンプライアンス委員会の新設など、FIFA Reformsと呼ばれる大改革を実施した。

（事例２）もっとも詳細な倫理規定は、国際サッカー連盟（ＦＩＦＡ）が定める「Code of Ethics」だろう。これまでスキャンダルのたびに、詳細に改正されている。

（事例３）２０１４年11月に、世界アンチ・ドーピング機構（ＷＡＤＡ）の独立調査委員会が公表した、ロシア陸上競技連盟（ＲＡＡＦ）における組織的なドーピング問題は、ＲＡＡＦの国際資格停止にともない、ＲＡＡＦ登録選手がリオデジャネイロオリンピックに参加できなくなったほか、ロシアアンチ・ドーピング機構による不正隠しや国際陸上連盟（ＩＡＡＦ）の会長の汚職事件なども明らかになるなど、一大スキャンダルとなった。

（事例４）ＷＡＤＡ規程第２条では、①陽性反応、②使用、③採取拒否、④居場所情報関連義務違反、⑤不正干渉、⑥保有、⑦不正取引、⑧他人への投与、⑨関与、⑩特定対象者、⑪通報妨害など、多岐にわたる。

（事例５）個人成績の自動的失効（ＷＡＤＡ規程第９項）、資格停止措置（ＷＡＤＡ規程第10・２項）、金銭的措置（ＷＡＤＡ規程第10・12項）などが定められている。資格停止は基本的には４年間であり、一部軽減される余地がある。

（事例６）プロ野球（ＮＰＢ）のドーピング事件では、基本的に１年程度の出場停止処分が科されている。

（事例７）出場資格の問題ではあるが、アンチ・ドーピングの処分に類似する問題として、CAS 2011/O/2422 United States Olympic Committee（ＵＳＯＣ）v. International Olympic Committee（ＩＯＣ）参照。国際オリンピック委員会（ＩＯＣ）がアンチ・ドーピング規則違反で６カ月以上の資格停止を受けた選手の出場資格を認めないルール（いわゆる大阪ルール）が無効であると判断されている。

（事例８）国際サッカー連盟（ＦＩＦＡ）が推進するEarly Warning System（ＥＷＳ）社の早期警告システムが有名である。日本サッカー協会（ＪＦＡ）も２０１１年からＥＷＳ社と契約しており、Ｊリーグの試合でも警告されたケースがあった。

（事例９）ただし、ＪＦＬ鈴鹿ポイントゲッターズのチーム役員による敗退誘導行為は、戦略的な敗退行為であったとしても、国際サッカー連盟（ＦＩＦＡ）のDISCIPLINARY CODE上における「八百長」であることを認定し、チームに対する罰金のほか、担当役員に関するサッカー活動停止などの処分が科されている。日本サッカー協会（ＪＦＡ）ウェブサイト「【規律委員会】２０２２年４月５日付 公表」参照。

（事例10）２００９年にイギリスのラグビーで発生したブラッドゲート事件。けがをしたフリをして選手交代をしやすくするために血液入りのカプセルを口に含む行為を行っていた。指示をしていた監督に指導停止３年、該当行為を行った選手に４カ月の出場停止が科されたとされる。

（事例11）競馬・競輪・ボートレース・オートレースなどは、選手は、レースに関する賄賂の収受の禁止・レース期間中の外部との連絡禁止など、八百長防止策がとられている。競馬の関係者は、馬券を購入したり、譲り受けたりすることはできず、競輪・ボートレース・オートレースも同様である。また、日本でtotoの対象とされているＪリーグの場合、関係者のtoto購入が禁止されており、Ｂリーグも同様である。

（事例12）消費生活用製品安全法にもとづく製品安全協会のＳＧマークなどを条件にしている。個々のスポーツの用品ごとに、ＳＧ基準が定められている。

（事例13）防球の他、破損したバットの飛来による事故の防止の意味もある。木製バットの材質・製造方法の問題もあり、近年破損したバットによる事故も多くなっている。

（事例14）プロ野球（ＮＰＢ）のファウルボール事故は、仙台地方裁判所・平成23年2月25日判決など、被害者が敗訴する判決もつづいていたが、札幌高等裁判所・平成28年５月20日判決では、球団に約３３５０万円の損害賠償が認められている。破損バット事故については、大阪地方裁判所尼崎支部・平成26年1月16日判決を参照。

（事例15）アメリカ合衆国では、Assumption of Risk法理により観客のファウルボール事故からの責任限定があったため、防球ネットの設置は見送られてきたが、近年はこの法理の見直しもなされており、ＭＬＢでも防球ネットの設置が進んでいる。同様の法理による免責は、アイスホッケーやゴルフでもある。Assumption of Risk法理については、磯山海「野球観戦中の負傷事故と球場管理者の賠償責任：アメリカ法における限定義務の法理をめぐって」（日本スポーツ法学会年報第21号64頁、２０１４年）参照。

（事例16）日本高校野球連盟も、２０２０年春から球数制限を導入した。世界的に有名なものは、球数制限を含めた怪我防止のための、ＭＬＢ「Pitch Smart」ガイドラインがある。若年の年齢層に応じて指針が示されている。

（事例17）２０００年代初頭から問題になったＮＦＬのコンカッション（脳しんとう）問題は、元選手によるＮＦＬに対する集団訴訟に発展し、最終的に、ＮＦＬが総額最大10億ドル以上を負担する巨額の和解が成立した。ただ、ＮＦＬは、スポーツ活動による頭部外傷と慢性外傷性脳症（ＣＴＥ）とのあいだに因果関係があることを、２０１６年3月のアメリカ合衆国下院議会の公聴会で正式に認めるまで否定しつづけていた。このため、より多くの選手に被害が拡大し、上記のような巨額の補償が必要になっただけでなく、アメリカンフットボールというスポーツの安全性に関してきわめて深刻な傷跡を残すことになり、若年層の競技人口減という問題も発生している。

（事例18）アメリカ合衆国のサッカーでは、２０１６年から10歳以下のヘディングプレーが禁止されている。イングランドでも２０２０年から11歳以下のヘディングプレーが禁止されている。

（事例19）プロ野球（ＮＰＢ）で使用されているフェイスガード（Ｃ－ＦＬＡＰ）は、日本では製品安全協会のＳＧマークなどは付与されていなかったが、２０２２年度から、大学野球や高校野球でもＳＧマークが付与されたフェイスガードを使用できるようになった。その他、日本高等学校野球連盟「高校野球特別規則」「高校野球用具の使用制限」参照。

（事例20）古い事件ではあるが、１９５１年の中日スタジアム火災事件などがある。東京消防庁「観覧施設または観客に係る事故事例」、東京消防庁ウェブサイト参照

（事例21）プロ野球（ＮＰＢ）やＪリーグ・大相撲・プロゴルフでは、暴力団等排除宣言が行われている。

（事例22）プロ野球（ＮＰＢ）の暴力団排除活動の経緯についてはＮＰＢウェブサイト参照。ＮＰＢの観客動員増は、２００４年の球界再編問題以降の各球団の経営改革もあるが、球場の暴力団排除により安全な観戦環境がととのえられたのが非常に大きい。

（事例23）プロ野球（ＮＰＢ）のこのような対応は、応援団訴訟（名古屋高等裁判所・平成23年2月17日判決）で、応援団方式による応援は、他の観客の平穏安全な観戦に支障を生じさせることがあり得るから、応援団方式による応援を許可するか否か、その際にどのような条件を付するかなどについては、主催者が自由に決定できる、と判断されたのが大きい。

（事例24）１９７２年オリンピックミュンヘン大会では、パレスチナのテロ組織によりイスラエルの選手11名が死亡した事件や、近年では２０１３年のボストンマラソンで3名が死亡、２００名以上が負傷した爆弾テロ事件が発生している。

（事例25）スポーツ界でのスタジアム事故は、サッカーのサポーター96名が死亡したイギリスの「ヒルズボロ事件」（１９８９年。事故調査報告書「Taylor Report」参照）が有名であるが、１９６０年代から大きなスタジアム事故が起こっており、イギリスでは複数回にわたって法律が改正されるなど、当時は群集マネジメントが一大論点であった。

（事例26）サポーターの暴行事件（２０１３年）では、Ｊリーグは、該当クラブに対して、１０００万円の罰金とけん責処分を下している。

（事例27）1985年、ベルギーヘイゼルスタジアムでのUEFAチャンピオンズカップの観客事故では、39人が死亡、400人以上が負傷した（ヘイゼルの悲劇）。リヴァプールが6年間のUEFA管轄の試合出場停止、イングランドのクラブも5年間の出場停止処分が下されている。

（事例28）1996年の高槻サッカー落雷事故では、高校や高槻市体育協会に約3億円の賠償責任が認められたが、高槻市体育協会は保険金のほか、破産手続きの中で得られる残余財産を補償に当てたが、それ以外を支払うことができなかった。

（事例29）プロ野球（NPB）の球団にファウルボール事故の損害賠償責任が認められた札幌高等裁判所・平成28年5月20日判決では、安全配慮義務の認定で観客の事情がかなり考慮されている。

（事例30）東京地方裁判所・平成25年1月24日判決。主催者がもうけたチケット&ライドシステムにて発生した、シャトルバスの大渋滞について、観客に対する損害賠償が認められている。

（事例31）Schentzel v. Philadelphia National League Club - 173 Pa. Super. 179, 96 A.2d 181 (1953) 参照。

（事例32）ファウルボール事故の責任限定法理が認められてきたアメリカ合衆国でも、エンターテインメント性が上がった現代の試合観戦では、従前の責任限定法理が認められないケースも出てきている。

（事例33）東京地方裁判所・昭和45年2月27日判決。バレーボール経験者の被害者の承諾を認めたケース。

（事例34）前述の札幌高等裁判所・平成28年5月20日判決では、被害にあった観客に一部の過失相殺が認められただけである。

（事例35）東京地方裁判所・昭和48年6月11日判決では、「一般に参加者の自由意思にもとづき実施された競技中の受傷については、加害者の行為がその競技の規則に反することがなく、通常許容された行動であるかぎり（従って故意、重過失による行為は含まない）、被害者はその競技中に右加害者の行為から生ずる通常の傷害を受けることを予め承諾していると解すべきであるから、右加害行為が軽過失によるものであっても不法行為を構成しない」と判示されている。

（事例36）東京地方裁判所・平成13年6月20日判決。

（事例37）東京地方裁判所・平成9年2月13日判決。

（事例38）スポーツのケースではないが、11名が死亡し、100名以上のけが人が出た明石花火大会歩道橋事故では、明石市と兵庫県警察などに5億円以上の損害賠償が認められたほか、警察官と警備担当者に実刑判決が下される事態になっている。事故調査報告書は、明石市ウェブサイト参照。

（事例39）2015年に発覚したアメリカ体操女子ナショナルチームドクターによる性的虐待事件、また2016年に発覚したイギリス少年サッカー指導者による長期間にわたる性的虐待事件など。前者ではアメリカ体操連盟（USA Gymnastics）が被害申し立てを却下してきた対応が大きな非難を呼び、2018年にはアメリカオリンピック委員会（当時はUSOC）によって、USAGの理事が全員辞任させられるなど大騒動になった。加害者が所属していたミシガン州立大学も巨額の賠償責任を負い、刑事事件としての捜査が遅れたことでFBIも重大な責任問題にさらされている。

（事例40）時津風部屋力士暴行死事件（2007年）では、暴行を指示した親方に実刑判決が下され、日本水泳連盟シンクロナイズドスイミング事件（2014年）は、水連からのナショナルチームコーチに対する厳重注意処分など、数限りない事件が発生している。

（事例41）2013年の文部科学省「スポーツを行う者を暴力等から守るための第三者相談・調査制度の構築に関する実践調査研究協力者会議報告」では、スポーツ指導におけるパワーハラスメントの定義は、「同じ組織（競技団体、チーム等）で競技活動をする者に対して、職務上の地位や人間関係などの組織内の優位性を背景に、指導の適正な範囲を超えて、精神的若しくは身体的な苦痛を与え、又はその競技活動の環境を悪化させる行為・言動等をいう」とされている。また、スポーツ指導におけるセクシャルハラスメントの定義は、「性的な行動・言動等であって、当該行動・言動等に対する競技者の対応によって、当該競技者が競技活動をする上での一定の不利益を与え、若しくはその競技活動環境を悪化させる行為、又はそれらを示唆する行為も含まれるものとする」とされている。

（事例42）国際オリンピック委員会（ＩＯＣ）の指針のほか、スポーツ団体で取り組むべき措置・推進責任者としてのIOC Safeguarding Officerの活動などについて、詳細なガイドラインとなっている。

（事例43）スポーツにおける暴力指導では、２０２０年、足払いなどの技をかけ、背骨の骨折の重傷を負わせたことで、中学校の元柔道部顧問に、傷害罪で懲役2年・執行猶予3年の有罪判決が出ているなど、近年厳罰に処せられるケースがある。その他、東京高等裁判所・昭和51年3月25日判決（業務上過失致死罪、禁固2か月・執行猶予1年）、大阪地方裁判所・平成4年7月20日判決（傷害致死罪、懲役1年6か月）、大阪地方裁判所・平成25年9月26日判決（暴行罪・傷害罪、懲役1年執行猶予3年）など参照。

（事例44）スポーツ団体の定める業界内ルールとしてはもちろんのこと、法律として、スポーツ基本法第2条第8項や学校教育における男女差別を禁止するアメリカ合衆国連邦法（いわゆるタイトルⅨ）なども参照。

（事例45）いわゆる「JAPANESE ONLY」問題（２０１４年）では、浦和レッズサポーターによる差別的横断幕の掲示が行われた。

（事例46）ただし、性的指向の自由に関しては、アメリカ合衆国南部の州やロシアなどで、一部消極的な法制もある。このような法制に対して、スポーツイベントの開催地として適切かどうかは抗議活動が起こっている。ＮＢＡは、２０１６年、ノースカロライナ州のＬＧＢＴのトイレ利用規制法に抗議し、オールスターゲームの開催場所を変更した。ロシアでは２０１３年に同性愛など非伝統的な性的関係を未成年者に宣伝する活動を禁止する法律が制定されたため、２０１４年オリンピックソチ大会の開催への抗議活動が起こった。

（事例47）差別禁止に関する行動がもっとも積極的なのは、サッカー界だろう。国際サッカー連盟（ＦＩＦＡ）の「SAY NO TO RACISM」やイギリスのプレミアリーグの「No room for racism」などで、多くの差別禁止キャンペーンが実施されている。

（事例48）Ｊリーグの「JAPANESE ONLY」問題（２０１４年）では、Ｊリーグは浦和レッズに対して、無観客試合というきわめて重い処分を科している。

（事例49）アメリカ4大プロリーグのほか、アメリカオリンピック・パラリンピック委員会（ＵＳＯＰＣ）は、２０２０年オリンピック東京大会前に、同大会での抗議行動に関して処分を出さない方針を明確にしていた。

（事例50）ＮＢＡでは、コロナ禍によって延期された２０２０年シーズン、リーグによるBLACK LIVES MATTERの抗議行動として、コートやユニフォーム・移動バスなどへのメッセージの掲載、選手らによる抗議活動など、社会正義（Social Justice）に向けた活動を積極的に推進していた。

（事例51）Ｊリーグでは観客席で起こった差別行為に関しては、主管クラブの責任を認めているが、ＳＮＳ上の投稿に関しては、主管クラブの責任を認めない傾向にある。

（事例52）アメリカ4大プロリーグ・ヨーロッパサッカー・プロテニスなどのスポーツでは、選手らによる試合前後の人種差別への抗議行動がつづいているが、とくに本書出版時現在まで処分は科されていない。

（事例53）直接に暴力団排除条例が問題となったケースではないが、暴力団との交際が大きな問題になったもので、２０１３年に発覚した日本プロゴルフ協会（ＰＧＡ）のケースがある。暴力団との交際があった副会長らの退会処分が行われたうえに、2度の暴力団排除宣言や暴力団排除講習を実施していながら不祥事が発覚したという問題の重大性ゆえに、ＰＧＡ理事全員が辞職する事態となった。また、公益認定等委員会から勧告も受けている。公益認定等委員会ウェブサイト参照。

（事例54）プロ野球（ＮＰＢ）・Ｊリーグ・日本プロゴルフ協会・大相撲など。

（事例55）該当した場合、賃金その他の労働条件に関して、労働基準法・最低賃金法などの労働基準関係法令が適用されるとともに、インターン中の事故に関しても労働者災害補償保険法の適用があることに留意する必要がある。

（事例56）行政通達（旧労働省・平成9年9月18日基発第６３６号）。

（事例57）２０１３年には、アメリカ合衆国のニューヨークにあるマジソンスクエアガーデン運営会社に対して、インターン中の給与補償を求める集団訴訟が提起されたり、あるいはＮＢＡやＭＬＢでも、インターン生をめぐる訴訟などがあるため、安易なインターン利用は注意が必要である。

■条文・引用文献

（１）スポーツにおけるインテグリティの定義・内容については、勝田隆「「スポーツ・インテグリティ」とは何か―インテグリティをめぐるスポーツ界の現状から―」（創文企画『現代スポーツ評論』第32号、２０１５年）、勝田隆・友添秀則・竹村瑞穂・佐々木康「スポーツ・インテグリティ保護・強化への教育的取り組みに関する研究　スポーツ関係組織・機関の取り組みに着目して」（日本スポーツ教育学会『スポーツ教育学研究』Vol.36、２０１６年、No.2）、菊幸一「競技スポーツにおけるＩｎｔｅｇｒｉｔｙとは何か―八百長、無気力試合とフェアネス―」（日本スポーツ法学会年報第20号、２０１３年）、友添秀則「スポーツの正義を保つために―スポーツのインテグリティーを求めて―」（創文企画『現代スポーツ評論』第32号、２０１５年）など参照。

（２）処分内容・程度に関する考え方の詳細は、拙稿「法的観点からのインテグリティ～スポーツ界が実現すべき、スポーツの本質的価値は何か？」（笹川スポーツ財団『スポーツ白書２０１７～スポーツによるソーシャルイノベーション』２０１７年）、拙稿「スポーツ法の新潮流①インテグリティとは何か～スポーツの現代的価値」（日本スポーツ産業学会『Sports Business & Management Review』＃２、同学会ウェブサイト）などに詳しい。

（３）高山佳奈子「ドーピングの刑法的規制」（『法学論叢』１７０巻４－６号３６０頁、２０１２年）、森本陽美「ドーピング規則違反と『厳格責任』原則について」（『法律論叢』83巻２－３号３０３頁、２０１１年）参照。

（４）世界アンチ・ドーピング機構（ＷＡＤＡ）「International Standard Testing & Investigations」。

（５）世界アンチ・ドーピング機構（ＷＡＤＡ）「International Standard for Therapeutic Use Exemptions」。

（６）世界アンチ・ドーピング機構（ＷＡＤＡ）「International Standard Protection of Privacy and Personal Information」。

（７）世界アンチ・ドーピング機構（ＷＡＤＡ）「International Standard for Result Management」。

（８）世界アンチ・ドーピング機構（ＷＡＤＡ）「International Standard for Education」。

（９）世界アンチ・ドーピング機構（ＷＡＤＡ）「International Standard for Laboratories」。日本語版はＪＡＤＡウェブサイトにない。

（10）世界アンチ・ドーピング機構（ＷＡＤＡ）「International Standard for Code Compliance by Signatories」。日本語版はＪＡＤＡウェブサイトにない。

（11）ＭＬＢ「JOINT DRUG AGREEMENT」、ＮＦＬ「Drug Policies & Resources」、ＮＢＡ「COLLECTIVE BARGAINING AGREEMENT」ARTICLE XXXIII参照。

（12）ＮＨＬ「Collective Bargaining Agreement」Article 47参照。

（13）日本サッカー協会（ＪＦＡ）「アンチ・ドーピング規程」。

（14）プロ野球（ＮＰＢ）ウェブサイト「アンチ・ドーピング規則違反に対する制裁の通知」参照。

（15）スポーツ基本法第7条には、「スポーツ競技会運営団体は、基本理念にのっとり、ドーピング防止活動に主体的かつ積極的に取り組むよう努めるものとする。」と定められている。

（16）イギリススポーツの歴史と賭博については、松井良明「ボクシングはなぜ合法化されたのか」参照。

（17）日本の八百長事件の詳細については、望月浩一郎「大相撲における Integrity―八百長問題を中心に―」（日本スポーツ法学会年報第20号53頁、２０１３年）、拙稿「Integrity実現に向けて―わが国のプロスポーツにおける暴力団排除活動の現状―」（同82頁）参照。

（18）八百長の分類については、山崎卓也「Integrity問題の法的な論点整理と国際的傾向―Sports Bettingに関連する八百長問題、無気力試合・

故意的敗退行為、その他―」（日本スポーツ法学会年報第20号42頁、2013年）参照。
(19) 日本プロフェッショナル野球協約第177条。Jリーグ規約第43条では、試合の結果に影響を与える不正行為が一切禁止されている。
(20) 大相撲の八百長問題については、望月浩一郎「大相撲におけるIntegrity問題―八百長問題を中心に―」（日本スポーツ法学会年報第20号53頁、2013年）、柏原全孝「ガチンコと八百長―大相撲のスポーツ社会学―」（追手門学院大学社会学部紀要第7号1頁、2013年）参照。
(21) 日本プロフェッショナル野球協約第183条、Jリーグ規約第25条第4項・第5項、第26条、Bリーグ規約第26条第4項・第5項、第27条など。
(22) スポーツベッティングの類型については、拙稿「スポーツベッティングと法」（日経BP社『スポーツビジネスの未来2021－2030』134頁）参照。
(23) 競馬法参照。
(24) 自転車競技法参照。
(25) モーターボート競走法参照。
(26) 小型自動車競走法参照。
(27) スポーツ振興投票の実施等に関する法律参照。
(28) Major League Rules第21条（d）参照。プロ野球（NPB）の野球賭博事件（2016年）では、処分基準はとくになかったものの、復帰した選手は1年程度の出場停止だった。
(29) スポーツ基本法第5条第1項でも、「スポーツ団体は、スポーツの普及及び競技水準の向上に果たすべき重要な役割にかんがみ、基本理念にのっとり、スポーツを行う者の権利利益の保護、心身の健康の保持増進及び安全の確保に配慮しつつ、スポーツの推進に主体的に取り組むよう努めるものとする」と定められている。
(30) オーバートレーニング対策については、文部科学省「スポーツ指導者の資質能力向上のための有識者会議（タスクフォース）報告書」（2013年）参照。なお、イギリスのチャイルド・プロテクションについては、森克己「スポーツにおける暴力からの子ども保護―ユニセフ報告書が指摘するチャイルド・プロテクションの現状と課題を中心として―」（スポーツ法学会年報第18号、2011年）、同「子どもに対するスポーツ指導のあり方に関するガイドライン構築の必要性について―国際的動向及びイギリスにおけるスポーツ団体のチャイルド・プロテクション制度を参考にして―」（日本スポーツ法学会年報第20号149頁、2013年）参照。
(31) 国際サッカー連盟（FIFA）は、一部例外を除き18歳未満の国際移籍を禁止している（FIFA「Regulations on the Status and Transfer of Players」第19条）。
(32) プロ野球（NPB）「試合観戦契約約款」第13条では、主催者および球場管理者の責任制限・損害賠償範囲の限定などが定められている。
(33) プロ野球（NPB）「試合観戦契約約款」、Jリーグ「試合運営管理規程」。
(34) プロ野球（NPB）「特別応援許可規程」。NPBは暴力団排除の観点から、応援行為を許可制にするなど当初から厳格な姿勢をとってきた。Jリーグは、サポーター重視の視点から、当初は寛容であったものの、近年さまざまなトラブルが起こる中で、一部横断幕など持ち込み禁止物・禁止行為の範囲が広がっている。
(35) イングランドのフーリガン対策については、中村祐司「スポーツのサブ政策領域におけるネットワークの形成―イギリスサッカーフーリガン対策をめぐる諸アクター間の関係変容―」『スポーツの行政学』107頁（成文堂、2006年）、月嶋紘之「イングランドにおける「フットボール観客法1989」の成立に関する一考察：「フーリガン」を巡る「法的暴力」の実態」（スポーツ史研究第21号1頁、2008年）参照。日本では、2002年サッカーW杯開催時に、入出国管理法改正によるフーリガン対策の上陸拒否・国外退去措置も行われていた。
(36) Jリーグ規約第51条、第142条第1項。
(37) 民法第709条以下。なお、スポーツ事故の直接的な担当者に責任が認められる可能性があるほか、当該担当者を雇用していた会社も、使用者責任（民法第715条）で不法行為責任が発生する。この場合、会社から担当者に対する求償権も認められている（同条第3項）。

(38) 民法第415条以下。

(39) 国家賠償法第1条。原則として、スポーツ事故の直接的な担当者に責任は認められないが、当該担当者に故意または重大な過失があったときは、国から担当者に対する求償権も認められている（同条第2項）。

(40) 民法第717条。

(41) 民法第90条参照。

(42) 消費者契約法第8条。

(43) 消費者契約法第9条。

(44) 消費者契約法第10条。

(45) 日本オリンピック委員会（JOC）などのウェブサイト参照。

(46) 日本の中央競技団体（NF）の規程の整備状況については、日本スポーツ振興センター（JSC）「倫理・コンプライアンスに係る規程等の整備状況に関するNFアンケート調査」（平成30年度スポーツ界のコンプライアンス強化事業におけるスポーツ団体に対するモニタリング体制の構築報告書）17頁以降参照。

(47) 学校教育法第11条。但書では「体罰」は禁止されているが、その該当性の変遷・裁判例については、石堂典秀「「体罰」をめぐる法的解釈の変遷とその時艱」（『社会科学研究』第35巻第1号45頁、2015年3月）参照。なお、文部科学省は、2013年3月13日、「体罰の禁止及び児童生徒理解に基づく指導の徹底について（通知）」を出している。

(48) 日本スポーツ協会（JSPO）「公認スポーツ指導者処分基準」第6条第2項参照。

(49) 日本スポーツ協会（JSPO）は、2021年「スポーツ現場におけるハラスメント防止動画」を公開している。その他のガイドラインとしては、ユニセフ「子どもの権利とスポーツの原則」など。

(50) 日本スポーツ協会（JSPO）「公認スポーツ指導者処分基準別表」が日本でもっとも有名な基準である。

(51) オリンピック憲章・オリンピズムの根本原則5。

(52) Jリーグ規約第3条第5号。

(53) Jリーグの浦和レッズ「JAPANESE ONLY」事件に関する処分の法的合理性については、Takuya Yamazaki Daniel Geey「A Comparison Of How The Japanese J-League Responds To Racism In Football Compared To European Leagues」（日本語訳あり。2014年9月）、Law In Sportウェブサイト参照。

(54) 国際オリンピック委員会（IOC）は、2020年オリンピック東京大会に向けて、オリンピック憲章第50条第2項に関するガイドラインを緩和し、一定の場面での抗議行動を認めているが、多くの会場での抗議行動は禁止され、またアームバンドや膝つき行為による政治的表現なども禁止されたままである。ただし、同大会女子サッカーなどでの試合前の膝つき行為による人種差別への抗議行動に対しては、とくに処分はなされていない。

(55) プロ野球（NPB）「プロ野球暴力団等排除対策協議会」など。

Special Thanks to Field-R Law Offices

本書の執筆には、筆者が2005年に弁護士登録をして以来の弁護士業務における経験が大きなベースになっています。

2005年以来所属します「Field-R法律事務所」では、入所時よりスポーツビジネスに関する多くの仕事を経験することができました。スポーツビジネスの中心となる、スポーツ団体・選手・監督・代理店・マネジメント会社・放送局・配信事業者・スポンサー・グッズメーカー・チケット事業者など、立場を問わず、スポーツビジネスに関係するすべてのステークホルダーの視点で幅広く仕事ができたことは、スポーツビジネスで仕事をするうえでの視野を大きく広げることになりました。プロスポーツ・アマチュアスポーツを問わず、オリンピックスポーツ・パラリンピックスポーツも問わず、組織の大小も問わない仕事をさせていただいたことで、スポーツにかかわられてきた方々のさまざまな歴史・考え方に触れることもできました。スポーツ団体側の仕事しかできない、あるいは分業で多様な仕事の経験ができない大規模法律事務所でもなかったことから、スポーツビジネスの端から端まで仕事ができたことは、現在の筆者の大きな財産になっています。

また、弊事務所の弁護士・クライアントのみなさま・関係者のみなさまと、スポーツビジネスとは何か、過去に全世界で起こった事例をふまえながら、今のスポーツビジネスに求められる本質を議論できたことも大きな財産になっています。これからもまだまだスポーツビジネスに携わることになりますので、みなさまのお力になれるよう引きつづき尽力していきたいと思います。

プロ野球（NPB）「フリーエージェント規約」 日本プロ野球選手会ウェブサイト
プロ野球（NPB）及びMLB「日米間選手契約に関する協定」 日本プロ野球選手会ウェブサイト
文部科学省「スポーツ指導者の資質能力向上のための有識者会議（タスクフォース）報告書」 文部科学省ウェブサイト
文部科学省「スポーツを行う者を暴力等から守るための第三者 相談・調査制度の構築に関する実践調査研究協力者会議報告」 文部科学省ウェブサイト
文部科学省「体罰の禁止及び児童生徒理解に基づく指導の徹底について（通知）」 文部科学省ウェブサイト
日本ユニセフ協会「子どもの権利とスポーツの原則」 日本ユニセフ協会ウェブサイト
MLB 「BASIC AGREEMENT」 MLBPAウェブサイト
MLB 「JOINT DRUG AGREEMENT」 MLBPAウェブサイト
MLBPA 「Agent Regulations」 MLBPAウェブサイト
NBA 「COLLECTIVE BARGAINING AGREEMENT」 NBPAウェブサイト
NBPA 「Regulations Governing Agent」 NBPAウェブサイト
NFL 「COLLECTIVE BARGAINING AGREEMENT」 NFLPAウェブサイト
NFL 「Drug Policies & Resources」 NFLPAウェブサイト
NFLPA 「REGULATIONS GOVERNING CONTRACT ADVISORS」 NFLPAウェブサイト
NHL 「Collective Bargaining Agreement」 NHLPAウェブサイト
NHL 「Collective Bargaining Agreement Memorandum of Understanding, Salary Cap」 NHLPAウェブサイト
NHLPA 「Agent Regulations」 NHLPAウェブサイト

NCAA 「DIVISION I MANUAL」 NCAAウェブサイト
NCAA 「DIVISION I RECRUITING GUIDE」 NCAAウェブサイト
Sports Councils Equality Group（SCEG）「Guidance for Transgender Inclusion in Domestic Sport」、Equality Standard for Sportウェブサイト

ェブサイト
日本スポーツ仲裁機構（JSAA）「NF組織運営におけるフェアプレーガイドライン〜NFのガバナンス強化に向けて」 JSAAウェブサイト
日本スポーツ仲裁機構（JSAA）「スポーツ界におけるコンプライアンス強化ガイドライン」 JSAAウェブサイト
日本スポーツ仲裁機構（JSAA）「日本弁護士連合会 企業等不祥事における第三者委員会ガイドライン（スポーツ団体不祥事向けコメント付）」 JSAAウェブサイト
日本スポーツ仲裁機構（JSAA）「第12回スポーツ仲裁シンポジウム報告書」 JSAAウェブサイト
日本プロ野球選手会「公認選手代理人規約」 日本プロ野球選手会ウェブサイト
日本プロ野球選手会「選手代理人報酬ガイドライン」 日本プロ野球選手会ウェブサイト
日本バスケットボール協会（JBA）「Japan Basketball Standard 2021（JBS）」 JBAウェブサイト
日本陸上競技連盟（JAAF）「登録規程」 JAAFウェブサイト
Bリーグ「クラブライセンス交付規則」 Bリーグウェブサイト
Bリーグ「選手契約および登録に関する規程」 Bリーグウェブサイト
Bリーグ「パワーハラスメント防止ガイドライン」 Bリーグウェブサイト
Bリーグ「ホームアリーナ検査要項」 Bリーグウェブサイト
Vリーグ「移籍手続きに関する規程」 Vリーグコーポレートサイト
プロ野球（NPB）「アンチ・ドーピング規程」 NPBウェブサイト
プロ野球（NPB）「試合観戦契約約款」 NPBウェブサイト
プロ野球（NPB）「新人選手獲得に関するルール違反行為の類型の明確化とそれに対する制裁の明定について」 日本プロ野球選手会ウェブサイト
プロ野球（NPB）「新人選手選択会議規約」 日本プロ野球選手会ウェブサイト
プロ野球（NPB） 定款 NPBウェブサイト
プロ野球（NPB）「統一球問題における有識者による第三者調査・検証委員会の調査報告書」 NPBウェブサイト
プロ野球（NPB）「統一契約書様式」 日本プロ野球選手会ウェブサイト
プロ野球（NPB）「特別応援許可規程」 NPBウェブサイト
プロ野球（NPB）「日本プロフェッショナル野球協約」 日本プロ野球選手会ウェブサイト
プロ野球（NPB）「日本プロ野球育成選手に関する規約」 日本プロ野球選手会ウェブサイト
プロ野球（NPB）「トレード時の移転費に関する覚書」 日本プロ野球選手会ウェブサイト

日本学生野球協会「高等学校野球部員のプロ野球団との関係についての規定」 日本学生野球協会ウェブサイト
日本学生野球協会「大学野球部員のプロ野球団との関係についての規定」 日本学生野球協会ウェブサイト
日本学生野球協会及び日本プロフェッショナル野球組織覚書　NPBウェブサイト
日本高等学校野球連盟「高校野球特別規則」 日本高等学校野球連盟ウェブサイト
日本高等学校野球連盟「高校野球用具の使用制限」 日本高等学校野球連盟ウェブサイト
日本高等学校野球連盟「大会参加者資格規定」 日本高等学校野球連盟ウェブサイト
日本ゴルフ協会（JGA）「アマチュア資格規則」 JGAウェブサイト
日本サッカー協会（JFA）「アンチ・ドーピング規程」 JFAウェブサイト
日本サッカー協会（JFA）「国民体育大会サッカー競技施設ガイドライン」 JFAウェブサイト
日本サッカー協会（JFA）「サッカー選手の登録と移籍等に関する規則」 JFAウェブサイト
日本サッカー協会（JFA）「指導者に関する規則」 JFAウェブサイト
日本サッカー協会（JFA）「審判員及び審判指導者等に関する規則」 JFAウェブサイト
日本サッカー協会（JFA）「選手契約書」 JFAウェブサイト
日本サッカー協会（JFA）「仲介人に関する規則」 JFAウェブサイト
日本サッカー協会（JFA）「中期計画2021－2024」 JFAウェブサイト
日本サッカー協会（JFA）「標準仲介人契約書」 JFAウェブサイト
日本サッカー協会（JFA）「ロングパイル人工芝ピッチ公認ガイドブック」 JFAウェブサイト
日本スポーツ協会（JSPO）「加盟団体規程」 JSPOウェブサイト
日本スポーツ協会（JSPO）「公認スポーツ指導者処分基準」 JSPOウェブサイト
日本スポーツ協会（JSPO）「スポーツ現場におけるハラスメント防止動画」 JSPOウェブサイト
日本スポーツ協会（JSPO）「日本スポーツ協会公認スポーツ指導者処分基準 別表」 JSPOウェブサイト
日本スポーツ協会（JSPO）「倫理に関するガイドライン」 JSPOウェブサイト
日本スポーツ産業学会「Sports Business & Management Review」 日本スポーツ産業学会ウェブサイト
日本スポーツ振興センター（JSC）「平成30年度スポーツ界のコンプライアンス強化事業における「スポーツ団体に対するモニタリング体制の構築」報告書」 スポーツ庁ウ

世界アンチ・ドーピング機構（WADA）「International Standard Testing & Investigations」 JADAウェブサイト
世界アンチ・ドーピング機構（WADA）「International Standard for Therapeutic Use Exemptions」 JADAウェブサイト
世界アンチ・ドーピング機構（WADA）「International Standard Protection of Privacy and Personal Information」 JADAウェブサイト
世界アンチ・ドーピング機構（WADA）「International Standard for Result Management」 JADAウェブサイト
世界アンチ・ドーピング機構（WADA）「International Standard for Education」 JADAウェブサイト
世界アンチ・ドーピング機構（WADA）「International Standard for Laboratories」 JADAウェブサイト
世界アンチ・ドーピング機構（WADA）「International Standard for Code Compliance by Signatories」 JADAウェブサイト
日本パラスポーツ協会（JPSA）「全国障害者スポーツ大会開催基準要綱」 JPSAウェブサイト
全日本柔道連盟「振興センター助成金問題に関する第三者委員会最終報告書」 全日本柔道連盟ウェブサイト
東京マラソン「ウェブサイトエントリー規約」 東京マラソンウェブサイト
東京マラソン「感染症予防対策等に関する規約」 東京マラソンウェブサイト
東京マラソン「募集要項」 東京マラソンウェブサイト
内閣府「公益法人会計基準」 内閣府公益認定等委員会ウェブサイト
内閣府「公益認定等ガイドライン（公益認定等に関する運用について）」 内閣府公益認定等委員会ウェブサイト
日本オリンピック委員会（JOC）「加盟団体規程」 JOCウェブサイト
日本オリンピック委員会（JOC）「JOC将来構想～人へ、オリンピックの力～」 JOCウェブサイト
日本オリンピック委員会（JOC）「通報相談処理規程」 JOCウェブサイト
日本学生野球憲章　日本学生野球協会ウェブサイト
日本学生野球協会「学生野球資格の回復に関する規則」 日本学生野球協会ウェブサイト
日本学生野球協会「学生野球資格を持たない者との交流に関する規則」 日本学生野球協会ウェブサイト

インターネット資料

公正取引委員会「スポーツ事業分野における移籍制限ルールに関する独占禁止法上の考え方について」公正取引委員会ウェブサイト

公正取引委員会「日本プロフェッショナル野球組織に対する独占禁止法違反被疑事件の処理について」 公正取引委員会ウェブサイト

公正取引委員会競争政策研究センター「人材と競争政策に関する検討会報告書」 公正取引委員会ウェブサイト

国際オリンピック委員会（IOC）「オリンピック憲章」 IOCウェブサイト

国際オリンピック委員会（IOC）「トランスジェンダーガイドライン」 IOCウェブサイト

国際オリンピック委員会（IOC）「Safeguarding Toolkit」 IOCウェブサイト

国際サッカー連盟（FIFA）「REGULATIONS on Working with Intermediaries」 FIFAウェブサイト

国際サッカー連盟（FIFA）「Code of Ethics」 FIFAウェブサイト

国際サッカー連盟（FIFA）「National Dispute Resolution Chamber（NDRC）Standard Regulations」 FIFAウェブサイト

国際サッカー連盟（FIFA）Statutes　FIFAウェブサイト

国際サッカー連盟FIFA Circular no. 1171/2008「PROFESSIONAL FOOTBALL PLAYERS CONTRACT MINIMUM REQUIREMENTS」 FIFAウェブサイト

国際サッカー連盟（FIFA）「Regulations on the Status and Transfer of Players（RSTP）」 FIFAウェブサイト

国際パラリンピック委員会（IPC）「International Standard for Eligible Impairments」 IPCウェブサイト

国際陸上連合（WA）「TECHNICAL RULES WA」 ウェブサイト

日本スポーツ協会（JSPO）「国民体育大会開催基準要項細則」 JSPOウェブサイト

Jリーグ規約　Jリーグウェブサイト

Jリーグ定款　Jリーグウェブサイト

Jリーグ「クラブライセンス交付規則」 Jリーグウェブサイト

Jリーグ「試合運営管理規程」 Jリーグウェブサイト

Jリーグ「スタジアム基準」 Jリーグウェブサイト

世界アンチ・ドーピング機構（WADA）「世界アンチ・ドーピング規程（WADA規程）」 日本アンチ・ドーピング機構（JADA）ウェブサイト

Simon Gardiner, Roger Welch, Simon Boyes, Urvasi Naidoo, "Sports Law", Routledge, 4th edition, 2011

Simon Gardiner, Mark James, John O' Leary, Roger Welch, Ian Blackshaw, Simon Boyes, Andrew Caiger, "Sports Law", Routledge-Cavendish, 3rd edition, 2005

"Sports Law: Keyed to Courses Using Weiler, Roberts, Abrams, and Ross's Sports and the Law", Wolters Kluwer Law & Business, 4th edition, 2011

Stacey Steele, Hayden Opie, "Match-Fixing in Sport: Comparative Studies from Australia, Japan, Korea and Beyond", Routledge, 2020

Stephen Weatherill, "European Sports Law: Collected Papers", T.M.C. Asser Press, 2nd edition, 2013

Stephen Weatherill, "Principles and Practice in EU Sports Law", Oxford University Press, 2017

Takuya Yamazaki, "Sports Law in Japan", Kluwer Law International, 2012

The University of ADELAIDE, "Integrity in Sport Literature Review 2011"

"The Sorbonne-ICSS Guiding Principles for Protecting the Integrity of Sports Competitions", International Centre for Sport Security, 2014

Transparency International, "Global Corruption Report: Sport", Routledge, 2016

Walter Jr. Champion, "Sports Law in a Nutshell", West Academic, 2017

Problems", West Academic Press, 6th edition, 2018

Paul D. Staudohar, "Playing for Dollars: Labor Relations and the Sports Business", ILR Press, 1996

Paul M. Anderson, Ian S. Blackshaw, Robert C.R. Siekmann, Janwillem Soek, "Sports Betting: Law and Policy", T.M.C. Asser Press, 2011

Peter Carfagna, "Sports and the Law, Examining the Legal Evolution of America's Three Major Leagues", West Academic, 2017

Peter Carfagna, "Negotiating and Drafting Sports Venue Agreements", West Academic, 2016

Ray Yasser, James R. McCurdy, III Goplerud, C. Peter, Maureen A. Weston, "Sports Law: Cases and Materials", Carolina Academic Press, 9th edition, 2020

Richard Verow, Clive Lawrence, Peter McCormick, "Sports Business: Law, Practice, Precedents", Jordans Publishing, 2nd edition, 2005

Robert C. Berry, Glenn M. Wong, "Law and Business of the Sports Industries: Common Issues in Amateur and Professional Sports", Praeger Publishing Text, Second Edition, 1993

Robert Siekmann, "Arbitral and Disciplinary Rules of International Sports Organisations", T.M.C. Asser Press, 2001

Robert Siekmann, "Introduction to International and European Sports Law: Capita Selecta", T.M.C. Asser Press, 2012

Robert C.R. Siekmann, Janwillem Soek, "Lex Sportiva: What is Sports Law?", T.M.C. Asser Press, 2012

Robert Siekmann, Janwillem Soek, "The Council of Europe and Sport: Basic Documents", T.M.C. Asser Press, 2007

Robert C.R. Siekmann, Parrish, Richard, Martins, Roberto Branco, Soek, Janwillem, "Players' Agents Worldwide: Legal Aspects", T.M.C. Asser Press, 2007

Roger I. Abrams, "Legal Bases: Baseball and the Law", Temple University Press, 1998

Roger I. Abrams, "The Money Pitch: Baseball Free Agency and Salary Arbitration", Temple University Press, 2000

Russell Hoye, Graham Cuskelly, "Sport Governance", Routledge, 2015

Simon Gardiner, Richard Parrish, Robert C. R. Siekmann, "EU, Sport, Law and Policy: Regulation, Re-regulation and Representation", T.M.C. Asser Press, 2009

Matthieu Reeb, "Digest of Cas Awards III, 2001-2003", Kluwer Law International, 2004
Mathieu Winand, Christos Anagnostopoulos, "Research Handbook on Sport Governance", Edward Elgar Publishing, 2019
Michael Beloff QC, Tim Kerr QC, Marie Demetriou QC, Rupert Beloff, "Sports Law", Hart Publishing, 2nd edition, 2012
Michele Colucci, "CONTRACTUAL STABILITY IN FOOTBALL", Sports Law and Policy Centre, 2011
Michele Colucci, "THE FIFA REGULATIONS ON WORKING WITH INTERMEDIARIES IMPLEMENTATION AT NATIONAL LEVEL", II EDITION, Sports Law and Policy Centre, 2016
Michele Colucci, "THE BERNARD CASE Sports and training compensation", Sports Law and Policy Centre, 2010
Michele Colucci, Frank Hendrickx, "REGULATING EMPLOYMENT RELATIONSHIPS IN PROFESSIONAL FOOTBALL A COMPARATIVE ANALYSIS", Sports Law and Policy Centre, 2014
Michele Colucci, Karen L. Jones, "INTERNATIONAL AND COMPARATIVE SPORTS JUSTICE", Sports Law and Policy Centre, 2013
Michele Colucci, Ornella Desirée Bellia, "TRANSFERS OF FOOTBALL PLAYERS. A practical approach to implementing FIFA rules", Sports Law and Policy Centre, 2020
Michele Colucci, Alessandro Coni, Sean Cottrell, Rustam Sethna, "CORONAVIRUS AND ITS IMPACT ON FOOTBALL. A SPORTS LAW AND POLICY CENTRE AND LAWINSPORT JOINT SURVEY", Version 4.0, 2020
National Integrity of Sports Unit (NISU), "Understanding the Threat to the Integrity of Australian Sport", 2013
Neil King, "Sport Governance: An introduction", Routledge, 2016
Nick De Marco, "Football and the Law", Bloomsbury Professional, 2018
Oxford Research, "Examination of the Threats to the Integrity of Sports", 2010
Patrick K. Thornton, "Sports Law", Jones & Bartlett Learning, 2010
Paul C. Weiler, "Leveling the Playing Field: How the Law Can Make Sports Better for Fans", Harvard University Press, 2001
Paul C. Weiler, Gary R. Roberts, Roger I. Abrams, Stephen F. Ross, Michael C. Harper, Jodi S. Balsam, William W. Berry III, "Sports and the Law: Text, Cases, and

Cases", T.M.C. Asser Press, 2006

Jean-Patrick Villeneuve, Martial Pasquier, "International Sports Betting: Integrity, Deviance, Governance and Policy", Routledge, 2018

Jochen Fritzweiler, Bernhard Pfister, Thomas Summerer, "Praxishandbuch Sportrecht", Beck C. H., 2020

Johan Lindholm, "The Court of Arbitration for Sport and Its Jurisprudence: An Empirical Inquiry into Lex Sportiva", T.M.C. Asser Press, 2019

John Barnes, "SPORTS AND THE LAW IN CANADA", Butterworths, 3rd Edition, 1996

John O. Spengler, Paul M. Anderson, Daniel P. Connaughton, Thomas A. Baker III, "Introduction to Sport Law With Case Studies in Sport Law", Human Kinetics, Second edition, 2016

Josep F. Vandellós Alamilla, "FOOTBALL COACH-RELATED DISPUTES. A CRITICAL ANALYSIS OF THE FIFA PLAYERS' STATUS COMMITTEE DECISIONS AND CAS AWARDS", Sports Law and Policy Centre, 2018

Lloyd Freeburn, "Regulating International Sport: Power, Authority and Legitimacy", Brill | Nijhoff, 2018

Marc Cavaliero' Michele Colucci, "DISCIPLINARY PROCEDURES IN FOOTBALL
AN INTERNATIONAL AND COMPARATIVE ANALYSIS", Sports Law and Policy Centre, 2017

Mark James, "Sports Law", Red Globe Press, 3rd edition, 2017

Margaret Groeneveld, "Social Capital and Sport Governance in Europe", Routledge, 2012

Mary A. Hums, Joanne C. MacLean, "Governance and Policy in Sport Organizations", Routledge, 3rd edition, 2013

Martin J Greenberg, "Sports law practice", LEXIS Law Publishing, 1998

Marvin Miller, "A Whole Different Ball Game The Inside Story of the Baseball Revolution", Ivan R. Dee, 2004

Matthew J. Mitten, Timothy Davis, Rodney K. Smith, Kenneth L. Shropshire, Barbara Osborne, "Sports Law: Governance and Regulation", Wolters Kluwer, 2nd edition, 2016

Matthew Mitten, Timothy Davis, Rodney Smith, N. Jeremi Duru, "SPORTS LAW AND REGULATION: Cases Materials & Problems, Aspen Publishers, Third Edition, 2013

Matthieu Reeb, "Digest of Cas Awards I, 1986-1998", Kluwer Law International, 2001

Matthieu Reeb, "Digest of Cas Awards II, 1998-2000", Kluwer Law International, 2002

Ed O' Bannon, Michael McCann, "Court Justice: The Inside Story of My Battle Against the NCAA", Diversion Books, 2018

Frans de Weger, "The Jurisprudence of the FIFA Dispute Resolution Chamber", T.M.C. Asser Press, 2nd edition, 2016

Gabrielle Kaufmann-Kohler, "Arbitration At the Olympics, Issues of Fast-Track Dispute Resolution and Sports Law", Kluwer Law International, 2001

Gerd Nufer, "Ambush Marketing in Sports", Routledge, 2013

Glenn M. Wong, "Essentials of Sports Law", Praeger Publishing Text, 4th edition, 2010

Ian O' Boyle, Trish Bradbury, "Sport Governance: International Case Studies", Routledge, 2015

Ian S. Blackshaw, "International Sports Law: An Introductory Guide", T.M.C. Asser Press, 2017

Ian S. Blackshaw, "Mediating Sports Disputes: National and International Perspectives", T.M.C. Asser Press, 2002

Ian S. Blackshaw, "Sport, Mediation and Arbitration", T.M.C. Asser Press, 2009

Ian S. Blackshaw, Robert C. R. Siekmann, "Sports Image Rights in Europe", T.M.C. Asser Press, 2005

I. S. Blackshaw, Janwillem Soek, Robert C. R. Siekmann, "The Court of Arbitration for Sport: 1984–2004", T.M.C. Asser Press, 2006

Ian Blackshaw, Steve Cornelius, Robert Siekmann, "TV Rights and Sport: Legal Aspects", T.M.C. Asser Press, 2009

Ichiro Tanioka, "Pachinko and the Japanese Society - legal and socio-economic considerations", Institute of Amusement Industries, Osaka University of Commerce, 2000

"International Encyclopedia of Laws: Sports Law", Kluwer Law International; Lslf edition, 2004

Jack Anderson, "Modern Sports Law: A Textbook", Hart Publishing, 2010

James A.R. Nafziger, Stephen F. Ross, "Handbook on International Sports Law", Edward Elgar Publishing, 2013

Jan Exner, "Sporting Nationality in the Context of European Union Law: Seeking a Balance between Sporting Bodies' Interests and Athletes' Rights", Springer, 2019

J. W. Soek, "The Strict Liability Principles and the Human Rights of Athletes in Doping

◇英語文献

Aaron N. Wise, Bruce S. Meyer, "International Sports Law and Business", Kluwer Law International, 1997

Adam Epstein, "Sports Law", Cengage Learning, 2002

Adam Lewis QC, Jonathan Taylor QC, "Sport: Law and Practice", Bloomsbury Professional, 4th edition, 2021

Adam Lewis, Jonathan Taylor, Nick De Marco, James Segan, "Challenging Sports Governing Bodies", Bloomsbury Professional, 2016

Alexander Wild, "CAS and Football: Landmark Cases", T.M.C. Asser Press, 2011

Alexandre Miguel Mestre, "The Law of the Olympic Games", T.M.C Asser Press, 2009

Andre M. Louw, "Ambush Marketing & the Mega-Event Monopoly - How laws are abused to protect commercial rights to major sporting events –", T.M.C. Asser Press, 2014

Andrew Caiger, Simon Gardiner, "Professional Sport in the European Union: Regulation and Re-Regulation", T.M.C. Asser Press, 2001

Andrew T. Pittman, John O. Spengler, Sarah J. Young, "Case Studies in Sport Law", Human Kinetics, Second edition, 2016

Charles P. Korr, "The End of Baseball As We Knew It: The Players Union, 1960-81", University of Illinois Press, 2002

David McArdle, "Football Society and The Law", Routledge, 2000

David McArdle, "Dispute Resolution in Sport: Athletes, Law and Arbitration", Routledge, 2014

Deborah Healey, "Sport and the Law", University of New South Wales, 4th edition, 2009

Despina Mavromati, Matthieu Reeb, "The Code of the Court of Arbitration for Sport: Commentary, Cases and Materials", Wolters Kluwer Law & Business, 2015

Dimitrios P. Panagiotopoulos, "Sports Law: Lex Sportiva & Lex Olympica Theory and Praxis", Createspace Independent Publishing, 2017

Directorate-General for Education, Youth, Sport and Culture (European Commission), T. M.C. Asser Instituut. Asser International Sports Law Centre , University of Amsterdam. Institute for Information Law, "Study on sports organisers' rights in the European Union", 2014

山本和彦・山田文「ADR仲裁法」(第2版、日本評論社、2015年)
山本龍彦「AIと憲法」(日本経済新聞出版、2018年)
吉田勝光「スポーツと法の現代的諸問題」(成文堂、2020年)

【ら】
ロジャー・I・エイブラム「実録メジャーリーグの法律とビジネス」(大修館書店、2006年)
ロナルド・A・スミス「カレッジスポーツの誕生」(玉川大学出版部、2001年)
ロバート・D・フェイス「ネバダ州のゲーミング規制とゲーミング法」(幻冬舎、2012年)
ロバート・ホワイティング「日出づる国の奴隷野球　憎まれた代理人・団野村の闘い」(文藝春秋、1999年)
ロベルト佃「世界基準の交渉術 一流サッカー代理人が明かす「0か100か」のビジネスルール」(ワニブックス、2012年)
ロベルト佃「サッカー代理人」(日本文芸社、2011年)
ロン・サイモン「スポーツ代理人」(ベースボール・マガジン社、1998年)

【わ】
早稲田大学スポーツナレッジ研究会「これからのスポーツガバナンス」(創文企画、2020年)
早稲田大学スポーツナレッジ研究会「スポーツエクセレンス―スポーツ分野における成功事例―」(創文企画、2018年)
早稲田大学スポーツビジネス研究所・日本政策投資銀行地域企画部・株式会社日本経済研究所「スマート・ベニューハンドブック スタジアム・アリーナ構想を実現するプロセスとポイント」(ダイヤモンド社、2020)
渡辺洋三「法を学ぶ」(岩波書店、1986年)
渡辺洋三「法とは何か」(新版、岩波書店、1998年)

【ま】
M. H. マコーマック「弁護士社会アメリカの内幕―サクセス・ネゴシエイターはいかにして生まれるか」(ダイヤモンド社、1989年)
升本喜郎「ショー・ミー・ザ・マネー　アメリカのスポーツ・エージェントを巡る」(ソニーマガジンズ、2001年)
町田樹「アーティスティックスポーツ研究序説：フィギュアスケートを軸とした創造と享受の文化論」(白水社、2020年)
松井良明「近代スポーツの誕生」(講談社、2000年)
松井良明「ボクシングはなぜ合法化されたのか」(平凡社、2007年)
間野義之編著「東京大学大学院特別講義 スポーツビジネスイノベーション」(日経BP社、2019年)
マービン・ミラー「ＦＡへの死闘　大リーガーたちの権利獲得闘争記」(ベースボール・マガジン社、1993年)
ミゲル・クエスタ「サッカー代理人 ジョルジュ・メンデス」(ソル・メディア、2015年)
三原徹・鈴木友也「スポーツ経営学ガイドブック」(ベースボール・マガジン社、2003年)
宮田由紀夫「暴走するアメリカ大学スポーツの経済学」(東信堂、2016年)
武藤泰明「大相撲のマネジメント　その実力と課題」(東洋経済新報社、2012年)
武藤泰明「スポーツの資金と財務」(大修館書店、2014年)
武藤泰明「プロスポーツクラブのマネジメント　―戦略の策定から実行まで―」(第3版、東洋経済新報社、2020年)
村山哲二「もしあなたがプロ野球を創れと言われたら―「昇進」より「夢」を選んだサラリーマン―」(ベースボール・マガジン社、2011年)
室井力・芝池義一・浜川清・本多滝夫編著「行政手続法・行政不服審査法」(第3版、日本評論社、2018年)
森貴信「スポーツビジネス15兆円時代の到来」(平凡社、2019年)

【や】
矢崎良一「松坂世代」(河出書房新社、2006年)
矢崎良一「松坂世代、それから」(インプレス、2020年)
山室寛之「野球と戦争　日本野球受難小史」(中央公論新社、2010年)
山室寛之「1988年のパ・リーグ」(新潮社、2019年)
山本敦久「ポスト・スポーツの時代」(岩波書店、2020年)

ーツ事故の法務　裁判例からみる安全配慮義務と責任論」（創耕社、2013年）
日本労働法学会編「労働契約法／労働訴訟／プロスポーツと労働法」（法律文化社、2006年）

【は】

長谷川嘉宣「代理人だからこそ書ける 日米プロ野球の契約の謎」（ポプラ社、2018年）
原田宗彦「スポーツ産業論」（第7版、杏林書院、2021年）
原田宗彦・小笠原悦子「スポーツマネジメント」（改訂版、大修館書店、2015年）
原田宗彦・木村和彦「スポーツ・ヘルスツーリズム」（大修館書店、2009年）
原田宗彦・藤本淳也・松岡宏高「スポーツマーケティング」（改訂版、大修館書店、2018年）
原田宗彦・間野義之「スポーツファシリティマネジメント」（大修館書店、2011年）
ハンス・ケルゼン「民主主義の本質と価値 他一篇」（岩波書店、2015年）
平田竹男「スポーツビジネス最強の教科書」（東洋経済新報社、2012年）
広瀬一郎「新スポーツマーケティング―制度変革に向けて」（創文企画、2002年）
広瀬一郎「Jリーグのマネジメント」（東洋経済新報社、2004年）
広瀬一郎「スポーツマネジメント入門」（第2版、東洋経済新報社、2014年）
広瀬一郎「スポーツマネジメント理論と実務」（東洋経済新報社、2009年）
広瀬一郎「スポーツマンシップを考える」（増補・改訂版、小学館、2005年）
広瀬一郎「スポーツMBA」（創文企画、2006年）
広瀬一郎「ドットコム・スポーツ」（阪急コミュニケーションズ、2000年）
広瀬一郎「プロのためのスポーツマーケティング」（電通、1994年）
広瀬一郎「Soccer Marketing」（ブックハウス・エイチディ、2006年）
ブレット・フォレスト「サッカー界の巨大な闇　八百長試合と違法賭博市場」（作品社、2015年）
日本プロ野球選手会「勝者も敗者もなく　2004年日本プロ野球選手会の103日間」（ぴあ、2005年）
日本プロ野球選手会「プロ野球の明日のために　選手たちの挑戦」（平凡社、2001年）
弁護士によるスポーツ安全対策検討委員会「スポーツ事故対策マニュアル」（体育施設出版、2017年）
ボウイ・キューン「コミッショナーは戦う」（ベースボール・マガジン社、1990年）
ホゼ・カンセコ「禁断の肉体改造」（ベースボール・マガジン社、2005年）
ボニー・L・パークハウス「スポーツマネジメント　スポーツビジネスの理論と実際」（大修館書店、1995年）

土田道夫「労働契約法」（第2版、有斐閣、2016年）
出口弘・田中秀幸・小山友介編「コンテンツ産業論—混淆と伝播 の日本型モデル」（東京大学出版会、2009年）
デジタルコンテンツ協会編「デジタルコンテンツ白書2018」（2018年）
電通法務マネジメント局編「広告法」（商事法務、2017年）
土井淑平「民主主義の歴史的考察—古代ギリシアから現代アメリカまで」（綜合印刷出版、2016年）
道垣内弘人「民法入門」（第3版、日本経済新聞出版社、2019年）
道垣内正人「自分で考えるちょっと違った法学入門」（第4版、有斐閣、2019年）
道垣内正人・早川吉尚編著「スポーツ法への招待」（ミネルヴァ書房、2011年）
道垣内正人・森下哲朗編著「エンターテイメント法への招待」（ミネルヴァ書房、2011年）
同志社スポーツ政策フォーラム編「スポーツの法と政策」（ミネルヴァ書房、2001年）
戸松秀典「司法審査制」（勁草書房、1989年）

【な】

内藤篤・田代貞之「パブリシティ権概説」（第3版、木鐸社、2014年）
中川右介「プロ野球「経営」全史 球団オーナー55社の興亡」（日本実業出版社、2021年）
中澤篤史「運動部活動の戦後と現在　なぜスポーツは学校教育に結び付けられるのか」（青弓社、2014年）
中島大輔「野球消滅」（新潮社、2019年）
中島隆信「大相撲の経済学」（東洋経済新報社、2003年）
中島隆信「高校野球の経済学」（東洋経済新報社、2016年）
中村武彦「MLSから学ぶスポーツマネジメント」（東洋館出版社、2018年）
中村哲也「学生野球憲章とは何か　自治から見る日本野球史」（青弓社、2010年）
中村敏雄・髙橋健夫・寒川恒夫・友添秀則編集主幹「21世紀スポーツ大事典」（大修館書店、2015年）
中山信弘「著作権法」（第3版、有斐閣、2020年）
日本オリンピック・アカデミー編著「JOAオリンピック小事典」（メディア・パル、2016年）
日本高等学校野球連盟70年史
日本スポーツ法学会編「詳解スポーツ基本法」（成文堂、2011年）
日本スポーツ法学会監修「標準テキストスポーツ法学」（エイデル研究所、第3版、2020年）
日本弁護士連合会弁護士業務改革委員会スポーツ・エンターテインメント法促進 PT「スポ

「スポーツ白書2020　2030年のスポーツのすがた」（笹川スポーツ財団、2020年）
スポーツ問題研究会「Q&Aスポーツの法律問題　プロ選手から愛好者までの必修知識」（第4版、民事法研究会、2018年）

【た】

第一東京弁護士会総合法律研究所スポーツ法研究部会「スポーツ権と不祥事処分をめぐる法実務　スポーツ基本法時代の選手に対する適正処分のあり方」（清文社、2013年）
高橋和之・伊藤眞・小早川光郎・能見善久・山口厚編「法律学小辞典」（第5版、有斐閣、2016年）
多田光毅・石田晃士・入江源太「よくわかるドーピングの検査と実際」（秀和システム、2010年）
多田光毅・石田晃士・椿原直「紛争類型別 スポーツ法の実務」（三協法規出版、2014年）
橘木俊詔「プロ野球の経済学」（東洋経済新報社、2016年）
谷岡一郎「ギャンブルフィーヴァー　依存症と合法化論争」（中央公論社、1996年）
谷岡一郎編著「スポーツベッティング　ブッキー・ビジネスと賭け方の研究」（大阪商業大学アミューズメント産業研究所、2017年）
谷岡一郎・菊池光造「カジノ導入をめぐる諸問題〈1〉」（大阪商業大学アミューズメント産業研究所、2003年）
谷岡一郎・岸本裕一「カジノ導入をめぐる諸問題〈2〉」（大阪商業大学アミューズメント産業研究所、2003年）
谷岡一郎・美原融「カジノ導入をめぐる諸問題〈3〉」（大阪商業大学アミューズメント産業研究所、2003年）
谷岡一郎・宮塚利雄編「日本のギャンブル　公営・合法編」（大阪商業大学アミューズメント産業研究所、2002年）
谷口安平・鈴木五十三編著「国際商事仲裁の法と実務」（丸善雄松堂、2016年）
田村善之「商標法概説」（第2版、弘文堂、2000年）
田村善之「不正競争防止法概説」（第2版、有斐閣、2003年）
千葉正士「スポーツ法学序説」（信山社、2001年）
千葉正士・濱野吉生「スポーツ法学入門」（体育施設出版、1995年）
束原文郎「就職と体育会系神話 大学・スポーツ・企業の社会学」（青弓社、2021年）
津田岳宏「賭けマージャンはいくらから捕まるのか　賭博罪から見えてくる法の考え方と問題点」（遊タイム出版、2010年）

ベントを読み解く」（大修館書店、2019年）
上智大学法科大学院法学研究科「スポーツ仲裁のさらなる発展に向けて」（上智大学法科大学院、2006年）
Jリーグ法務委員会「Jリーグプロ制度構築への軌跡」（自由國民社、1993年）
ジェラルド・ガーニー、ドナ・ロピアノ、アンドリュー・ジンバリスト「アメリカの大学スポーツ：腐敗の構図と改革への道」（玉川大学出版部、2018年）
ジョセフ・ダーソー「アメリカンドリーム　大リーグとその時代」（ベースボール・マガジン社、1991年）
白井久明・片岡理恵子・高松政裕・宮田義晃「Q&A学校部活動・体育活動の法律問題　事故予防・部活動の運営方法・注意義務・監督者責任・損害賠償請求」（日本加除出版、2017年）
白石忠志「独禁法講義」（第9版、有斐閣、2020年）
白石忠志「独占禁止法」（第3版、有斐閣、2016年）
新日本監査法人「スポーツ団体のマネジメント入門」（同文舘出版 、2015年）
菅原哲朗「スポーツ施設/スポーツ管理者/スポーツ指導者のためのスポーツ法危機管理学」（エイデル研究所、2005年）
菅原哲朗・望月浩一郎編「スポーツにおける真の勝利　暴力に頼らない指導」（エイデル研究所、2013年）
菅原哲朗・望月浩一郎編「スポーツにおける真の指導力　部活動にスポーツ基本法を活かす」（エイデル研究所、2014年）
菅原哲朗・森川貞夫・浦川道太郎・望月浩一郎監修「スポーツの法律相談」（青林書院、2017年）
菅野和夫「労働法」（第12版、弘文堂、2019年）
鈴木透「スポーツ国家アメリカ 民主主義と巨大ビジネスのはざまで」（中央公論新社、2018年）
鈴木友也「勝負は試合の前についている」（日経BP 社、2011年）
鈴木友也「ヤンキースのユニフォームにはなぜ選手の名前がないのか？」（日経BP社、2014年）
ステファン・シマンスキー、アンドリュー・ジンバリスト「サッカーで燃える国 野球で儲ける国　スポーツ文化の経済史」（ダイヤモンド社、2006年）
スポーツガバナンスに関するグッドガバナンス研究会「スポーツガバナンス実践ガイドブック」（民事法研究会、2014年）
「スポーツ白書2014　スポーツの使命と可能性」（笹川スポーツ財団、2014年）
「スポーツ白書2017　スポーツによるソーシャルイノベーション」（笹川スポーツ財団、2017年）

川上祐司「アメリカのスポーツ現場に学ぶマーケティング戦略 ファン・チーム・行政が生み出すスポーツ文化とビジネス」(晃洋書房、2019年)
川上祐司「メジャーリーグの現場に学ぶビジネス戦略 マーケティング、スポンサーシップ、ツーリズムへの展開」(晃洋書房、2017年)
川島浩平「人種とスポーツ　黒人は本当に「速く」「強い」のか」(中央公論新社、2012年)
川島武宣「日本人の法意識」(岩波書店、1967年)
河内敏光「意地を通せば夢は叶う！　bjリーグの奇跡」(東洋経済新報社、2005年)
川淵三郎「Jの履歴書」(日本経済新聞出版、2009年)
神田秀樹「会社法」(第23版、弘文堂、2021年)
菊幸一・齋藤健司・真山達志・横山勝彦「スポーツ政策論」(成文堂、2011年)
木曽崇「日本版カジノのすべて」(日本実業出版社、2014年)
木村元彦「争うは本意ならねど　日本サッカーを救った我那覇和樹と彼を支えた人々の美らゴール」(集英社、2019年)
清武英利「巨人軍改革」戦記(新潮社、2011年)
清武英利「サラリーマン球団社長」(文藝春秋、2020年)
清武英利・魚住昭「Yの悲劇 独裁者が支配する巨大新聞社に未来はあるか」(講談社、2012年)
熊谷則一「逐条解説 一般社団・財団法人法」(全国公益法人協会、2020年)
グレン・M.・ウォン、川井圭司「スポーツビジネスの法と文化」(成文堂、2012年)
軍司貞則「高校野球「裏」ビジネス」(筑摩書房、2008年)
小島武司・猪股孝史「仲裁法」(日本評論社、2014年)
小塚荘一郎「AIの時代と法」(岩波書店、2019年)
小林至「スポーツの経済学」(新装改訂版、PHP研究所、2019年)

【さ】

齋藤健司「フランススポーツ基本法の形成」(成文堂、2011年)
坂上康博・中房敏朗・石井昌幸・高嶋航編「スポーツの世界史」(一色出版、2018年)
笹川スポーツ財団「企業スポーツの現状と展望」(創文企画、2016年)
笹川スポーツ財団「スポーツガバナンス」(東洋経済新報社、2014年)
佐藤隆夫「プロ野球協約論」(一粒社、1982年)
澤野雅彦「企業スポーツの栄光と挫折」(青弓社、2005年)
下田武三「プロ野球回顧録」(ベースボール・マガジン社、1988年)
ジャン・ルー・シャプレ、原田宗彦「オリンピックマネジメント　世界最大のスポーツイ

氏原英明「甲子園という病」（新潮社、2018年）
氏原英明「甲子園は通過点です～勝利至上主義と決別した男たち」（新潮社、2021年）
内田貴「民法Ⅰ　総則・物権総論」（第4版、東京大学出版会、2008年）
内田貴「民法Ⅱ　債権各論」（第3版、東京大学出版会、2011年）
内田貴「民法Ⅲ　債権総論・担保物権」（第4版、東京大学出版会、2020年）
内田貴「民法Ⅳ　親族・相続」（補訂版、東京大学出版会、2004年）
内海和雄「アマチュアリズム論　差別なきスポーツ理念の探求へ」（創文企画、2007年）
内海和雄「プロスポーツ論　スポーツ文化の開拓者」（創文企画、2004年）
内海和雄「スポーツと人権、福祉　～「スポーツ基本法」の処方箋～」（創文企画、2015年）
梅田香子「スポーツ・エージェント アメリカの巨大産業を操る怪物たち」（文藝春秋、2000年）
江川雅子「現代コーポレートガバナンス　戦略・制度・市場」（日本経済新聞出版社、2018年）
エンターテインメント・ロイヤーズ・ネットワーク編「スポーツ法務の最前線」（民事法研究会、2015年）
大家重夫「肖像権」（新版、太田出版、2007年）
大島和人「B.LEAGUE（Bリーグ）誕生 日本スポーツビジネス秘史」（日経BP社、2021年）
大坪正則「プロ野球は崩壊する！　スポーツビジネス再生のシナリオ」（朝日新聞社、2004年）
大坪正則「メジャー野球の経済学」（集英社、2002年）
大谷実「刑法総論」（第5版、成文堂、2018年）
大谷実「刑法各論」（新版第5版、成文堂、2019年）
小笠原正「導入対話によるスポーツ法学」（第2版、不磨書房、2007年）
小笠原正・諏訪伸夫「スポーツのリスクマネジメント」（ぎょうせい、2009年）
小笠原正・塩野宏・松尾浩也「スポーツ六法」（信山社、2005年）
小原淳「フォルクと帝国創設　19世紀ドイツにおけるトゥルネン運動の史的考察」（彩流社、2011年）

【か】

勝田隆「スポーツインテグリティの探求　スポーツの未来に向けて」（大修館書店、2018年）
加藤君人・片岡朋之・大川原紀之「エンターテイメントビジネスの法律実務」（日本経済新聞出版社、2007年）
金井重彦・龍村全「エンターテイメント法」（学陽書房、2011年）
神谷宗之介「スポーツ法」（三省堂、2005年）
川井圭司「プロスポーツ選手の法的地位」（成文堂、2003年）

参考書籍

◇日本語文献

【あ】

葦原一正「稼ぐがすべて Bリーグこそ最強のビジネスモデルである」（あさ出版、2018年）

葦原一正「日本のスポーツビジネスが世界に通用しない本当の理由」（光文社、2021年）

芦部信喜「憲法」（第7版、有斐閣、2019年）

あずさ監査法人「スポーツチーム経営の教科書」（学研プラス、2018年）

足立勝「アンブッシュ・マーケティング規制法」（創耕舎、2016年）

アーロン・L・ミラー「日本の体罰　学校とスポーツの人類学」（共和国、2021年）

アンドリュー ジェニングス「FIFA 腐敗の全内幕」（文藝春秋、2015年）

アンドリュー・ジンバリスト「オリンピック経済幻想論～2020年東京五輪で日本が失うもの～」（ブックマン社、2016年）

アンドリュー・ジンバリスト「60億を投資できるMLBのからくり」（ベースボール・マガジン社、2007年）

A. J. シュヴァルツ「ポーランドの刑法とスポーツ法」（成文堂、2000年）

池上俊一「賭博、暴力、社交　遊びからみる中世ヨーロッパ」（講談社、1994年）

池田純、スポーツグラフィックナンバー編「最強のスポーツビジネス —Number Sports Business College講義録—」（文藝春秋、2018年）

石井清司「スポーツと権利ビジネス—時代を先取りするマーケティング・プログラムの誕生」（かんき出版、1998年）

石堂典秀・建石真公子編「スポーツ法へのファーストステップ」（法律文化社、2018年）

「eスポーツ五大陸白書 2019 —22ヵ国の現状を五要素から徹底解剖—」（メディアクリエイト、2018年）

市川裕子「ネーミングライツの実務」（商事法務、2009年）

伊藤歩「ドケチな広島、クレバーな日ハム、どこまでも特殊な巨人 球団経営がわかればプロ野球がわかる」（星海社、2017年）

伊藤堯、入澤充「スポーツ事故ハンドブック」（道和書院、2001年）

伊藤眞「民事訴訟法」（第7版、有斐閣、2020年）

入澤充、吉田勝光「スポーツ・体育　指導・執務必携」（道和書院、2010年）

上田徹一郎「民事訴訟法」（第7版、法学書院、2011年）

魚住昭「渡辺恒雄　メディアと権力」（講談社、2000年）

[た行]

[な行]

[さ行]

さくいん

【著者紹介】
松本泰介（まつもと　たいすけ）
早稲田大学スポーツ科学学術院教授・博士（スポーツ科学）
1980年生まれ、2003年京都大学法学部卒業、2005年弁護士登録（第二東京弁護士会）
主な著作に『代表選手選考とスポーツ仲裁』（2020年、単著、大修館書店）、『標準テキストスポーツ法学』（第3版、2020年、共著、エイデル研究所）など

スポーツビジネスロー
Matsumoto Taisuke 2022　NDC780/x, 245p/20cm

初版第一刷——二〇二二年十二月一日

著者——松《まつ》本《もと》泰《たい》介《すけ》
発行者——鈴木一行
発行所——株式会社　大修館書店
〒113-8541 東京都文京区湯島二-一-一
電話 03-3868-2651（販売部）
03-3868-2297（編集部）
振替 00190-7-40504
[出版情報] https://www.taishukan.co.jp/

装丁——下川雅敏
組版所——明昌堂
印刷——三松堂印刷
製本——牧製本

ISBN 978-4-469-26943-7
Ⓡ本書のコピー、スキャン、デジタル化等の無断複製は著作権法上での例外を除き禁じられています。本書を代行業者等の第三者に依頼してスキャンやデジタル化することは、たとえ個人や家庭内での利用であっても著作権法上認められておりません。